어른을 위한 말처방

더 나은 관계를 만드는

대화 지침서

어른을 위한 말 처방

더 나은 관계를 만드는 대화 지침서

전종목 지음

"그럼에도 우리는 대화해야 한다"

pazit

차례

서장

우리는 대화해야 한다

1장

올바른 대화란 무엇인가

2장

감정 이해와 조절

3장

표현하기 : 존중

4장

대화를 위한 마음가짐과 요령

서장

우리는 대화해야 한다

왜 대화인가

연애 프로그램에서 자주 듣는 표현이 있다. 가장 중요한 순간, 마음을 정하려고 할 때 늘 이렇게 말한다. "대화해 보고 싶어요." "대화해 봐야 알 것 같아요." "대화해 보니 마음이 바뀌었어요." "대화해 보니 확실하네요."

누군가에 대한 마음을 정해야 할 중요한 순간에, 상대를 깊게 알고 싶을 때 '대화'가 꼭 필요하다고 말하는 걸까? 대화가 뭐길래? 스펙과 외모, 취미나 기호 등 중요한 정보는 이미 첫 인사, 간단한 자기 소개만 들어도 다 알게 되는데 말이다. '정보'는 이미 충분한데 왜 굳이 따로 시간을 내서 '대화'하고 싶어 할까?

왜냐하면 대화는 정보를 전달하는 단순한 수단이 아니라 한 인간의 상태를 나타내는 종합지표이기 때문이다.

단순하게 말을 잘하고 못하고의 문제가 아니다. 대화는 그 사람의 사고방식, 감정, 생각, 시선뿐만 아니라 나와는 어떻게 비슷하거나 다른지, 나에 대한 마음은 어떤지, 사람을 대하는 방식은 어떤지 등, 어떤 사람인지를 알기 위한 '총괄적 경험'이다.

나는 사람들을 많이, 또 깊이 있게 만나는 직업을 가진 덕분에 여느 사람들에 비해 인간 관계와 대화에 대해 넓고 깊은 경험을 할 기회가 많았다.

지금은 폴앤마크라는 교육 회사에서 강사와 컨설턴트로 일하며 기업, 기관의 조직과 구성원을 가르치고 컨설팅하고 있다. 또 12년 전부터 '세상을 바꾸는 시간 15분'의 강연 코치를 시작으로 스피치 코치로 활동하며 다양한 기업과 개인의 성장과 삶의 방향 재설정을 위한 코칭을 하고 있다.

그간의 경험에 비추어 볼 때 조직의 문화와 리더십, 구성원의 상태 등을 알아보는 가장 좋은 척도는 대화였다. 또 대화는 개인을 코칭하면서 그 사람의 역량, 욕구, 성향, 인성 등을 알아보는 가장 중요한 방법이기도 했다.

심지어 나 자신이 살아온 길을 돌아볼 때도 대화는 너무나 중요한 행위였음을 깨닫는다. 나의 능력을 세상에 알리고 인정받을 수 있었던 것도 그 중심에는 대화가 있었다. 여러 가지 프로젝트를 진행하면서도 대화가 잘 될 때는 성과가 좋았던 반면, 대화가 잘 되지 않았을 때는 결과가 좋지 않았다. 다양한 사람들과 특별한 관계를 형성하고, 지속하며 발전하게 만드는, 때로는 무너진 관계를 회복하는 최고의 수단 또한 대화였다.

이렇듯 대화는 인생의 수단이자 척도, **종합 지표**와도 같다.

계약, 투자처럼 중요한 비즈니스 자리도 대화를 중심으로 이루어진다. 면접이나 PT 또한 마찬가지다. 나라의 지도자를 뽑을 때 후보자들이 국민에게 자신을 내보이거나 서로 의견을 나누는 것도 모두 대화를 중심으로 이루어진다. 대화만큼 누군가를 제대로 이해하고 관계를 맺는 데 탁월한 방법은 없기 때문이다.

단언컨대 대화를 잘할 수 있다면, 제대로 대화할 수 있다면 다방면에서 더 만족스럽고 좋은 영향력을 지닌 삶을 살 수 있게 될 것이다.

대화의 필요성과 효능을 간단히 정리해 보았다.

① 인간 관계를 이루는 기초이자 가장 탁월한 수단

② 자신의 능력을 세상에 알리고 인정받기 위한 가장 직관적 방법

③ 목표를 위해 협업과 협조를 구하기 위해 필요한 능력

④ 조직과 개인의 상태를 확인하는 지표

⑤ 계약, 투자 등 중요한 비즈니스를 잘 하기 위한 기본

⑥ 만족스러운 삶을 위해 반드시 필요한 본질

대화를 통해 얻는 것들

대화에 힘써야 하는 이유는 수없이 많다. 대화를 통해 관계를 맺고, 성장하고, 상처를 받기도 하고, 치유하기도 하며 마음을 표현한다. 늘 원활하거나 편안할 수 없는 것이 대화지만 그래도 우리가 대

화를 해야 하는 이유는 명확하다. 우리가 살면서 만드는 모든 관계는 떼려야 뗄 수가 없을 정도로 대화에 기반을 두고 있기 때문이다.

사랑하는 사람을 만나기 위해서

—

크리스마스에 강남역에서 아내를 처음 만났다. 당시 아내는 서울에서 일하다가 고향인 영주로 내려간 상태였다. 친구들과 잠시 서울에 올라온 아내와 우연히 처음 만났다. 크리스마스에 술집에서 만난 인연이었지만, 청춘남녀 7명은 오로지 대화만으로 건전한 밤을 보냈다. 아침이 밝아올 때쯤 각자의 삶의 가치와 비전을 나누며 단톡방을 열었고, 나는 아내에게 강한 호감을 느꼈다.

만남 초반부터 깊게 대화한 덕에 우리는 서로를 더 잘 이해하게 되었다. 아내의 외모적 이상형은 나와 달랐지만, 대화를 통해 내면의 깊은 생각과 철학을 알게 되면서 내게 끌리게 되었고, 나 또한 그녀의 사려깊고 존중하는 태도에 반하게 되었다.

대화는 우리를 연결해 준 중요한 수단이었다.

삶을 이해하고 나누는 동료들

—

내 동료 테리는 여유롭고 유쾌한 성격으로 누구와도 잘 지내는 사람이었다. 우리는 비슷한 연령대와 취미로 인해 금방 친해졌다. 사고 유형과 업무 가치관은 달랐지만, 오랜 시간 동안 깊고 잦은 대화를 나누며 서로를 이해하고 존중하게 되었다. 함께 교육 게임을 개발하고 조직 문화를 개선하며 인생과 철학을 나누는 좋은 대화 상대가 되었다. 지방을 함께 다니며 이동 시간 내내 대화를 나누고, 갈등을 해결하기 위해 온종일 고민하며 답을 찾는 시간을 보낸 덕분인지 우리는 서로를 깊이 신뢰하고 존중하는 특별한 관계가 되었다.

또 다른 동료인 조와의 관계도 대화하면서 더욱 특별해졌다. 추진력과 문제 해결력이 뛰어난 조는 조직의 위기와 갈등 상황에서 자신만의 해결 방안을 빠르게 찾아내는 능력을 가지고 있다. 갈등이 찾아왔을 때에도 그랬다. 그는 자신만의 답을 찾았지만, 내가 제시하는 새로운 의견에 귀를 기울여 주고 동참해 주었다. 그의 수용과 노력 덕분에 우리는 더 나은 조직 문화를 만들어 갈 수 있었다.

우리들은 서로 많이 달라서 불편한 점이 종종 생긴다. 그럴 때 웬만하면 용기를 내서 서로 터놓고 이야기한다. 어떤 문제든 대화로 풀어갈 수 있다는 서로 간의 믿음이 있기 때문이다.

아무런 답이 보이지 않을 것처럼 막막한 상황에도 함께 의논하고 애써줄 동료는 절대 그냥 얻어지지 않는다. 서툴고 꺼려지는 마음을 이겨내는 대화의 작은 용기가 가져다 주는 선물이다.

사회적 인정과 기회

—

나는 성실한 편은 아니다. 이는 불법이나 무책임을 의미하는 것이 아니라, 성적이나 학점을 잘 관리하고, 대외 활동과 스펙을 쌓는 등의 전통적인 성실함이 부족하다는 뜻이다. 그런 내가 수많은 기업에 출강하고, 리더들을 코치하며, 다양한 분야에서 활동할 수 있었던 것은 대화와 자기 표현 덕분이다.

어릴 때부터 겪은 이별과 좌절의 아픔 속에서, 나는 끊임없이 자신을 들여다보고 표현하며 살아왔다. 평가나 거절이 두려워도 적극적으로 표현하면서 살았기 때문에 능력이나 노력보다 더 좋은 인연을 얻을 수 있었다. 좋은 교육 회사와 연이 닿아 훌륭한 콘텐츠를 배울 수 있었고, 의미 있는 프로그램에 참여하여 누군가를 가르치고 도움을 줄 수 있었다.

내가 받은 인정은 내가 특별히 뛰어나서가 아니라 자기 표현에 익숙해진 덕분이다. 다른 사람들도 쉽게 떠올릴 만한 아이디어를 거리낌없이 적극적으로 표현할 수 있는 대화 노하우가 큰 도움이 되었다. 구슬이 서 말이라도 꿰어야 보배인 것처럼, 아무리 뛰어난 생각이 있어도 잘 전달하는 것이 중요하다. 혼자서는 무언가를 이루기 어렵기에, 다른 사람의 도움을 얻기 위해서라도 소통 능력이 필요하다.

대화를 하면서 자신의 능력을 보여주고 기회를 성취하자.

Q

당신이 세상에 드러내고 싶고 인정받고 싶은 부분은 무엇인가?

나는 그 영역에 대해 충분히 표현할 수 있는가? 그걸 위해 어떠한 사람들의 도움이 필요한가?

그런 사람들을 만났을 때 제대로 소통할 수 있는가?

소중한 관계가 가져온 성장

대화와 소통을 가르치는 강사이자 코치지만, 예전의 나는 대화와 소통의 빌런이었다. 인정욕이 강한 나는 종종 감정을 드러내어 상대를 불편하게 만들었다. 하지만 주변 사람들의 진심 어린 피드백 덕분에 나는 점차 변화할 수 있었다. 피드백을 거부하던 나를 위해 가족과 동료들은 끊임없이 대화를 시도했다. 나의 감정적 방어 반응 때문에 다들 조심스러워했지만, 필요한 말은 끝까지 전해주었다. 그 대화들은 내 마음 깊숙이 자리잡았고, 인생의 큰 사건들을 겪으면서 피드백에 마음을 열고 노력하게 되었다. 짧지 않은 시간 동안 깊이 있는 경험을 공유한 가족과 동료들 덕분에 나는 자신의 모습을 인지하고 인정하게 되었다.

후회하지 않기 위해

—

감정을 조절하지 못하던 미성숙한 시절에 나는 가족에게 큰 상처를 주고, 호의를 베푼 사람들에게 무례하게 굴었다. 조언을 핑계로 우월감을 뽐내고, 지기 싫어서 상대를 의도적으로 자극하기도 했다. 열등감 때문에 발언을 오해하여 시비를 걸기도 했다. 대화의 부재와 실패로 인해 망가진 관계는 지금도 깊은 상처로 남아 있다. 지금도 나는 문득문득 그때의 미성숙한 언행으로 상처를 입은 이들에 대한 미안함과 자책으로 괴로워한다.

수많은 실패를 거듭할 때는 '차라리 입을 닫고 있었으면 좋았을 텐데'라고 생각하기도 했다. 하지만 정신을 가다듬고 제대로 대화할 수만 있다면, 회피하는 것보다 비교할 수 없이 더 의미 있고 이로운 일이라는 것을 확신한다.

진정한 자신을 이해하고 관계 맺으며 성장하기 위해

—

조하리의 창Johari Window은 개인이 자신을 인식하고 타인과의 관계에서 자신을 드러내는 방식을 설명하는 모델이다. 이 모델은 네 개의 영역으로 나뉘어있다.

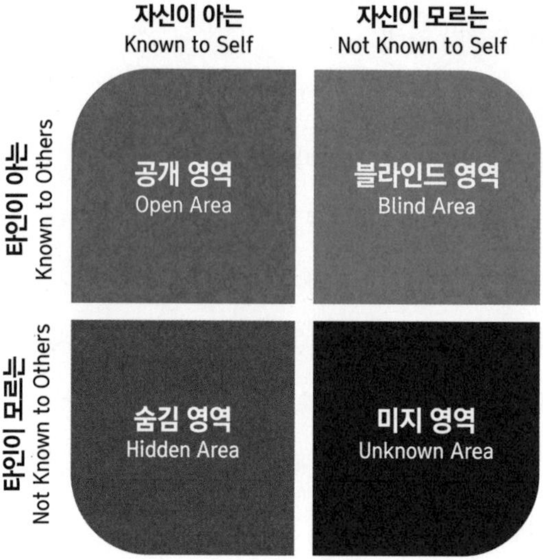

조하리의 창

① 공개 영역Open Area : 자신도 알고 타인도 아는 영역.

② 블라인드 영역Blind Area : 자신은 모르지만 타인은 아는 영역.

③ 숨김 영역Hidden Area : 자신은 알지만 타인에게는 알리지 않은 영역.

④ 미지 영역Unknown Area : 자신도 타인도 모르는 영역.

미지 영역 Unknown Area

미지 영역을 줄이고 공개 영역을 키우는 것이 진정한 자기 이해다. 결국 타인과의 교류 없이는 자신이 누구인지 잘 알 수 없다. 이는 자기 인식, 잠재력 발현, 의사 소통 능력 향상, 효능감 증대 등과 직결된다. 진정한 의미의 자기 계발은 결국 공개 영역을 늘리고 미지 영역을 줄이는 것이다.

블라인드 영역 Blind Area

자신이 모르는 자신의 모습이 클수록, 즉 블라인드 영역이 클수록 타인과의 갈등 가능성은 높아진다. 이 영역을 줄이기 위해서는 타인의 피드백이 필수적이다. 인간은 태생적으로 자신을 온전히 볼 수 없다. 예를 들어, 자신의 뒷통수가 눌린 것을 모르는 것처럼 말이다. 이는 성장을 위해 필수적이며, 블라인드 영역을 줄여야만 타인과의 갈등을 최소화할 수 있다.

숨김 영역 Hidden Area

타인에게 자신을 공유하면 신뢰를 얻고 스트레스를 줄일 수 있다. 또한 자신의 관점에 대해 이야기하면서 새로운 관점을 얻을 수 있다. 우물 안 개구리를 벗어나기 위해서는 자신을 타인에게 열어야 한다. 숨김 영역이 작아질수록 타인과의 신뢰가 커지고, 더 나은 관계를 맺을 수 있다.

“진정한 자신을 이해하고 잠재력을 계발하며, 상대와 관계를 맺고 성장하기 위해서.”

이것이 대화해야 하는 가장 큰 이유다.

끊임없는 대화를 통해 혼자 가지고 있던 생각을 타인과 공유하고, 미처 몰랐던 자신의 부분을 알게 되며 공개 영역이 점점 커진다. 이렇게 미지의 영역을 줄여나갈 수 있다.

그러나 독백과 같은 단순한 정보 전달이나 겉핥기식의 가벼운 대화로는 부족하다.

성숙하고 깊이있는 대화만이 자기 자신을 제대로 이해하도록 이끌 수 있다.

상대의 마음을 움직이기 위해

—

당신이 원하는 모든 물질적·사회적 가치를 얻는 방법이 있다. 바로 사람의 마음을 움직이는 것이다. 사람의 마음을 움직이면 돈, 명예, 관계, 권력 등 모든 가치를 확보할 수 있다. 직장 생활에서도 마찬가지다. 인정과 성과, 상사와 동료 관계 등 마음을 움직이면 모든 것을 얻을 수 있다. 그렇다. 사람의 마음을 움직이는 것도 대화를 통해서 이루어진다. 사람은 언어라는 자극을 통해 변화하기 때문이다.

그래서 인류의 가장 오래된 학문이 바로 대화법, 수사학인 것일지도 모른다. 사람의 마음을 움직이기 위해 고대 그리스에서부터 수천 년이 흐른 현재까지 끊임없이 연구되고 발전되어 온 대화법. 말하기는 단지 정보를 전달하는 수단에 그치지 않는다. 훨씬 더 큰 값어치를 지닌다.

어떻게 대화로 마음을 움직이는가?

누군가의 마음이 바뀌었다는 것을 어떻게 확인할 수 있을까? 바로 행동을 통해서다. 그 사람의 내면(생각/감정)이 어떻게 변화했는지는 알 수 없지만 말이다.

> "익히 알려진 바와 다르게, 감정은 사람의 얼굴과 신체에 나타나지 않는다." - 리사 펠드먼, 〈감정은 어떻게 만들어지는가〉

우리는 신체의 단순 반응이 아닌 확실한 '행동'을 통해 변화를 확인할 수 있다.

비즈니스를 생각해보자. 고객은 구매라는 행동을 통해 만족할 만한 결과(제품 및 서비스 등)를 얻는다. 고객의 구매 '행동'을 끌어내기 위해 수많은 기업들이 애쓴다. 그런데 인간이 지속적으로 반복하는 행동에는 절대 '그냥'이 없다. 누가 시키거나 분위기에 휩쓸려 한두 번은 억지로 할 수 있지만, 지속적이고 반복적인 행동은 마음에서 비롯된다. 그 마음을 다른 말로 바꾸면 강한 생각, 믿음이다. 사람은 믿어야 행동한다.

믿음은 어떻게 생겨나는가?

행동에 영향을 주는 믿음은 경험을 통해 만들어진다. 우리는 경험한 후 관찰하고 고민 끝에 정의를 내린다. 그 정의가 단숨에 믿음이 되는 것은 아니다. 정의대로 행동해 보고 그 결과가 동일한 경험을 가져오면 정의는 더욱 단단해진다. 이렇게 여러 차례 과정을 반복하면서 '믿음'이 생긴다.

지속적 구매 행동을 하는 고객은 그 행동을 바탕으로 만족스러운 결과를 맞이하는 '경험'을 했을 것이다. 그 경험에서 믿음이 생겨나고 행동을 반복하게 된다. 그렇다. 이것은 하나의 사이클이기 때문에 쉽게 바뀌지 않는다. 한 번 강하게 형성된 믿음은 과정을 반복하면서 동일한 경험을 얻으며 더욱 강화된다. 수차례 강화된 믿음은 쉽게 변하지 않는다. 그래서 "사람 잘 안 바뀌어"라는 말을 하게 된다. 타인을 원하는 대로 움직이는 것이 힘든 이유다.

남녀 관계에서도 마찬가지다. 한 남자가 있다. 평생 이모티콘이라곤 모르던 그였지만 여자친구가 생긴 뒤로 이모티콘을 계속 사용하게 되었다. 왜 그럴까?

이모티콘을 보냈더니 "오빠, 너무 귀엽다"는 답장이 왔다.(경험) → '이모티콘을 보내면 좋은 반응이 오는 것 같은데?'(정의) → '다시 한번 보내볼까?'(행동) → "진짜 재밌고 귀엽다"는 반응이 또 온다.(경험) → '이모티콘을 보내면 좋은 반응을 받는다'(믿음)

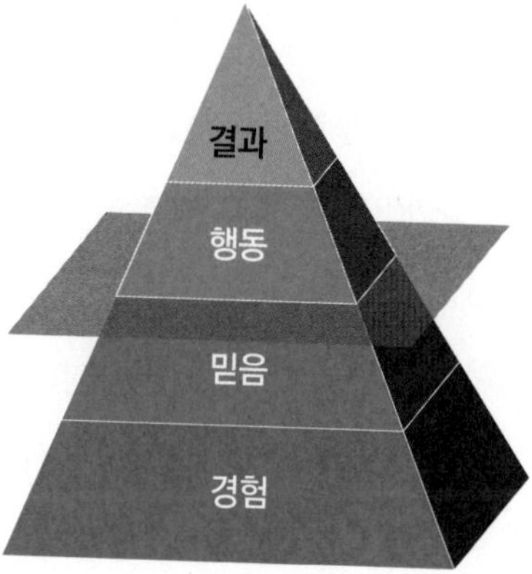

로저 코너스, "Change the Culture, Change the game, Result Pyramid", 2011

결과 피라미드

어떻게 믿음이 바뀔까?

—

믿음이 바뀌려면 경험이 바뀌어야 한다. 이모티콘에 좋은 반응을 주던 여자친구가 어느 날부터 긍정적인 표현을 전혀 하지 않게 되면 어떻게 될까? 나중에 싸늘한 표정으로 "오빠, 이제 나이도 있는데 이모티콘은 좀 유치하지 않아? 그만 좀 보내"라고 말한다면? 충격적인 경험을 한 이후, 무의식적으로 한두 번 이모티콘을 쓸 수는 있겠지만, 그때마다 싸늘한 반응을 경험한다면 남자의 문자에서 이모티콘을 보기 어려울 것이다.

만약 당신이 남자의 친구라면, 그가 다시 여자친구에게 이모티콘을 쓰게 할 수 있을까? 쉽지 않다. 충격적이고 아픈 경험이 강력한 믿음을 만들어냈기 때문이다. 심지어 대상과의 직접 경험을 통해 자리잡았기 때문에 타인이 바꾸는 것은 더더욱 무리다. 이렇게 상처받은 그는 심지어 여자친구가 아닌 다른 상대와의 대화에서도 '이모티콘 보내기'라는 행동을 중단할 가능성이 높다. 해당 행동 자체에 심어진 충격적·부정적 경험이 강한 믿음이 되어 다른 대상이나 상황에도 적용되는 것이다.

비즈니스에서도 마찬가지다. 매년 겨울 단골로 주문하던 과수원의 귤 상태가 예전 같지 않다고 생각해 보자. 박스 안쪽의 귤은 다 상했고, 당도도 별로였다. 이번에는 운이 좋지 않았다고 생각할 수 있지만 그 다음에도, 또 다음에도 좋지 않은 품질의 귤을 경험한다면? 아마 다시는 주문하지 않게 될 것이다. "이 과수원 귤은 이제 안 시켜야겠다. 여기 귤 상태가 너무 안 좋아"라는 강한 믿음이 생길 테니까.

대화로 형성된 믿음을 바꿀 수 있을까?

대화는 경험이다. 대화 과정 자체도, 대화 안의 메시지도 경험이다. 싸늘한 표정으로 "오빠, 이제 나이도 있는데 이모티콘은 좀 유치하지 않아?"라는 말은 '나이가 든 남자에게 이모티콘은 유치하다'라는 메시지와 함께 싸늘한 표정의 부정적 피드백까지 강력한 두 가지 인상을 남기는 경험이다.

반면 잘 모르는 친구의 가벼운 제안이라는 대화는 경험 중에서도 매우 약하다. 그러니 가볍게 튕겨져 나갈 수밖에 없다.

그럼 어떻게 해야 할까?

먼저 말하는 사람에 대한 강력한 신뢰가 필요하다. '믿을 만하다'의 수준으로는 영향력이 부족하다. 과거의 믿음과 부딪혀서 거부감이 먼저 들더라도 '이 사람이라면 나름의 이유가 있어서 하는 말일 것이다, 이 사람이 말하는 것은 절대로 나에게 해가 되지 않는다'라는 수준의 신뢰가 필요한 것이다.

이 어마어마한 신뢰의 수준은 하루아침에 얻을 수 없다. 절대적 시간과 빈도가 필요하다. 친밀함도 필요하다. 낯설고 어색하고 불편한 사람의 말이 나를 변화시키기 어려운 까닭이다. 지나가다 말을 거는 사이비 종교의 제안에 변화되는 확률이 낮은 이유도 마찬가지다. 그래서 "시간 좀 내달라", "자주 보자"고 하는 것이다. 아무튼 절대적 시간, 빈도, 친밀함이 필요하다.

하지만 오래, 자주 만난 친한 친구나 선배, 친척이라도 신뢰할 수 없는 경우도 많다. 왜 그럴까? 경험은 단순한 절대량보다 퀄리티, 즉 질이 중요하기 때문이다. 말 그대로 '누구와 어떤 대화를 어떻게 나누었는가'에 따라 신뢰는 극심한 차이를 보인다.

① 그럴 만한 사람, 즉 대화의 주제에 적합한 인격과 자격, 전문성을 가진 사람이
② 자신을 제대로 인지하고,
③ 긍정적이고 건설적인 방향성을 토대로 자신의 가치에 기반한 내용을 진솔하게 나누면서
④ 상호 존중을 확인할 수 있도록 생각과 표현을 적절히 주고받는 입체적이고 종합적인 경험이 쌓여 진정한 의미의 '신뢰'가

된다.

⑤ 대화를 통해 쌓은 신뢰는 당신이 주는 메시지를 재검토하게 만들고

⑥ 언젠가는 결국 행동으로 옮기게 만드는 절대적 믿음의 영역이 될 수도 있다.

⑦ 그렇게 상대의 마음을 움직이게 되는 것이다.

이러한 과정이 반복되면, 상대의 마음을 움직이는 것은 물론, 행동까지 변화시킬 수 있다. 대화만큼 상대의 마음을 변화시킬 수 있는 총괄적인 종합 경험은 없다.

누구를 위한 책인가

이 책은 인생을 살며 제대로 된 대화를 하지 못해 인간 관계와 사회 생활에 어려움을 겪는 사람들을 생각하며 썼다. 좀 더 구체적으로는 다음과 같은 사람들을 위한 책이다.

① 진심과는 다른, 순간의 감정을 조절하지 못한 채, 상처받기 싫어서 상처를 주는 날 선 표현만 던지는 사람.

② 싫어도 제대로 말하지 못하고 속앓이만 하는 사람.
③ 내면의 열등감과 자격지심 때문에 지나가는 말에도 스스로 상처를 받는 사람.
④ 맞는 말인 줄 알면서도 낮은 자존감, 괜한 반항심으로 건설적인 피드백을 퉁명스럽게 튕겨내는 사람.
⑤ 사랑과 고마움을 말하지 못하고 시기를 놓친 채 후회하며 살아온 사람.
⑥ 소중한 사람들과 사랑이 아닌 상처를 주고받는 사람.
⑦ 누군가와 관계를 회복하고 싶은데 방법을 몰라 좀처럼 용기내지 못하는 사람.
⑧ 자신의 감정을 제대로 표현하고 싶은데 잘 안 되는 사람.

고백하자면 이 책은 서툴고 거친, 미숙했던 지난날의 나와 같은 사람들을 위한 책이다.

아직도 타고난 기질, 삶의 사건과 환경에 영향을 받아서 실수를 반복하지만, 그래도 나아지기 위해 노력하는 내가 할 수 있는 이야기를 담았다. 나아지고, 나아가기 위해 배우고 고민하고 성찰한 내용을 적었다. 이 책은 서툴고, 거칠고, 어설프고, 추상적인 면도 지니고 있지만 진지하고, 직관적이고, 솔직한 내용을 담고 있다. 분명한 것은 독자에게 실제로 도움을 줄 수 있는 책이 되도록 애쓴 결과물이라는 점이다.

대화가 어렵고 관계가 어렵다면, 감정을 조절하지 못하고 후회스러운 상황을 만들어 좌절하거나, 마음을 제대로 표현하지 못해 전전긍긍하고 있다면, 그래서 더는 그러고 싶지 않다면, 나아지고 나아가고 싶다면, 이 책이 조금이나마 도움이 될 수 있을 것이다.

우리는 대화를 통해 사랑하는 사람을 만나고, 삶을 이해하고 나눌 동료를 만들고, 사회적 안정과 기회를 얻고, 내면의 성숙과 성장을 얻는다. 때로는 거듭 실패를 경험하기도 하지만 포기하지 않는다면 많은 것을 얻고 회복할 수 있다. 그 믿음만 있다면 분명 가능하다.

성장을 위한 자가 체크 3단계

1단계 : 자신의 대화 점수는 몇 점인가?

10점 만점으로 자신의 대화 점수를 평가해 보자.

2단계 : 불편한 관계의 상대와의 대화 점수

구체적으로 대상을 특정해 보자. 자신에게 가장 중요하면서도 쉽지 않은, 다소 불편한 관계의 상대를 떠올려 보자. 이들과의 대화에서 자신의 점수를 평가해 보는 것이다. 예를 들어 가족, 직장 상사, 동료, 친구 등 여러 사람을 떠올려 볼 수 있다.

다시 10점 만점으로 대화 점수를 평가해 보자.

3단계 : 가장 껄끄러운 사람과의 어려운 대화에서의 대화 점수

이제 불편한 관계의 상대 중 가장 껄끄러운 사람을 한 명 정하고, 어려운 대화 상황을 떠올려 보자. 예를 들어, 상대의 행동에 대한 부정적 피드백을 제공해야 하는 상황, 안 좋은 소식을 전해야 하는 상황, 상대의 제안을 거절해야 하는 상황 등을 생각해 보는 것이다.

- **부정적 피드백 제공** : 상대의 말투나 태도에 대해 부정적인 피드백을 제공할 때, 당신의 대화 점수는?
- **안 좋은 소식 전달** : 부고, 고과, 승진 누락, 해고 통지, 불합격 등의 안 좋은 소식을 전달할 때, 당신의 대화 점수는?
- **거절 또는 경고** : 상대의 제안에 대해 거절하거나 경고를 해야 하는 상황에서, 당신의 대화 점수는?

어떤가? 대화, 생각보다 참 어렵지 않은가?

이와 같은 과정을 통해 자신의 대화 점수를 평가해 보면 대화의 어려움과 복잡함을 또 한번 깨닫게 될 것이다. 대화는 단순히 말을 주고받는 것이 아니라 상대방의 감정을 이해하고 공감하며, 자신의 의견을 명확히 전달하고 피드백을 긍정적으로 수용하는 복합적인 과정이다.

대화는 생각보다 복잡하고 어려운 과정이다. 하지만 자신의 대화 능력을 평가하고 이해하기 위해 노력함으로써, 이런 어려움을 극복할 수 있는 첫 걸음을 내딛을 수 있다.

이는 자신을 돌아보고, 더 나은 대화와 소통을 위해 노력하는 과정이다. 이 과정은 인간 관계를 개선하고 개인의 성장과 발전에도 큰 도움이 될 것이다.

1장

올바른 대화란 무엇인가

이 장에서는 제대로 된 대화가 무엇인지, 이를 위해 필요한 능력과 활성화시키는 훈련법, 대화 능력이 부족했을 때 겪을 수 있는 부정적 상태와 극복을 위한 마음가짐에 대해 이야기하려 한다.

올바른 대화는 어떻게 이루어지는가?

대화는 본래 아주 어려운 것이다. 쉽게 이뤄지지 않는다. 격렬한 스포츠처럼 누군가와 대화할 때는 큰 자극이 오가게 되고, 그 과정에서 상처를 주고받는다. 우리는 각자가 완전히 다른 고유의 존재들이기에 무심코 말을 꺼내면 소통은커녕 조금도 이해하기 어렵다.

그러니 제대로 된 소통이나 진정한 대화는 특정한 노력과 훈련, 자각 없이는 불가능에 가깝다. 이렇듯 대화는 어려운 것이라는 점을 먼저 이해할 필요가 있다.

좋은 대화를 위해 이 책에서 다룰 내용은 다음과 같다.

① **격하게 들어오는 자극을 감당할 수 있는 여유가 있어야 한다.** 이를 위해 **내면의 공간**을 인식하고 확보할 필요가 있다. 삶에서 쌓인 수많은 사건들을 직시하고 인정하고 재해석하는 과정이 있어야 가능하다.

② **대화 당사자들은 모두 진실하고 솔직해야 한다.** 자신의 이익을 위해 진실을 꾸며내는 대화는 결국 옳지 않은 방향으로 흘러가기 때문이다. 아무리 솔직하려고 해도 자신이 뭘 알고 있는지, 뭘 숨기고 있는지, 어떤 욕구가 있는지를 모른다면 이 또한 쉬운 일이 아니다. **결국 자신을 제대로 인지할 수 있어야 한다.**

③ 자극은 감정을 만들고, 감정은 반응으로 이어진다. **감정을 억누르지 않으면서도 적절히 조절할 수 있어야 한다.** 감정을 조절하는데 어려움을 겪게 되는 많은 걸림돌들에 대해서도 인지해야 하며 어떠한 마음가짐으로 임해야 하는지 알아야 한다.

④ **조절한 감정을 통해 적절한 반응을 해야 한다.** 상대방을 배려하고 **존중**하는 표현이 필요하다. 대화하기 전에 어떤 준비를 해야 하는지, 대화하며 무엇을 고려하고 신경 써야 하는지, 제대로 듣는다는 것이 무엇인지 등 다양한 이론과 사례, 존중 표현 방법들을 제시했다.

⑤ **여러 상황의 사례와 팁을 통해 자신에게 맞게 적용해야 한다.** '대화'에는 완전한 방법론, 모두에게 적용되는 정답은 없다고 생각한다. 모두의 '상황'이 다르기 때문이다. 그래서 정답 대신 다양한 상황 사례와 팁들을 통한 간접 경험으로 자신의 상황에 맞는 영감을 얻어야 한다.

⑥ **무엇보다 대화에는 큰 용기가 필요하다.** 나와 내가 만난 사람들

을 변화시켰던 용기를 전하고자 대화의 필요성, 용기의 필요성과 관련한 경험과 성찰을 담았다. 이론과 훈련보다 더욱 중요한 것은 세상을 바라보는 시선과 마음가짐이며, 이를 위해 필요한 것은 '안 될 거야'라는 부정적 비관과 냉소를 이겨낼 수 있는 '용기'라고 생각한다.

차근차근 한 걸음씩 나아가 보자. 먼저 가장 좋은 대화, 제대로 된 대화인 '성숙하고 자기다운 대화'에 대한 이해가 필요하다.

성숙한 대화

초등학교 3학년이 된 아이는 말하기를 좋아한다. 이 친구가 좀 더 어린 시절 가장 좋아했던 대화 주제는 자신의 상상 속 캐릭터인 '토순이' 이야기를 하는 것이다. 슈퍼 토끼인 토순이는 인형학교 생활도 하고 농구 등의 운동도 하며, 세계 여행도 하고 우주도 돌아다닌다. 들어보니 토목, 건설을 넘어 해외 무역도 하는 등 매우 다양하고 세세한 세계관이 설정되어 있었다. 늘 신이 나서 이야기하는 모습이 참 귀여웠지만, '올바른 대화'라는 차원에서 보면 몇 가지 문제가 있었다.

일단 이야기가 끝없이, 일방적으로 이어진다. 9:1을 넘어 거의 10:0의 비율이다. 그러다 보니 대화 상대가 아니라 관객이 된 기분이 든다. 상대의 흥미와는 상관없이 자신의 욕구만을 위해 말한다. 마흔을 바라보는 성인 입장에서는 전혀 흥미로울 수 없는 주제다. 게다가 반응이 시큰둥하면 상처받고 서운해 한다. 아이가 일방적인 수용과 호응을 원하기 때문에 나는 대화가 끝나고 나면 늘 지쳐버렸다.

더 곤란한 것은 상대의 상황에 대한 고려가 없다. 대화할 여유가 없는 상황에서도 말을 걸어 자신의 이야기를 늘어 놓는다. 일을 하거나 전화 통화를 하는 중에도 자신의 말만 들어주기를 원한다. 표정과 자세 등의 비언어적 신호를 전혀 감지하지 못한 채 자신의 욕구 해소를 위한 대화를 이어간다. 결국 배려받지 못하는 기분이 든다.

때로는 자신의 세계를 알아주지 않으면 갑갑해서 울분을 터뜨린다. 자신이 제대로 설명하지 못한다는 생각은 하지 못한 채 '왜 내 생각을 이해하지 못하나'라며 분노를 표현한다. 감정을 전혀 감당하지 못하는 것이다. 이야기를 변화시키거나 참여하는 것도 싫어한다. 아이디어나 피드백을 대부분 거부하기 때문에 몇 번의 시도 이후 우리 부부는 '할많하않(할 말은 많지만 하지 않는다)'이 되어 버렸다.

깊이 있는 경험과 학습이 없는 어린아이의 대화는 미성숙할 수밖에 없다.

아이는 놀랍게도 매해 성숙해지면서 많이 달라져 간다. 아직 부족하기는 해도 지금은 상대를 많이 배려하면서 자신의 감정도 조절하려고 애쓴다. 그 모습이 참 기특하고 대견하다.

때때로 수십 년을 산 성인들이 이런 어린아이보다도 더 미성숙한 대화를 하는 모습을 볼 때면 안타까움을 느낀다. 대인 관계와 대화에 미성숙한 성인들은 다음과 같은 특성을 보인다.

① **자기 중심적 대화** : 대화할 때 자신의 의견과 필요만을 중시한다. 상대의 의견이나 감정을 고려하지 않기 때문에 대화 상대방은 존중받지 못했다는 느낌을 받게 되며, 갈등을 유발하게 되는 경우가 많다.

② **서툰 감정 조절** : 대화 중에 발생하는 자극에 의한 감정을 제어하지 못한다. 감정이 대화를 지배하게 되는 경우가 많아서 분노, 실망, 불안과 같은 감정이 과도하게 표출되어 대화의 본질을 흐리고 소통을 방해한다. 결국 본질적인 목표를 잃게 만든다.

③ **부정적·방어적 태도** : 상대의 발언에 대해 부정적, 방어적 태도를 자주 보인다. 특히 상대의 의견, 피드백에 대해 개인적 공격으로 받아들이는 모습을 자주 보인다. 상대는 좋은 의도가 무산되는 경험을 하게 되어 심리적 거리감을 갖게 된다.

④ **경청하지 않음** : 상대방이 말하는 동안 제대로 경청하지 않고, 대신 자신이 무엇을 말할지에 대해서만 생각하곤 한다. 대화가 진전되지 않으며 무시받는다는 불쾌함을 느끼게 만든다.

⑤ **편협한 시각** : 세상을 단편적 시선으로만 바라보며, 타인의 의견과 생각을 거부한다. 자신의 시각만이 옳다고 생각하기 때문에 발생한다. 오만하고 대화가 통하지 않을 것이라는 인상을 주게 된다.

⑥ **자기 성찰의 부재** : 자신을 깊이 들여다 보지 않은 채 타인의 기준, 본능적이고 일차원적인 욕구에만 충실하며 살아가기 때문에 스스로를 잘 모른 채로 살아간다. 이로 인해 인간 관계, 대화에서도 정작 본인이 정말로 무엇을 원하는지를 모르기 때문에 소통이 어렵다. 대화가 뚝뚝 끊어지고 깊이 있게 진행되지 못한다.

⑦ **충동적 경향** : 행동과 감정을 조절하지 못하며, 자신의 행동으로 인한 장·단기적 결과를 고려하지 않는다. 표현이 거칠고, 배려가 깃들지 못해 상대에게 상처와 불쾌감을 주는 경우가 많다.

⑧ **타인 비난** : 발생하는 문제나 사건에 대해 타인을 비난하면서 자신의 실수나 책임을 인정하지 않는다. 모든 대화 흐름이 피해의식에 사로잡혀서 부정적이다 보니 대화 상대를 지치게 한다.

⑨ **자아도취** : 자신을 특별한 존재로 여기고 인정만을 갈구하다 보

니 모든 대화의 주제와 주도권, 비율을 자신에게 맞추게 된다. 상대는 이제 생각만 해도 대화할 욕구가 사라진다.

⑩ **서툰 감정 수용** : 일상에서 경험하는 감정에 대한 과민 반응, 확대 해석을 보인다. 감정이 많이 오가는 상황에서 자제력을 잃거나 회피하는 성향을 보인다. 상대방은 늘 표현에 대해 전전긍긍하게 되고 눈치를 보게 되며, 심리적 거리를 두게 된다.

나이가 든다고 해서 저절로 성숙해지지는 않는다.

성숙은커녕 분노 표출, 상처주는 말 등 부정적인 방향으로 발전되는 경우도 많다. 그러면서 자신의 모습은 못 본 채 남 탓만 한다. 실제로 주변에서 이런 경우를 흔히 볼 수 있다. 자기 인지를 바탕으로 충분한 경험과 성찰, 학습, 그리고 지속적인 노력이 필요한 이유이다.

자신 안에 있는 미성숙한 자아를 인지하고 인정하면서 조절하는 노력, 수많은 내면의 상처를 보듬는 자기 자비 또한 필요하다. 나아가 상대를 살피는 시야, 존중을 표현하는 방법을 배워서 꾸준히 훈련해야 한다. 이는 단번에 이루어지는 일이 아니다.

이토록 어렵지만 노력을 통해 조금씩 성숙해진다면 누구에게도 상처받지도, 주지도 않으면서 만나는 사람들과 깊이 있는 나눔이 가능해진다. 가족, 연인, 동료 등 소중한 사람들과의 관계가 놀라울 정도로 개선된다. 협업도 수월해지고, 자신이 가진 재능을 인정받을 수 있게 된다. 가볍게 보거나 무시당하지 않으며, 어려운 난관도 훨씬 더 지혜롭게 헤쳐나갈 수 있게 된다.

쉽게 얻어지지 않는 만큼 충분히 값진 것이 바로 성숙이다.

타고난 기질은 바꾸지 못하더라도, 더 나은 자신이 될 수는 있다.

Q

1. **자신의 대화 성숙도를 10점 만점으로 점수를 매긴다면 몇 점을 줄 것인가? 그 이유는?**
2. **위 10가지 항목에서 자신에게 해당되는 미성숙한 요소는 무엇인가? 비교적 해당되지 않는 부분은 무엇인가?**

자기다운 대화

여러 해 전 김수환 추기경이 선종했다. 종교, 정치적 성향, 국적을 막론하고 수많은 사람들이 그의 죽음을 애도했다. 당시 조문객

행렬만 300미터에 달할 정도였다.

병상에서 남긴 "사랑을 많이 받아서 고맙습니다. 서로 사랑하세요, 용서하세요"라는 말을 나는 십수 년이 지난 지금도 삶의 지침으로 삼고 있다. 나뿐만 아니라 전세계의 수많은 사람들에게 큰 영향을 주었다. 사망 당시에도 그랬다. 그가 각막을 기증한 영향으로 일주일 동안 장기기증운동본부의 업무가 마비될 정도였다고 한다.

사랑과 감사, 용서라는 위대한 가치를 전한 말이라서 큰 영향력을 가진 걸까? 그렇지 않다. 그가 평생을 감사와 사랑, 용서를 실천하며 살아왔기 때문에 말에 힘이 생긴 것이다.

수많은 사람들의 마음을 움직인 것은 감동적 문구가 아니라 그의 인격, 그의 삶이다.

만약 똑같은 말을 북한의 김정은이 했다고 한다면 어떨까? 살인마나 사기꾼이 했다면? 결국 메시지 그 자체보다 중요한 것은 말하는 사람의 삶에서 나오는 신뢰감이다. 그래서 메시지보다 화자가 더욱 중요하다.

그리스의 철학자 아리스토텔레스는 대화의 목적을 사람의 마음을 움직이는 것이라고 정의했다. 이를 위해 가장 중요한 세 가지 요소를 로고스(논리), 파토스(정서 전달), 에토스(자기다움)라고 정의했는데, 특히 에토스, 즉 말하는 이의 자기다움이 무엇보다 중요한 요소라고 했다.

정서와 논리가 갖춰져도 그것만으로 믿음이 생기진 않는다. 사기 전과 18범이 아무리 잘 준비해서 말한다고 해도 그의 사기 전과를 아는 사람들은 믿지 않는다.

단지 도덕성과 인격만이 자기다움에 해당하는 것이 아니라 전문성과 업적 등 말하고자 하는 해당 분야의 진짜 전문가인지, 관련된 실제 경험이 있는지에 따라 신뢰의 정도가 달라진다.

그렇기에 모든 분야에 대해 신뢰있게 말할 수 있는 사람은 없다고 해도 과언이 아니다. 수많은 상황, 분야, 관계 등 모든 것을 다 알고 경험할 수는 없기 때문이다. 각자의 인생이 다르듯 신뢰를 얻을 수 있는 분야, 메시지 또한 저마다 다르다.

바꾸어 말하면 사람들 모두에게는 이미 마음을 움직일 만한 이야기, 즉 고유의 삶이 있다. 각자가 살아온 삶을 총괄적으로 이해할 수 있을 때, 비로소 자기답게 대화할 수 있다는 말이다.

문제는 정작 본인이 이해하지 못하고 무엇을 말해야 하는지 모르는 경우가 많다.

자기가 무엇을 말해야 하는 사람인지도 모르면서 의욕만 앞선 말을 누가 신뢰할 수 있을까? 그래서 소크라테스가 '너 자신을 알라'라고 말한 것일지도 모른다.

화술이 부족해 감정 전달이 어렵고, 내용 구성이 정교하지 않아서 논리성이 부족하다고 생각해도 괜찮다. 먼저 자신이 누구인지부터 이해해야 한다. 그래야 듣는 이의 마음을 움직일 수 있다.

대화란, 말이란, 자신에 대해 제대로 이해하면 할수록 훨씬 더 설득력이 높아지고 매력적으로 발전한다. 자신이 무엇을 원하는지, 어떤 가치를 지키고 싶은지, 어떠한 목표와 방향을 가지고 있는지, 자신이 살아온 삶이 무엇을 말하고 있는지, 궁극적으로 스스로는 어떤 존재가 되고 싶은지. 이 모든 것들을 이해할수록 더 자신다운 표현이 가능해지고, 자기다운 대화를 할 수 있게 되는 것이다.

우리는 가장 자기다운 상태로 대화하고, 대화 속에 자신만의 표현을 담아내야 한다. 대화는 상대에게 선사하는 가장 자기다운 경험이어야 한다. 그것이 진정한 대화, 진정한 말하기다.

Q

1. **스스로 인식하는 자신, 그리고 타인이 인식하는 자신은 어떤 역할과 능력, 성향을 가진 사람인가?**
2. **내가 지금까지 살아온 삶을 통해 타인이 얻을 수 있는 교훈이 있다면?**

성숙하고 자기다운 대화를 위한 능력, 자기 인지

성숙한 대화의 필수 요소 : 자기 인지를 통한 여유

—

내가 만난 성숙하고 자기다운 대화를 잘 하는 사람들은 공통적인 특징이 있었다. 그들은

① 언제나 자신이 무엇을 말하고 싶은지를 잘 안다.
② 상대의 상황을 살피고 배려하는 대화를 한다.
③ 상대의 무례 등 강한 자극에도 곧장 반응하지 않는다.
④ 결코 회피하지 않고 표현할 것은 표현한다.
⑤ 절대 쫓기거나 궁지에 몰리지 않고, 당황하지 않는다.

위의 모든 특징을 관통하는 근본적 공통 능력은 바로 마음의 '여유'다. 여유가 있어야 재미있고 유창하게 말하며, 다채로운 주제를 넘나들 수 있고, 상대방의 상태를 살피고 대응할 수 있다. 여유가 있어야 어떠한 상황에서도 긍정적인 시선을 유지하고 상대를 배려할 수 있다. 여유가 있어야 나답게 말할 수 있다.

그들의 여유는 어디서 오는 것일까? 바로 뛰어난 자기 인지 능력

덕분이다.

이 능력은

① 상황을 정확하게 인지하고,
② 스스로의 상태를 돌아보고 점검할 수 있게 만든다.
③ 발생한 신체적 반응을 정확히 인지하고 균형감있게 감정을 조절한다.
④ 상대방의 심정을 유추하고 표정과 음성 등의 신호를 통해 빈번히 확인하면서 분석의 정확도를 상향시킨다.
⑤ 전체 상황을 객관적이면서 긍정적으로 바라보고
⑥ 전달하고 싶은 내용을 정리하여,
⑦ 가장 적합한 표현과 반응을 하도록 만든다.

반면 자기 인지 능력이 부족한 사람들은 대체로 상황에 대해 오해하고, 확대해서 해석하며, 피해 의식을 갖거나 감정 조절을 하지 못한다. 그로 인해 감정 기복이 심하다는 평가를 받기도 하며, 지나친 자학에 고통받기도 한다. 대화 상대를 살피지 못하기 때문에 서로가 만족스러운 결과를 얻는 경우가 드물다.

이렇듯 중요한 자기 인지 능력이 활성화될 수 있도록 하기 위해서는 자극 공간을 확보해야 한다.

자극 공간 확보

"자극과 반응 사이의 공간이 인생의 질을 결정한다"라는 말이 있다. 삶에서 생기는 수많은 자극에 곧장 반응하지 않고, 감정을 잘 조절하여 현명한 반응을 하라는 유대인 정신의학자 빅터 프랭클의 말이다(그는 제2차 세계대전 때 강제 수용소에서 살아남은 경험을 통해 인간이 어떻게 고통과 역경을 극복하며 살아남을 수 있는지를 깨닫고 〈죽음의 수용소에서〉를 썼다).

반응은 우리의 말과 행동이 되어 대화에 드러난다. 대화를 망치는 대표적인 상황은 조절되지 않은 순간적 감정이 반응이 되어 우리를 대신할 때다.

외부 자극으로 큰 반응이 생기면 자기 인지 능력을 쉽게 활성화할 수 없다.

자극이 정리되지 않은 채 들어오면 우리 뇌는 본능적으로 불안함을 느낀다. 이때 편도체에 혈액이 쏠린다. 편도체는 생존을 위해 불안을 느끼고 도망치거나 숨게 하고 방어적으로 행동하게 하는 뇌의 영역이다. 정리되지 않은 채 들어온 자극이 편도체를 활성화시키면 화를 내거나 회피하는 등 본능적·방어적 행동을 취하게 된다. 흔히 말하는 감정적 대응을 하는 것이다.

이 편도체를 통과해야 이성적 사고를 담당하는 전전두피질이 활성화된다. 전전두피질은 뇌에서 조리있는, 논리적인 말하기, 자기다운 절제력 등을 담당하는, 자기 인지 능력을 발휘하는 영역이다.

제아무리 손흥민 선수라도 공이 안 가면 골을 못 넣는 것처럼, 우리 뇌도 혈액이 공급되지 못한다면 제 기능을 할 수 없다.

자극이 곧장 반응으로 이어지지 않기 위해, 자기 인지 능력을 제대로 발휘하기 위해 가장 먼저 자극을 담아 내고 조절할 공간이 필요하다.

공간 확보를 위한 정리

—

살면서 받는 자극에 수많은 짐이 생긴다. 정리할 공간이 있어야 하는데 그곳이 정리되지 않은 수많은 짐들로 가득 차 있으면 감당할 수가 없다. 가득 찬 잔에 물을 따르면 흘러넘치듯 반응이 조절되지 못하고 곧장 튀어 나오게 된다.

대화할 때 금방 흥분하여 달려드는 사람이 비좁은 자극 공간의 대표적 사례다. '발작 버튼'이 여러 개 있는 데다가 아주 쉽게 눌리는 사람, 소위 '잘 긁히는' 사람이다. 누군가 일부러 도발을 하는 경우도 있지만, 대부분 자신의 발작 버튼 위에 언제든 누를 수 있게 손을 올려둔 경우가 많다.

바로 나의 이야기다. 과거의 나는 엄청나게 좁은 자극 공간을 가진 사람이었다. 자극 공간이 협소했던 이유 중 가장 큰 부분은 삶에서 온 큰 심리적 상처를 쉽게 극복한 척하며 지냈기 때문이다.

나는 어머니와 누나를 같은 질병으로 떠나 보냈다(《세상을 바꾸는 시간》(세바시) 610회 '상실로부터 나를 지키는 방법').

소중한 가족을 잃은 상황은 괜찮을 리 없지만, 나는 의도적으로 아무렇지 않은 척하면서 살았다. 그것이 남은 가족을 위한 배려라고 생각했다. 사건과 감정은 전혀 정리되지 않은 채 쌓여 버렸고, 나는 모르고 살았다.

그뿐 아니었다. 자극을 외면하는 것이 습관이 되었다. 힘든 일이나 속상한 일, 후회스러운 일들을 외면하면서 얼른 괜찮은 척하며 살게 되었다. 남들이 보기에는 회복력이 뛰어나 보이도록, 튼튼해 보이도록 행동하고 살았다. 그래도 별일이 없을 때는 괜찮았다. 아무런 영향을 느끼지 못했다.

문제는 삶이 늘 무난하고 괜찮을 수는 없다는 것이었다.

각양각색의 사람들을 만나서 예측 불가능한 상황을 겪고, 선호하지 않는 주제를 다뤄야 하는 상황, 여유롭지 않은 상황에서도 괜찮을 수 있어야 하는데, 나는 그럴 때면 늘 괜찮지 않았다. 나의 좁은 자극 공간은 조금이라도 큰 자극이 오면 금방 넘쳐버렸고, 조절되지 못한 반응은 누군가에게 상처를 주거나 상황을 악화시켰다. "나는 왜 이렇게 쉽게 발끈하는 걸까? 성격이 나쁜 걸까?"라는 자책과 자기 비하만 늘어났고, 피해 의식도 점점 더 커져갔다.

나는 그렇게 많은 사람들에게 '불편한 사람'이 되어 있었다.

심지어 강의 때도 집중하지 않는 교육생에게 빈정이 상하여 혼내듯 강의한 적도 있었다. 회사에서도 나의 의견이 조금이라도 덜 중요하게 여겨진다는 생각이 들면 금세 화를 내버렸다. 그렇게 내 평가를 스스로 망치고 있었다. 당시 내 마음에는 큰 불만족, 불안함만 자리하고 있었다.

집에 가니 아내가 내 방 정리를 시작했다. 이사 후 내가 수 년간 쌓아둔 짐들을 모조리 꺼내서 분류하고 덜어내는 어마어마한 작업이었다. 정작 나는 엄두도 못 내고 있었는데, 아내가 팔을 걷어붙이고 나서면서 이렇게 말했다. "내가 알아서 할 테니 걱정마요."

쳐다보기도 싫었던 물건들이 거실로 나왔다. 처음에는 이걸 어쩌나 했지만, 아내가 버릴 물건들과 보관할 물건들을 하나하나 분류했고, 보관용 상자에 담아 이름까지 붙이니 금방 정리가 됐다. 버릴 짐도 많았는지, 꽉 차서 들어갈 생각도 못했던 방이 휜해졌다. 전보다 훨씬 여유로워진 공간 덕에 마음이 편안해졌다. 같은 방이 맞나 싶을 정도로, 평수가 넓어진 것만 같았다.

정신이 번쩍 들었다.

'내 자극 공간이 좁은 이유도 원래 좁은 게 아니라 정리하지 않아서구나!'라는 생각이 든 것이다.

조금씩 스스로를 들여다보기 시작했다. 생각하기도 싫은 일과 떠올리기조차 싫은 경험을 찾아내서 정리해 보았다. 싫은 만큼 큰 영향을 주는, 정리해야 하는 짐이라는 것이니까.

처음에는 매우 어려웠다. 생각하는 것만으로도 괴로웠고, 시도하기조차 꺼려지고 두려웠다. 그렇지만 한번 인식한 뒤부터 조금씩 용기가 났다.

'어차피 해야 할 일인데, 용기를 내자!'라는 말로 스스로를 응원했다. 그래도 지금껏 잘 살아왔다는 것이 위안이 되었다. 미성숙하고 거친 나지만 사랑해 주는 사람들이 있어서 힘이 났다. 그들을 위해서라도 반드시 정리해 낼 책임감을 느꼈다.

그렇게 들여다보기 시작한 짐들은 아팠다. 가장 크게 자리잡았던 기억은 시도하는 데에도 오랜 시간이 걸렸다.

초등학교 5학년에 어머니를 위암으로 떠나보낸 나는 텅 빈 집이 싫어 밖으로만 나돌았다. 자연스럽게 친구들과 좀도둑질, 술, 담배 등을 가까이 하던 내가 심한 범죄나 가출 등의 탈선으로 향하지 않을 수 있었던 것은 둘째 누나 덕분이었다. 천성이 따뜻했던 누나는 언제나 자기보다 나를 더 챙겼고, 덕분에 정서적으로 가장 힘든 시기를 무사히 견딜 수 있었다. 나는 누나에게 의지해서 어머니 없는 어린 시절을 이겨냈다.

그러던 누나가 암에 걸렸다. 결혼식을 앞두고 한 검사 결과 어머니와 같은 위암, 그것도 말기였다. 삼십대 초반이었던 둘째 누나는 항암 치료를 선택했고, 열심히 치료에 힘썼다. 하지만 항암 치료는 실패했다. 방사선과 종양이 그녀의 생명을 갉아먹는 동안 나는 그렇게 사랑했던 누나와 대화를 많이 나누지 못했다.

말할 에너지조차 아껴주고 싶다는 핑계로, 작은 기운조차 회복을 위해서 쓰이길 바란다는 핑계로 나는 누나를 자주 찾아가지 않았다. 그렇지만 결국 병세가 악화되었고, 어느새 그녀는 많이 약해져서 간단한 대화조차 쉽지 않은 상태가 됐다.

짓누르는 통증을 모르핀으로 견디며 그녀는 언어를 잃어 갔다. 내가 건네는 말들이 그녀에게 전해지는지 알 수조차 없었다. 사랑과 고마움을 표현했지만 너무 많이 늦었다.

그렇게 누나를 보냈다.

그 기억을 되새기니 후회가 심장을 짓눌렀다. 미뤄두었던 순간의 감정들이 그대로 밀려오는 것만 같았다. 그러지 말았어야 했는데… 난 왜 그랬을까. 자책감이 온몸을 휘감았다.

괜히 시작한 일이라는 후회가 드는 순간, 내가 너무 과거에 몰입하고 있다는 생각이 들었다. 이미 지나간 일이고, 내가 바꿀 수 있는 것은 없음에도 불구하고 습관적인 자해를 하고 있었던 것이다. 이 자해적 사고의 이름은 반추였다. 지나간 일에 대한 후회를 바탕으로 Who와 Why에 집착한 것이다.

나는 반추를 멈추기로 했다. 내 첫 의도처럼 정리하기 위해서는 지나간 일에 대한 후회는 전혀 도움이 되지 않았기 때문이다. 나는 성찰하기로 했다. 성찰은 경험을 통해 깨달은 것, 교훈과 개선점을 발견하고 미래로 연결하는 것이다. 긍정적 재해석이 바로 그것이다. What, How에 집중하기로 했다.

누나의 일로 바뀐 내 모습에 집중했다.

언제든 무슨 일이 누구에게 벌어질 수도 있다는 마음이 생기면서 순간에 더 집중하며 후회없이 살아야겠다는 가치관의 변화가 생겼다. 그 이후 후회하지 않기 위해 소중한 사람들에게 사랑하는 마음을 더 솔직히, 자주 표현하기로 결심하고 실천했다.

소중한 사람들과 더 자주 만나 더 많은 시간을 함께 하기 위해 최선을 다하며 살았다. 감정에 솔직해지면서 훌륭한 아내를 만날 수 있었고, 아들에게도 사랑을 늘 표현하는 아빠가 되었다. 뿐만 아니라 누나와의 시간으로 깨달은 것을 알리기 위해 강의라는 일을 선택하게 되었고, 형제나 다름없는 소중한 동료들도 만나게 되었다.

완전한 재해석이 이뤄지는 데에는 꽤나 오랜 시간, 잦은 반복적 노력이 필요했지만 처음처럼 힘들지는 않았다. 이를 기점으로 다른 수많은 짐들도 정리하고 비워내기 시작했다. 조금씩이었지만 여유가 생기기 시작했다. 지금도 몇몇 자극들은 순간적인 반응이 되기도 하지만 분명히 달라졌다. 이전의 나보다 훨씬 더 성숙해진 자신을 자랑스럽게 생각한다.

▶ **단서를 찾아서 선정하라 : 실패 경험**

떠올리기도 싫은 경험이 있는가? 속상했던 대화가 있는가? 떠올리기 싫고 속상하다는 것이 정리해야 할 짐이라는 걸 말해준다. 꺼려지는 일을 찾아 도전하자.

▶ **마음의 준비 : 자신을 믿고, 사랑하는 사람들을 떠올려서 책임감을 갖자.**

용기가 필요한 일이다. 모든 정리는 제대로 마주할 때 시작할 수 있다. 미뤄놓은 이유는 과거에서 겪은 상처나 아픔이 현재도 영향을 미칠 만큼 크기 때문이다. 하지만 정리하지 않으면 더 나은 미래는 없다. 지나간 일을 진짜로 지나보내기 위해서는 반드시 한 번은 마주할 필요가 있다. 과거가 아닌 지금의 나는 충분히 이겨낼 수 있다. **스스로를 믿고 응원하자.** 버텨냈고, 지금 잘 살아가고 있다. **사랑하는 사람들을 위해서** 반드시 책임감을 가지고 정리해야 한다.

▶ **절대 하지 말아야 할 것 : 반추**

우울증의 대표적인 사고가 반추rumination다. **반추는 과거 몰입**이다. 선택에 대한 **후회**가 주를 이루는 것이 반추다. 반추를 하면 할수록 스스로에 대한 자책이 깊어지고, 고통스러운 감정이 다시 떠올라서 괴롭기만 하다. 반추는 **Who**와 **Why**에 집착한다. 지나간 일일 뿐이다. 후회하지 말자.

▶ **필요한 자세 : 성찰**

성찰은 미래 지향적이다. 과거의 사건과 그로 인한 감정 모두 **긍정적 재해석**을 위해 사용한다. 과거의 경험이 현재에 끼친 **긍정적인 효과**를 발견하고, 미래에 활용할 수 있는 교훈을 찾는 것이다. 성찰은 **What, How**에 집중한다.

성찰하면 **자신에 대한 인식이 개선**된다. 후회의 원인을 알게 되면서 자기 이해가 깊어진다. 현재에 끼친 긍정적 효과를 통해 자존감이 올라가고, 교훈의 방향을 통해 스스로가 원하는 미래를 구체화할 수 있다.

Q **상담가가 되어 자신을 상담해 주는 상황이라고 가정해 보자. 이러한 '타자화'는 과거의 사건, 경험, 감정이 현재에 끼친 긍정적 효과를 찾는 데 도움이 될 것이다.**

충분한 공간 확보를 위해 소개한 '① **실패 경험 떠올리기**, ② **직시하고 인정하기**, ③ **재해석하기**'의 과정을 거친다면 웬만큼 자극이 발생해도 바로 알아차릴 수 있는 여유가 생긴 자신을 마주할 수 있을

것이다. 여유 있게 대처하는 성공 경험이 쌓이는 것이 대화의 내공, 힘이 되어 스스로를 지켜주게 된다. 그러니 부디 용기를 내어 과거의 아픈 실패를 마주하고, 해석해 내길 바란다. 고통을 고통으로 두지 말고 스스로를 위한 약으로 만드는 것이다.

자기 인지 능력 활성화 훈련

자기 인지 능력을 활성화시키기 위해서는 두 가지를 기억해야 한다.

① 평소에 꾸준히 연습해야 한다.

② 활성화해야 한다는 사인을 주는 행동, 스위치를 켜는 의도적·의지적 행동이 필요하다.

활성화 연습 : 스스로에게 질문하기

—

자기 인지(메타 인지)를 일반적으로 소개할 때 학습법으로 접근하는 경우가 많다.

자신이 어디까지 알고, 어디서부터 모르는지를 아는 능력으로 알려진 이 메타 인지 능력은 상대방에게 가르칠 때 자신에 대한 인지 능력이 가장 활성화된다고 한다.

마찬가지로 가장 좋은 자기 인지 능력 활성화 연습은 의식적 · 인지적인 대화이다. 한마디로 정신 바짝 차리고 누군가와 제대로 대화하는 것이다. 하지만 상대방이 없다고 해서 홀로 연습하지 못하는 것은 아니다.

스스로에게 질문하고 답하는 자문자답을 통해 자기 인지를 높일 수 있다. 질문을 들으면 답을 떠올리게 된다. 자신이 누구인지를 알게 만드는 질문들은 일단 던지기만 해도 내면에 잔잔한 파문을 만든다. 그렇게 하나씩 답을 떠올리면서 스스로에 대한 이해가 높아지고, 자기 인지가 활성화된다.

자기 발견을 위한 대표적인 방법이 바로 글쓰기이다. 추상적으로 떠도는 생각이 깊은 고민 끝에 정의되어 나오는 과정인 글쓰기는 자기 안의 질문과 답의 결과물이기도 하다. 특히 자신에 대한 인지 능력을 올리기 위해 자신에 대해 글을 써 보는 것은 매우 도움이 된다. 쉬운 예시로, '나는'이라는 말의 뒷부분을 채워보는 것이다.

① 나는 (지금 어떤 감정인가)

② 나는 (무엇을 좋아하는가)

③ 나는 (무엇을 소중하게 생각하는가)

④ 나는 (어떨 때 화가 나는가)

⑤ 나는 ____________________

얼마나 적을 수 있을까? 주관적으로 적어내린 문구들이 자신의 전부는 아니지만, 스스로가 가진 자신에 대한 인식을 확인할 수 있는 좋은 연습이다. 스스로에 대해 고민하고 성찰할수록 자기 인지 능력은 활성화된다.

활성화 연습 : 자기 돌아보기 - 나를 캐릭터로 만든다면?

—

자신의 과거를 이루는 큰 사건들을 정리한 후 해당 사건을 통해 형성된 자신의 특성을 유추해 볼 필요가 있는데, 도움이 되는 방법 하나를 소개하려 한다. 이 방법은 자신을 객관화하여 바라볼 수 있게 해주며, 자신의 특성과 행동 패턴을 더 명확히 인식하는 데 도움을 준다. 또한 자신의 장단점을 균형 있게 파악할 수 있게 해준다.

스스로 정리한 자신의 성장 환경과 사건을 토대로 소설, 영화 또는 드라마 캐릭터를 창작한다고 생각해 보자. 그 캐릭터는 어떤 심리 상태, 감정적 특성을 포함하고 있을까?

예를 들어 어린 시절에 장애로 거동이 불편한 부모님이 자주 다치는 장면을 목격했다면 가족의 건강과 사고에 대한 불안감과 예민함을 갖게 된다거나, 외부 위협이 있더라도 부모가 물리적으로 지켜줄 수 없기 때문에 스스로 자신을 보호해야 한다는 부담과 강박에 시달렸을 수도 있다. 또 이를 다른 각도에서 보면 책임감과 자립심을 갖춘 모습도 가정해 볼 수 있으며, 늘 노력하는 성실한 모습도 어울린다.

정리하면 다음과 같다.

① 자신을 창작물의 캐릭터로 만들기
② 영향을 줄 만한 큰 사건들을 기록하기
③ 해당 사건을 통해 어떤 심리 상태, 정서적 특성을 가졌는지 적어 보기
④ 동전의 양면처럼 부정적·긍정적 특성을 함께 기록하기

활성화 연습 : 성장을 위한 대화 - 피드백 받기

우리는 자신의 모습을 객관적으로 보기 어렵다. 타인과의 교류를 통해 자신을 발견하거나 타인에게서 피드백을 받아야 제대로 된 자기 인식이 가능하다.

피드백에 대한 수용을 거부하거나 수용 정도가 낮은 눈먼 영역이 큰 사람은 성장이 어렵다. 스스로가 가진 장점과 단점을 잘 모르는

경우가 많은데, 어쩌면 가장 안타까운 경우라 할 수 있다. 큰 단점을 본인만 인지하지 못해서, 장점이 아주 많은데도 나쁜 평가에서 벗어나지 못하는 친구를 본 적이 있다. 주변에서 진심을 다해서 알려주려 애썼지만 수용을 거부하다 보니 아무도 도울 수가 없었다.

그런데 아무에게서나 피드백을 들을 수 있는 건 아니다. 요청한다고 제대로 된 피드백을 얻을 수도 없을 뿐더러 깊은 신뢰가 자리 잡은 사람의 피드백이어야 효과가 있다.

그래서 피드백을 요청할 수 있는 관계가 필요하다. 나의 발전을 바라면서도 편파적이지 않은 객관성이 있는 사람, 오랜 신뢰를 통해 상대의 어떤 말도 비난이 아닐 거라는 믿음이 생긴 관계 말이다. 역설적으로 자신을 잘 인식하여 제대로 된 대화를 하기 위해서는 제대로 된 대화를 토대로 깊은 신뢰가 생긴 사람이 필요하다. 그래서 부익부 빈익빈처럼 대화를 잘하는 사람 곁에는 좋은 피드백을 줄 수 있는 사람들이 많아지고, 대화를 잘하지 못하는 사람 곁에는 점점 더 피드백을 주는 사람이 줄어드는 것이다.

그렇다고 시작이 불가능한 것은 아니다. 피드백을 주고 받는 성숙한 관계 형성을 위해서는 반드시 첫 피드백을 제대로 수용하는 모습을 보일 필요가 있다. 그를 위해 가장 먼저 **수용하는 훈련**이 필요하다. 상대의 피드백은 듣는 순간 불쾌하거나 아프게 느껴질 수 있다. 자각하지 못한 특성은 조절이 어렵기 때문에 주변에 부정적 영향을 준 경우가 많다. 피드백에 포함되는 평가가 대체로 부정적인 이유다. 그러므로 피드백 수용 연습은 매우 중요하다.

① **수용적 자세 유지**: 모든 피드백을 무조건 수용할 필요는 없지만 그렇다고 해서 밀어내면 아무것도 얻지 못하고 관계만 잃게 된다. 그러니 수용적인 자세는 반드시 필요하다.

② **미래지향적 사고**: 과거는 어쩔 수 없지만, 미래는 바꿀 수 있다는 생각을 스스로 해야 한다. 미래를 바꿀 수 있는 힘이 자신 안에 있음을 기억하고, 상대의 말에 무너지지 않도록 스스로를 격려해야 한다.

③ **긍정적 해석 마인드**: '오히려 좋아'라는 생각이 도움된다. 문제가 있는 실패자라서 피드백을 듣는 것이 아니라 더 나은 자신이 될 중요한 기회이기 때문에 피드백을 듣는 것이라고 생각해야 한다.

④ **감사 표현**: 피드백을 주는 대상에게 감사를 표하라. 나의 성장에 도움이 되는 말을 해준 고마운 존재다. 감사의 태도는 설령 비난의 의도로 말한 사람조차 당황하고 오히려 후회하게 만든다.

⑤ **다각도 피드백**: 다각도의 피드백이 중요하다. 한 사람의 의견은 한정되어 있을 수밖에 없다. 받은 피드백을 다른 사람들에게도 재차 확인하면서 여러 시선을 갖출 수 있도록 노력해보자.

⑥ **적합한 피드백 파트너** : 자상하고 다정하면서 친밀하지만, 냉철하고 분석적인 주변인을 찾는 것은 아주 중요하다. 객관적인 관점을 가진 사람은 생각보다 흔치 않다.

⑦ **의도, 객관성 파악** : 자신의 주장이 너무 많이 섞인 피드백을 주는, 때로는 교묘히 유도하려는 사람들이 꽤 있다. 그러면 아무리 긍정적 의도라 해도 올바른 피드백이 될 수 없다. 상대의 피드백을 수용하면서 동시에 그 의도와 객관성을 면밀히 검토해 보자.

Q

주변 사람들 중 다정하지만 냉철한 피드백을 주기에 적합한 사람이 있는지 떠올려보자.

피드백 요청에도 용기가 필요하다. 성장을 위해 피드백을 요청하는 용기를 발휘하기 바란다.

활성화 연습 : 타인의 시선을 배우는 독서

자기 객관화를 위해 우리가 할 수 있는 연습 중 하나는 바로 타인의 시선을 고려하고 배우라는 것이다. 상대가 내 말과 행동을 어떻게 생각할까? 라는 기본 질문에서 시작하는 것도 좋지만, 자칫하다 보면 잘못된 추론으로 스스로 위축되거나 눈치를 보게 되는 경우도 있다. 그래서 타인의 시선을 고려할 필요는 있지만 지나치게 추론을 하는 것은 좋지 않다.

타인의 시선을 배우는 가장 좋은 방법은 독서다. 위에 언급한 글쓰기의 가치처럼, 추상적인 생각과 관점이 글로 신중하게 정의된 책이라는 결과물을 만나는 것이야말로 타인의 시선을 학습하는 가장 좋은 방법이다.

① 주제는 입맛대로, 작가는 다양하게. 입맛에 맞는 작가만 편식할 것이 아니라 최대한 **다양하게** 읽어야 한다. 과도한 추앙은 오히려 인지 능력을 저하시킬 수 있으니, '이 사람은 이렇게 생각하는구나' 하고 자기 중심을 잘 잡고 읽는 것이 중요하다. 반면 주제는 자신의 구미가 당기는 대로 정해도 된다.

② **짧아도 좋으니 읽으면서 밑줄을 긋거나 감상을 기록하고, 독서를 마친 후에 정리**하기를 권한다. 기억을 연구했던 심리학자 헤르만 에빙하우스에 따르면 학습 후 한 시간이 지나면 60% 가까이 망각한다고 한다. 그걸 극복하는 방법이 복습이다. 복습을 통해 정보는 오래 저장되는 장기 기억으로 넘어가게 된다. 모든 책을 전부 다시 읽을 수 없으니 스스로 정리한 문장과 감상이 좋은 복습 도구가 될 것이다.

Q

1. **좋아하는 작가나 책이 있는가? 그를 통해 확인하게 된 관점, 시선이 있는지 생각해 보자.**
   작가의 관점, 시선, 견해에 대해 거부감을 느꼈던 작품이 있는가? 어떤 부분에서 그렇게 느꼈는지 생각해 보자.
2. **해당 책에서 가장 인상 깊은 문장을 골라 보자. 그 부분에 대한 자신의 생각을 적어 보자. 인상 깊었다는 것이 단서다. 만약 가장 동의가 어려운 부분이 있다면 그 또한 좋다. 생각과 시야의 확장이 자기 인지 능력 계발의 핵심 중 하나다.**
   당장 복습 도구로 활용할 만한 책을 하나 골라서 시도해 보자. 자주 읽었던 책이라도 다시 한번 정리해 보면 새롭게 발견하게 되는 부분이 있을 것이다.

기타 자기 인지 계발 활동

이외에도 마음 챙김과 명상, 일기 쓰기 등 다양한 자기 인지 계발 활동이 있다. 가장 중요한 것은 스스로를 인식하고 있는 자신을 알아채야 한다는 것이다. 관련하여 참고할 만한 개념은 기억 자아, 경험 자아, 그리고 배경 자아이다.

다니엘 카너먼, 김주환 교수 등 심리와 자아를 분석하고 연구한 학자들은 나(자아)를 세부적으로 구분했다. 그중 김주환 교수의 〈내면 소통〉에서 소개한 정의는 다음과 같다.

① 경험 자아는 현재의 순간을 경험하는 자아이다.
② 기억 자아는 과거의 경험을 해석하고 저장하는 자아이다.
③ 배경 자아는 이 두 자아를 관찰하고 조절하는 메타 인지적 자아이다.

자기 인지 능력을 높이기 위해서는 이 배경 자아의 역할을 강화해야 한다

자신의 생각이 어떻게 흘러가는지를 관찰자처럼 지켜볼 수 있도록 배경 자아를 의식해보자.

자기 인지 능력 활성화의 스위치, 시작하며 미소 짓기

—

"코치님 말씀대로 ○○며 시작했을 뿐인데 모든 것이 달라지더군요. 마치 뇌가 열리는 것 같았습니다. 뿐만 아니라 저를 바라보는 분들의 표정, 보내주시는 에너지가 달라진 것도 느낄 수 있었어요."

내가 첫 스피치 코칭을 시작한 2011년부터 지금까지 변함없이 제안하는 것이 있다. 그것은 강연이나 발표, 1:1 대화, 그룹 커뮤니케이션 등 모든 소통 상황에서 동일하게 적용되는 제안이다. 바로 이야기를 시작할 때 미소 짓기이다. 아주 특별히 표정에 신경을 써야 하는 부고, 범죄, 안타까운 상황 등의 주제가 아니라면 거의 모든 주제에서 화자는 미소를 지어야 한다. 본인을 위해, 청자를 위해.

불안감은 의지로 조절하기 어렵다. 특히 누군가와 소통을 해야 하는 자리에는 반드시 불안감이 자리하기 마련이다. 새로운 주제, 낯선 대상, 곤란한 관계, 다양한 변수 등 소통과 대화는 몇몇 상황을 제외하면 편안하지 않은 것이 당연하다. 이런 상황이면 우리의 본능은 언제든 도망칠 준비를 하게 만든다.

그런 상황에서 아무리 '편안히 마음 먹으세요'라고 말해도 말처럼 쉬울 리 없다. 게다가 더 어려운 것은 듣는 사람도 내 이야기를 듣기 전에 긴장한다는 것이다. 누군가와 대화를 나누게 되면 듣는 쪽에서도 자연히 상대가 자신에게 '우호적'인지 평가하고 경계하게 된다. 서로에게 긴장감이 흐르기 때문에 소통이 어렵고 대화가 불편한 것이다.

대화가 시작되는 1~2초 사이에 서로에게 불안해 하고 경계하면서 빠르게 탐색하는 엄청난 눈치 싸움이 오간다. 그런 상황에서 말을 건 사람이 딱딱하게 굳은 표정과 차가운 목소리로 대화를 시작한다면 어떻게 될까. 상대는 화자를 '우호적'이지 않은 대상으로 인식하고 방어적이 될 것이다. 이 방어적이고 부정적인 에너지는 화자에게 놀라운 속도로 전달되어 긴장과 불안을 불러와 심리를 극도로 위축시킨다. 자신이 가지고 있는 좋은 소통 역량이 나오려야 나올 수 없는 것이다.

그럴 때 가장 강력한 처방 중 하나가 '미소 짓기'다.

미소를 짓는다는 것은 상대에게 호감을 보이는 사회적 약속이다. 그 자체로도 좋은 메시지가 된다. 다만 단순히 '우호적' 행위라서 도움이 되는 것은 아니다.

긴장과 경계심이 극도로 자극되면 본인의 의지대로 행동이 이뤄지지 않는다. 너무 긴장해서 자신이 어떤 행동을 하는지도 모른 적이 있는 사람이라면 이해할 수 있을 것이다. 그럴 때 자신이 의도한 동작인 '미소'를 지을 수 있다면 순간적으로 긴장감이라는 감정 상태를 벗어나는 '인지적 상태'가 된다. 이른바 감정에 지배되지 않고 자신의 의지로 상황을 주도하게 된다는 것이다.

'인지적 상태'가 되면 상황을 살필 수 있는 눈이 뜨인다. 한 발 물러서서 바라보는 시야가 생기고, 자신이 어떤 말을 하려고 했는지, 상대는 어떤 반응을 보이고 있는지, 이후 어떻게 대화를 이끌면 좋을지, 적합한 반응과 어휘는 무엇인지를 살필 수 있게 된다는 뜻이다. 이 모두를 한 단계 위에서 바라보는 자기 인지 상태가 되는 것이다. 미로를 헤매다가 몇 층 높은 곳에서 한 눈에 바라보면 훨씬 더 잘 볼 수 있는 것처럼 훨씬 더 자신과 상대를 객관적으로 살필 수 있게 된다.

물론 미소 짓기 한 번으로 완벽한 자기 인지 상태가 되는 것은 아니다. 다만 미소 짓기와 같은 의도적 행동이 없다면 대화라는 어려운 과정 속에서 '인지'를 해 내는 것은 굉장히 어려운 일이다. 소통에 몰입하거나 분위기에 영향을 받으면 쉽게 시야가 좁아지고 자기 감정에 사로잡히거나 상대에 대한 의식, 배려를 놓치게 된다. 소통이란 감정적 자극이 수없이 오가는, 마치 격렬한 스포츠와도 같기 때문이다.

그럴 때 의도적으로 인지적 행동을 하면서 자각해야만 과몰입이나 긴장에 빠지지 않을 수 있다. 언제나 중요한 시작 단계에서 작지만 강력한 미소 짓기라는 행동을 할 수 있다면 당신은 충분히 상황에 대한 객관적 시선을 유지하며 대화할 수 있을 것이다. 뿐만 아니라 상대에게 우호적인 존재라는 인상을 주면서 말이다.

인지적 행동 - 미소 짓기의 효과를 정리해 보자.

① 상대방에게 우호적인 신호 전달

② 자신의 긴장감 완화

③ 인지적 상태로의 전환

④ 상황을 객관적으로 바라볼 수 있는 여유 제공

미소가 못난 사람은 없다. 잘 안 해 봐서 어색한 사람만 있을 뿐. 이 글을 읽으며 씨익 웃어보자.

2장

감정 이해와 조절

인정과 직시, 성찰을 바탕으로 한 긍정적 재해석을 통해 자극 공간을 확보한다면 이제 자기 인지를 위한 '숨통'이 트였다고 할 수 있다. 하지만 그것만으로는 부족하다. 자기 인지 능력을 통해 감정을 잘 조절하고 적절히 표현하려면, 먼저 감정을 제대로 이해할 필요가 있다.

망쳤다고 생각해서 후회하고 있는 어떤 상황을 떠올려 보자. 사람들은 대부분 자기답지 않은 행동이었다고 생각한다. 내 입에서 나온 말이고, 내가 지은 표정이고, 내가 한 행동인데도 나답지 않다고 느낀다.

당시의 부족했던 나도 나인 것은 분명한데, 후회하고 있는 지금의 나와는 다른 존재처럼 느껴진다. 왜냐하면 당시에는 감정이 나를 대신해서 날뛰었기 때문이다.

감정 이해하기

감정 조절에 미숙했던 시기, 나의 흑역사

—

10여 년 전, 회의를 위해 회사 사무실에 모인 날이었다. 나는 몹시 피곤하고 짜증난 상태였다. 집에서 회사까지는 1시간 40분 가량 걸리는데, 그날따라 지하철에 사람이 많아 사무실에 도착했을 때는 녹초가 되어 있었다. 잠도 부족했다. 아이는 고열로 밤새 앓았고, 아이를 보살피던 아내도 함께 아팠던 날이었다. 둘을 돌보느라 거의 뜬눈으로 밤을 보내고 피곤한 몸을 이끌고 회사에 도착했고, 회의가 조금 미뤄진 사이 동료들과 근황을 나누고 있었다.

당시 회사의 다른 분야에 비해 내 분야는 강의 요청이 많지 않았다. 독자적으로 개발한 과정이라 잘 알려지지 않은 것이 주된 이유였다. 나는 회사가 영업을 적극적으로 해 주지 않는다고 생각했고, 회사 안팎의 동료들이 내 가치를 제대로 인정해주지 않는다고 느꼈다.

동료들에게 고충을 이야기하고 있는 사이 대표인 폴이 들어왔다. 그는 자신의 강의가 너무 많아져 피곤하다며 옆에 있던 동료에게 너스레를 떨었다. 우리가 어떤 이야기를 나누고 있었는지 알 길이 없었을 그에게 나는 쏘아붙였다.

"아, 그러세요? 엄청 좋으시겠네. 나는 제대로 영업도 안 해주면서. 일이 몰려서 그렇게 힘드세요? 왜 나눠줄 생각은 안 하세요?"

내 말에 폴과 동료들은 당황했다. 내 반응이 공격적이어서 다들 멋쩍어하며 자리를 피하거나 말을 돌렸다. 당시 나는 불편해하는 동료들을 보면서 미안해하기는커녕 '그러게, 왜 나한테 이런 감정을 느끼게 만들어? 너네도 불편해 봐'라는 심정이었다.

말하자면 나는 분위기를 파탄내는 불편한 존재였다. 생각할수록 부끄럽고 미안한 흑역사 중 흑역사다.

앞서 말한 대로, 자극이 왔을 때 담아낼 공간이 굉장히 비좁아서 곧장 반응하는 경우였다. 조금이라도 상대가 나를 무시한다는 느낌의 자극이 들어오면 그 즉시 급발진을 해 버렸다.

이 사건을 통해 동료들에게 미안함을 표현하고 더 성숙해지는 계기로 삼았고, 스스로에 대한 이해의 폭도 커지고 더 나은 감정 조절 요령을 터득하는 경험이 되었다. 간혹 동료들에게 내가 너무 공격적이거나 감정적으로 말하고 있지는 않은지 물어보기도 한다.

하지만 여전히 주의를 기울이지 않으면 잘못된 판단과 오해가 일어날 정도로 감정을 이해하고 조절하는 일은 쉽지 않다.

도대체 이러한 '감정'이란 무엇일까?

나는 예전에는 누군가 '특정한 표현'으로 나의 심기를 건드려서 감정을 촉발한다고 생각했다. 소위 '발작 버튼'을 누르는 사람이 있다고 여기고, 그 버튼을 누른 대상에게 감정을 쏟아냈다. 여러 가지 이유로 발생한 신호였는데도 하나씩 들여다보려고 하지 않고 '특정한 표현'을 한 대상에게만 책임을 돌리고는 했다.

감정에 대한 여러 연구가 있지만 이 책의 목적은 자기다움을 위해 감정을 잘 조절하는 것이기 때문에 하나의 개념으로 감정을 이해해 보자.

감정은 신호다

감정은 나의 욕구를 알려주기 위해 '신체 반응'을 사용하는 신호다.

불이 났다고 가정해 보자. 이 상황에서 우리의 욕구는 불을 끄거나 대피하는 것이다. 이를 위해 가장 먼저 필요한 것은 불이 난 사실을 인지하는 것이고, 그 후에 행동이 뒤따른다. 감정은 바로 이런 상황을 인지하라고 울리는 경보와 같다. 그런데 어리석게도 경보의 '소리'에만 집중하고 그 의미를 알아채지 못하면, 불을 인지하지 못하고 결국 화를 겪게 될 것이다.

경보는 안타깝게도 스스로 설명하지 못한다. 다만 그 강도가 높아질 뿐이다. '왜 울리는 걸까?' 하고 호기심을 가지고 이해하려 노력하지 않으면 절대로 알 수 없다. 그 의미에 대해 질문하지 못하면 그저 시끄러운 소리일 뿐이다. 경보 자체만 열심히 들여다 본다고 이해할 수 있는 것은 아니다. 외국어의 음정과 박자, 볼륨을 자세히 듣는다고 해서 의미를 알 수 있는 것이 아닌 것처럼.

경보는 단계별로 강해진다. 제대로 인식해야만 중단시킬 수 있다. 내 귀에 울리기 전부터 계속 나름의 신호를 주고 있었던 것이다. 다만 내 인식이 늦어질수록 소리는 더 커지고, 멈추는 데도 큰 노력이 필요하게 된다.

당시 나의 감정은 무엇을 알려주려는 신체 반응이었을까?

① **인정욕과 불안** : 강의가 적게 들어오니 인정을 받지 못한다는 느낌이 들었다. 그래서 불안하기도 했다. 앞으로도 강의가 적게 들어올까 두려웠다.

② **공정함에 대한 불만** : 기회의 불균형에 대한 억울함이 있었다. 폴의 검증을 끝까지 거부하면서 독자적인 강의를 하고 싶어 했는데, 그러다 보니 회사의 영업 지원을 많이 받지 못했다고 여겼다.(내 입장에서는 불공정하다고 여겼던 일이지만, 대표 입장에서는 검증하지 않은 강의를 능동적으로 홍보하는 것이 어려웠을 것이다.)

위의 상황적 원인과 생각들이 폭발적인 감정 반응과 무관하지 않았다. 그런데 훨씬 더 조절을 어렵게 만든 요인이 있었다. 당시에는 이 부분을 간과했다.

③ **좋지 않은 건강 상태** : 불쾌함이 극에 달해서 공격적인 언사를 한 데는 수면 부족과 피로감도 그 이유가 되었을 수 있다. 가족을 돌보며 체력을 대부분 소진하고, 긴 시간 이동으로 몸 상태가 나빠져 이미 자극 공간의 한계에 다다라있던 것이다. 그러던 차에 폴의 발언이 빌미가 되어 분노라는 감정 정의로 인해 순간적으

로 넘쳐버린 것이다.

특히 신체의 상태를 감정으로 정의하지 않도록 주의해야 한다. 뇌는 무언가를 감지하면, 특히 의문을 느끼면 재빠르게 답을 찾는 신체 기관이다. 뇌는 가능성 있는 답을 모색한 후, 적절한 원인과 연결시키기 위해 온갖 방법을 쓴다. 납득이 된다고 여겨지면 해당 결론을 강화할 수 있는 이유들을 덧붙이고 의미를 부여하여 강화한다. 다음의 사례를 보자.

아침에 눈을 뜨자마자 힘든 날이 있다.

한숨을 쉬며 '왜 이렇게 일어나는 것도 힘들지? 내 인생은 왜 이렇게 우울한걸까?'라는 질문을 던지는 순간, 뇌는 자신의 핵심 역할인 '이유 찾기'를 위해 최선을 다하기 시작한다. 뇌는 바로 원인을 찾아 브리핑한다.

'오늘 직장해서 처리해야 할 산더미 같은 일, 화를 낼 상사, 불편한 관계의 동료 얼굴, 콩나물 시루처럼 꽉 찬 출근 길 지하철, 쌓여 있는 집안 일들…. 저녁은 뭘로 만들지? 아! 내 인생 왜 이래! 우울하다 정말!'

그런데 주의하자. 순서가 다를 수 있다. 직장의 일거리, 상사, 동료, 지하철, 집안 일, 저녁 메뉴 등은 '우울함'을 촉발하는 원인이 아니다. 그날따라 좋지 않은 몸의 상태가 과거 '우울함'이 느껴졌던 상황과 유사하기 때문에 현재도 '우울하다'라고 정의하면서 모든 것을 우울함의 원인으로 연결지은 것이다.

현실 때문에 '우울함'이란 감정이 생겨났고, 과거에 우울했던 시기의 '신체 반응'이 똑같이 생성된 것이라고 일반적으로 생각한다. 하지만 오히려 '우울함'이라 정의했던 과거와 유사한 신체 반응과 상태로 인해, 현재를 과거처럼 '우울함'이란 감정이라 잘못 판단하고 있는 것일지도 모른다. 우울하다는 감정으로 정의한 상황에서 바라보면 세상 모든 것이 우울함의 원인으로 보이기 시작하는 것이다.

즉, 내가 감정이라 느끼는 개념이 오히려 신체적 상태에서 비롯된 것일 수도 있다는 말이다. 잠이 부족하거나, 배가 고프거나, 그냥 피곤하거나, 수분이 부족한 것일지도 모른다. 나의 다양한 상태를 알리기 위해 수많은 신호들이 발생한다. 뇌는 그 신호를 종합하여 과거의 경험에 비추어 보면서 가장 유사한 감정으로 정의하는 것이다.

예를 들어, 심장이 뛰는 것은 상황과 과거 경험에 따라 흥분, 두려움, 심지어 분노 등 다양한 방향으로 해석될 수 있다. 그럼에도 불구하고 우리는 감정을 누군가에게서 촉발되는 정해진 현상으로만 이해하고 있다. 하지만 노스이스턴대학의 심리학 석좌교수이자 하버드, 메사추세츠병원 의사인 리사 펠드만 베럿은 이렇게 말한다.

> "내 신체 상태에 대한 감지를 기반으로 한 예측, 내가 의미를 부여한 개념이 바로 감정이다. 감정은 촉발되는 것이 아니라 현재의 특정 상황과 과거 경험한 사례, 단서 사이의 유사성을 찾아 곧바로 창조된 개념이다."
>
> – 리사 펠드만 베럿, 〈감정은 어떻게 만들어지는가〉

스스로에게 물어보자. 감정의 고통을 신체로 바꾸는 게 가능한가? 기분이 우울해서 멀쩡한 손목을 아프게 할 수 있을까?

반면, 손목의 아픔이 우울함으로 연결될 수 있지 않은가. 신체의 고통이 감정으로 해석되는 게 훨씬 더 쉽고 빈번하게 일어난다. 연인이 유난히 날카롭고 짜증낼 때 맛있는 걸 사주면 금방 괜찮아진다는 인터넷 일화가 괜히 있는 것이 아니다.

물론 매우 빠른 속도로, 알아챌 수 없을 만큼 본능적으로 감정의 정의와 해석이 일차적으로 일어난다. 미처 인지하기도 전에 신체 상태는 강력한 신호를 보내기 때문이다. 다만 영향을 받고 있는 상황, 일차적으로 정의가 내려진 상황에서 곧장 지배를 받은 채 대화하지 않는 것이 중요하다. 자신이 어떤 감정이라고 느끼는지, 그 진짜 원인은 무엇인지를 살피는 것이 중요하다. 일단 알아차리고Aware 반응을 멈춘 후Brake, 다양한 원인을 고려하여Consider 상황에 가

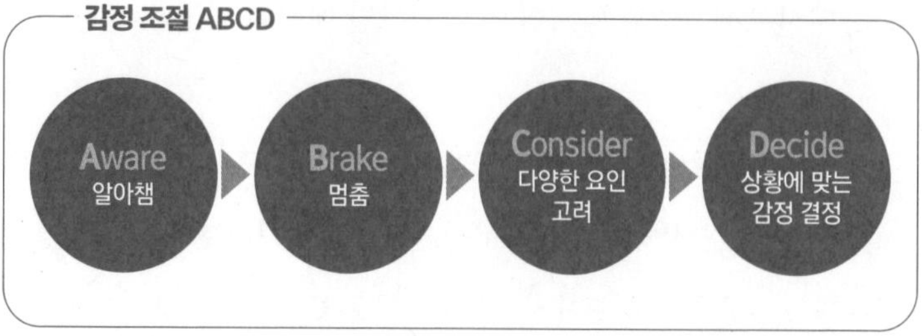

장 유리한 감정으로 결정Decide하는 것이 감정에 지배받지 않고 조절하여 표현하는 방법이다.

감정은 신호일 뿐 내 전부가 아니다. 나를 지배해서도, 대신해서도 안 된다.

감정 조절을 위한 마음가짐 : 정서적 자립

감정을 조절하는 방법들도 중요하지만 가장 중요한 마음가짐은 정서적 자립이다.

초등학교 저학년까지, 나는 이것저것 참 많이 서툰 아이였다. 말하기나 계산 등의 영역은 또래보다 뛰어났지만, 기본 생활 면에서 많이 미숙했다. 특히 대인 관계가 가장 어려웠다. 툭 하면 울었고, 먼저 말을 걸지 못하면서도 혼자 있는 게 외로웠다. 학교 마치고 만나는 엄마가 그렇게 반가울 수가 없었다. 나는 참 여리고 서툰 아이였다.

어머니를 암으로 잃은 후에는 밝아진 것처럼 행동했지만 정서적으로는 여전히 불안했다. 특히 교우 관계에서 의존적이었다. 여전히 민감하고 여린데도 아닌 척 하며 생활하는 사이에 쉽게 상처받고, 표현을 잘 못해 화를 냈다. 당시 친구들은 나를 '안 그래 보이는데 잘 삐진다', '감정 조절을 잘 못한다'고 생각했을 것이다.

그런 성향은 초등학교 고학년 때부터 대학 졸업 후 군 장교 시절까지 이어졌다. 연인이나 친한 친구에게 많이 의존하면서 큰 애정을 기대하다 보니 부담을 주는 경우가 많았다. 기대보다 적은 반응이 돌아오면 쉽게 상처 받았고, 상처 표현도 여전히 미숙했다.

허전한 마음과 미숙한 정서로 방황하던 나를 지탱해 준 것은 작은누나였다.

누나는 내 어린 시절부터 군 복무 때까지 늘 곁에 있어 주었다. 어머니를 떠나 보냈을 때도, 어설프게 삐딱선을 타던 중고등학교 시절에도, 몸만 독립했던 대학생과 군인이었을 때도 늘 마음의 쉼터이자 가장 친한 친구로 큰 위로를 주던 작은 누나. 그런 누나를 20대 후반에 들어서며 떠나보냈다.

정서적으로 기댈 곳을 잃은 나는 당황하고 휘청거렸다. 그런데 아이러니하게도 내가 성인이 된 것은 그때부터였다.

잠깐 휘청이던 나는 이내 일어섰고, 처음으로 감정을 나 홀로 감당해야 했던 것이다.

내가 필요로 할 때 늘 응석 부리며 위로를 구하던 존재의 상실, 절벽으로 떠밀려진 상황이 나를 스스로 서게 만들었다.

그 시기 이후에는 사람을 만나도 의존하지 않게 되었다. 타인으로부터 채울 수 없다는 사실을 받아들인 것이다. 어머니와 누나의 절대적인 애정이 더 이상 존재하지 않음을 인정하면서 오히려 마음이 가벼워졌다.

내 마음은 누군가가 해결해 줄 수 없다는 것을, 내가 돌봐야 하는, 온전히 내 것이었음을 깨달았다. 내 텅 빈 애정 탱크를 굳이 채우려고 하지 않았다. 어설프게 채워봤자 금방 마른다는 걸 알게 되었으니까. 그렇게 애써 채우려 하지 않고 뚫려있는 구멍을 홀로 메워나갔다.

그 후 아내를 만났다. 진짜 내 편이 생겼다는 생각이 들었다. 당연하게 주어진 수동적 사랑이 아니라, 내가 만든 관계, 나로서 얻은 사랑이었다. 아내는 내 마음 속 애정 탱크의 절반 이상을 채워 주었다. 그 덕분에 한층 더 여유가 생겼다. 누구와 대화를 하더라도 예전처럼 심하게 서운해하거나 화를 내는 경우가 줄어들었다.

또 다른 인물이 등장했다. 사랑을 빨아들이고 뿜어내는 존재. 내 아들 효준이가 태어났다. 애정을 한없이 갈구하고, 절대적으로 부어주는 녀석 덕분에 나는 흔들리지 않는다. 서툰 아빠지만 사랑받는 아빠라는 확신이 있다.

세상에 확실한 내 편, 사랑을 늘 채워주는 존재들이 생기니 누군가에게 의존하지 않아도 괜찮게 되었다. 두 사람이 어머니, 누나와 다른 점은 내가 나로서 사랑을 주고, 받는다는 것이다. 수동적으로 갈구하기만 해서는 안 되는 존재들이라는 것이다.

어쩌면 이런 고민이 아예 없는 사람들도 있었겠지만, 수십 년 동안 애정 결핍으로 괴로워하며 찾은 내 소중한 존재들이 있어 참 다행이다. 이제서야 올바르게, 균형있게 사람들을 마주한다. 인정과 애정을 갈구하지 않더라도 괜찮다 보니 나다운 표현을 할 수 있다. 지나친 기대가 사라지니 서운함도 없고, 더 많이 이해하고 공감해 줄 여유가 생겼다.

때론 심각한 갈등을 겪으면서 서로를 이해하고 인정해 주는 회사를 만들어 갈 수 있게 되었다. 갈등 속 해법을 찾을 시야가 생겼고, 관계 속에서 지칠 때도 다시 일어설 수 있게 되었다. 울컥 치밀어 오르는 감정을 살필 여유도 갖게 되었다. 가끔은 알면서도 져 주고, 상처를 준 사람을 용서할 수 있게 되었다.

누군가에게 의존하면 스스로 서지 못한다. 자립 없이는 자기다움도 없다. 정서적으로 의존하지 않기 위해서는 딱 한 사람이 필요하다. 단 한 사람, 있는 그대로의 나를 인정해 주는 단 한 사람을 만나면 된다.

그렇다. 살면서 꼭 한 번 만나야 하는 사람. 바로 자신이다. 다른 누가 잠시 채워주더라도 마음의 구멍이 뚫려있는 상태라면 결국 텅 비어버리게 된다. 애써서 채워주던 이들도 지칠 수밖에 없다.

내가 나를 만나지 않고, 받아들이지 않고, 스스로 두 발로 서지 못한 상태로 아내와 아이를 만났다면, 그들도 모두 지쳤을 것이다. 끊임없이 애정을 갈구하며 할퀴는 내 거친 손길에 상처를 입었을 것이다. 동료들 또한 질려 버렸을 것이다.

누군가에게 의존한다면 그 관계는 절대 오래가지 못한다. 자립을 통해 우리는 어른이 되고, 인간이 되고, 자기다움을 찾게 된다.

내 마음의 구멍, 내 애정 탱크의 구멍은 스스로 막아야 한다. 추하든, 약하든, 비겁하든, 마주하고 받아들이는 것부터 시작이다.

약한 나를 인정함으로써 우리는 나아질 수 있고 나아갈 수 있다. 내 마음은 내가 돌봐야 함을 받아들일 때 비로소 나 자신의 주인으로 살 수 있게 된다. 나로서 사랑할 수 있게 된다.

감정 조절을 막는 여러 요인들

연민적 동조Sympathy와 추론적 공감Empathy

10년 넘게 꾸준히 한 강의를 통해 대화 능력이 향상되었다. 이유는 간단하다. 좋은 강의의 시작은 학습자의 마음을 이해하는 것에서 시작되기 때문이다.

얼마 전 다녀온 중고등학교 교장, 교감 선생님 특강에서 "어쩜 강사님은 공감 능력이 그리도 좋으세요? 마치 교직에 계셨던 것처럼요. 정말 우리 마음을 딱 아시네요"라는 인사를 들었다. 교직을 전혀 경험해 보지 않았지만 마치 같은 경험을 한 사람처럼 같은 마음을 가져 주었다는 것이다. 이른바 '동감' 말이다.

사실 내가 그날 잘한 것은 같은 마음을 갖는 동감, 동조Sympathy가 아닌 추론적 공감Empathy이다. 10년의 강의 경험을 통해 '추론적 공감 능력'이 향상되었다고 표현할 수 있다.

연민적 동조Sympathy와 추론적 공감Empathy의 차이는 대상과 자신의 구분 여부에 있다.

연민적 동조는 내가 마치 그 사람이 된 것처럼 상황과 관계에 깊게 녹아드는 것이다. 상황과 관계에 대해 충분한 동조를 이룸으로

써 같은 감정이 느껴지게 된다. 그를 통해 동조한 상대와의 강한 정서적 연결이 이뤄진다.

추론적 공감은 연민적 동조처럼 깊은 연결이 이뤄질 수 없다. 상황과 관계를 미루어 짐작하되, 감정을 판단하고 만약 나라면 어떻게 할지 의도를 반영하여 투영해 보는 작업이다. 감정 동조가 아닌 이성적 추론을 바탕으로 하기 때문에 같은 감정을 느끼지는 못하지만, 대상의 심리 상태를 미루어 짐작하는 것이다.

강의를 앞두면 늘 청중에 대해 미리 파악할 수 있는 정보를 최대한 확보한다. 담당자에게 전해 들은 그들의 고충이나 필요에 대해서도 생각해 본다. 그들의 상황이 아니니 완전히 같은 감정을 느낄 수는 없겠지만 감정을 추론해 볼 수는 있다. '만약 나라면 저 상황에서 어떨까? 내게도 비슷한 일이 있었나? 저 감정을 나도 느낀 적이 있다면 어떤 상황이었지?'

동조가 추론적 공감에 비해 더 진정성있는 반응으로 나타나게 되지만, 추론적 공감 또한 매우 적극적인 소통 방법이며 상대에 대한 존중의 표현이다. 게다가 자칫 지나친 동조가 주는 단점들을 보완해 주는 대안이 되기도 한다.

① 동조는 내 자극 공간을 점유하는 작업이다. 내 심리적 자극을 담아내는 것으로도 벅찬데, 타인에게 깊은 동조를 하면 스스로 돌

보기 어려워질 수 있다.

② 동조는 일정 영역 타고나야 한다. 누군가의 상황에 대해 감정 이입을 하려고 노력해도 되지 않는 경우가 더 많다. 오히려 이성적 추론을 더욱 정교하게 갈고 닦는 것이 효과적일 수 있다.

③ 상대에 대한 동조가 선을 넘으면 피아 구분이 어려워지기도 한다. 직장 내에서 다른 사람의 속상한 일을 상담해 주다가 오히려 본인이 상사에 대해 분노와 불신이 커진 사람도 있다.

두 가지 예시를 통해 좀더 알아보자.

첫 번째. 뛰어난 배려심으로 사람들의 신뢰를 받던 A. 그 결과 수많은 사람들이 그에게 힘든 일을 털어놓곤 했다. 상사와의 갈등으로 힘들어 하는 여러 동료들의 한탄을 들으며 연민을 가지고 위로를 꾸준히 해주던 A는 정작 본인과는 큰 문제가 없었던 상사와의 대화가 힘들어짐을 느꼈다.

이후 A에게 속상함을 털어놓던 동료들은 상사와의 관계가 회복되었는데, A는 상사에 대해 심각한 수준의 거부감이 생기고 불신하게 된 것이다. 결국 A는 상사와의 업무 자체가 고통스러워졌고, 끝내 퇴사하게 되었다.

두 번째. 한 회사의 공동 대표 B와 C는 늘 직원들의 고충을 동감하며 자신의 일처럼 여기고 문제를 해결해 주려 애쓰는 훌륭한 리더들이었다. 그런데 회사의 발전을 위해 새롭게 고용한 임원과 기존의 직원들 간 갈등이 생겼다. 언제나처럼 직원들은 대표에게 속상함을 토로했고, 대표는 상황을 객관적으로 판단하려고 애쓰며 중재를 하려 했다.

그렇지만 중재를 위한 대화를 하면서 자기도 모르게 B는 기존 직원들의 입장만을 대변하며 임원에게 임원답지 못하다는 질책을 하고 있었다. C는 반대로 임원의 입장을 주로 대변하여 기존 직원들과 회사의 환경에 대한 문제를 말하고 있었다.

함께 회사를 창립하고 서로를 지지하던 B와 C의 갈등은 마치 아이 싸움이 어른 싸움이 되는 모양새였다. 각자의 주장만을 강조하며 자신을 이해해 주지 않는 상대를 답답해 할 뿐이었다.

—

동조, 동감은 사전적 정의처럼 상대와 같은 감정을 느끼는 것이다. 구분 없이 지나치게 강한 동조가 이루어지면, 감정이 완전히 전이될 수 있다. 타인의 고통이 자신의 고통이 되고, 그 대상에 대한 분노와 설움 등의 감정을 매우 유사하게 지니게 되는 것이다.

그러면 어떻게 될까? 수많은 악감정이 쌓인 청자는 이미 자신의 자극 공간을 잔뜩 채운 상태가 된다. 타인과의 교류에서 발생하는 자극, 감정을 감당하기 어려워지는 것이다. 내 자극만 감당하기도 벅찬데 말이다.

공감해 주려다 지나친 감정 동조가 되지 않으려면 엄격히 '구분' 해야 한다. 감정의 동조를 막기 위해서 꼭 기억해야 할 것은, 타인의 상황에 관심을 갖고 감정을 인지하려 애쓰면서도 자신에게 옮겨 오지 않도록 일정한 안전 거리를 확보하는 것이다.

타인의 감정은 온전히 그 사람의 것이다. 그의 관계, 마음, 삶의 모든 영역에서 일어나는 일들을, 좋든 나쁘든 결국 우리가 대신 짊어질 수는 없다. 위로와 격려를 위해 상대의 감정을 함께 느껴주되, 그곳에 그대로 놓고 와야 한다.

> '동조sympathy'와 '공감empathy' 둘 사이의 가장 큰 차이는 타인과 나의 차이를 대하는 방법에 있다. '함께sym'라는 접두사에서 보듯 공감은 "당신이 느끼는 것을 나도 느낀다"고 말하며, 나와 타인을 동일시하는 상상을 동원해 차이를 뛰어넘는 것이다. 이와 달리 공감은 타인의 내면이 어떻게 움직이고 있는지 나의 온 신경을 곤두세우는 것이라 할 수 있다. 나와 타인의 차이를 인식하면서도, "나는 당신에게 열심히 관심을 쏟고 있다"는 것을 보여주는 태도다. 그래서 '안으로em'란 접두사가 붙었다.
>
> - 리처드 세넷, 〈투게더〉

짧은 이야기로 보는 감정 동조

—

내 이름은 김상범. 이제 겨우 첫발을 내디딘 사회 초년생이다. 나는 스무 명 남짓의 작은 회사에 다니고 있다. 평범한 우리 회사에도 특별한 곳이 있다. 바로 '해우소'다. 화장실이 아니다. 신입인 내 옆자리, 그러니까 내가 입사하기도 한참 전부터 비어있는, 가장 구석진 벽면 코너 자리의 바로 옆자리다. 아주 가끔 들르는 영업팀장이 짐을 두고 다니기는 하지만, 대체로 비어있는 이곳이 특별한 장소가 된 것은 바로 그 옆 자리, 구석 자리의 주인, 총무팀 노영주 팀장 때문이다.

노영주 팀장은 우리 정도 규모의 회사에서 총무팀이라는 것이 어떤 기능을 하는지를 제대로 보여주는 인물이다. 나같은 신입이 업무 외 회사 생활에서 익혀야 할 것들은 모두 노 팀장에게 배웠다. 어디 나뿐이랴. 회사의 온갖 대소사가 궁금하면 이 분에게 오면 된다.

노 팀장은 회사에 오래 있었다고 한다. 이 분의 첫인상은 그렇게 외향적인 사람은 아닌 것 같았지만, 뭐든 편히 물어보라고 하는 미소는 편안하게 느껴졌다. 그 편안함 덕인지 모르지만 늘 누군가가 해우소에 들러 노 팀장과 대화를 나누곤 한다. 대화의 주제는 대체로 장소의 이름처럼 각자 가진 우환거리다.

놀라운 것은 노 팀장은 상대가 누구든 엄청난 공감 능력을 발휘

한다는 것이다. 누가 찾아오면 자세를 고쳐앉고, 눈을 바라보되 부담스럽지 않은 수준으로 유지한다. 뿐만 아니라 적절한 타이밍에 넣는 추임새와 끄덕임을 보고 있자면 〈아침마당〉 어머님들도 이 분께 배워야 하지 않을까 하는 마음이 들 정도다. 심지어 듣기만 하는 것이 아니라 과거 일화들을 통해 살을 붙이니, 말하는 사람은 하나를 말하려다가 열을 말하게 된다. 게다가 해결책까지 최대한 모색해 주곤 한다. 심지어 회사의 온갖 일들을 다 꿰고 있는 사람이니, 회사 일로 상담하러 오면 말하기 전에 이미 알고 있는 적도 많았다. 예를 들어 이런 경우다.

“지금 커피 드실 거면 김 선임님 금방 올 거니까 디카페인 캡슐 하나 내려 줄래요?”

“아, 김 선임님이 오신다고 했어요?”

“아까 회의에서 김 선임님이 속 좀 상하겠더라고요.”

건너편을 보니 이미 고개를 꾸벅 하면서 슬쩍 다가오는 김 선임을 보면서 감탄하지 않을 수 없었다. 해우소의 ‘소장님’은 아무나 하는 것이 아니란 생각이 들었다.

이렇듯 회사의 수많은 이슈는 이 특별한 장소로 모여들게 된다. 다들 속상하거나 갑갑해 하다가도 이곳을 거쳐간 후에는 늘 후련한 표정이 되어 돌아간다. 개인적인 일들부터 회사 구성원 간의 갈등이나 서운함까지 툭툭 털 수 있는 사내 상담소! 참 대단한 사람이다.

대표께서 보너스를 좀 많이 주셔야 하는 게 아닐까 하는 생각이 늘 들었다.

그런데 최근 회사에서 큰 프로젝트가 진행되었는데, 그 과정이 아무래도 원활하진 않았던 모양이다. 나 같은 신입이 다 파악하긴 어려웠지만 대표를 포함해서 이사들이나 팀장들 표정이 늘 심상치 않았다. 당연히 그 아래 맴버들도 안색이 어두울 수밖에. 평소보다 노 팀장을 찾는 사람들이 더 많아진 것은 당연한 일이었다. 부서와 직위를 막론하고 힐끗거리며 자신의 차례를 기다리고 있었다. 마치 오픈런을 해야 겨우 대기표를 뽑을 수 있는 핫플처럼 말이다.

그렇게 많은 사람들이 자신의 우환을 해소하러 왔다.

이 기간 동안 다녀간 고객(?)들은 유독 한 사람에 대한 불만이 많았다. 프로젝트의 방향을 틀어버린 대표에 대한 원망이었다. 급작스런 결정으로 앞당겨진 일정에 팀원들에게 밤샘을 또 지시해야 하는 다크서클 디자인팀장, 자신이 열성적으로 추진한 기획안대로 진행되지 않아서 엄청 서운해 하는 삐돌이 기획이사, 타 부서에 있다가 갑자기 비서 역할로 긴급 투입되어 충격과 공포를 느끼는 소심한 입사 동기 지혜 님까지… 내가 일하다가 듣기 싫어도 듣게 된 인원만 해도 이 정도였으니 얼마나 많았는지 짐작이 되지 않는다. 그 정도로 원성이 너무도 높았다.

프로젝트로 결정타를 때리기 전부터 대표는 해우소의 최고 인기

소재였다. 평소에도 노 팀장은 늘 사람들에게 공감하며 편을 들어 주는 것 같으면서도, 대표 입장에 대해서 잘 설명해 주곤 했다. 안전의 상징인 볼보 에어백처럼 최고의 쿠션이 되어 주었던 것이다. 대표와 오랜 세월을 함께 지낸 팀장이기에 가능한 특급 쉴드였다.

그래서 대표도 종종 사람들이 모인 자리에서 노 팀장을 "우리 노 회장님"이라며 너스레를 자주 떨었고, 그런 말 좀 하지 말라고 면박을 주고 받는 두 사람의 티키타카는 너무도 자연스러웠다. 대표는 그만큼 자신과 친하고 중요한 역할을 해 주는 노 팀장의 눈치를 보기도 하는 등 노 팀장을 꽤나 중요한 사람으로 대했다.

프로젝트 후 회사는 크게 변한 게 없었다. 소심한 입사 동기 지혜님은 결국 입사 전 공부하던 공무원 시험을 치러 간다고 이곳을 떴지만, 그래도 회사는 대략 안정적으로 돌아가고 있었다. 예전처럼 말이다.

딱 한 가지가 변했다. 노 팀장의 친절함과 편안함에 금이 가기 시작한 것이다. 노 팀장은 나나 다른 직원들에게는 예전과 같이 대했지만, 대표에게만 유난히 쌀쌀맞게 변했다. 갑자기 돌변한 것은 아니었다. 몇 개월에 걸쳐 아주 조금씩 대표에 대한 불쾌함을 내보이기 시작했다.

시작은 사소한 부분부터였다. 대화하면 늘상 짓던 미소를 대표에게는 안 짓는다든지, 아침 인사를 할 때에도 한숨이 섞인다든지… 싫은 내색이 점점 짙어지다가 급기야 어지간한 사람들이 다 느낄 정도가 되어 갔다. 격주에 한 번씩 하는 전체 회의 때도 대표가 실없이 던지는 아이디어에 "진짜 하실 건가요? 나중에 말 바꾸시면 안 됩니다"라고 차갑게 말하거나, 아침부터 너스레를 떨며 "노회장님~"이라고 다가오면 말 한마디 없이도 '짜증났구나'를 느낄 수 있는 표정을 짓는 등 이전에 보인 적 없는 행동들 때문에 내 숨이 가빠져 올 정도였다.

노 팀장의 변화를 감지한 후부터 대표는 흡사 위기를 감지한 야생 동물처럼 후다닥 대표실로 도망치듯 옮겨가거나, 울리지도 않는 전화를 받으러 가곤 했다.

나는 궁금했다. '대표님이 팀장님에게 뭔가 크게 잘못하셨나 보다. 무슨 잘못을 하셨을까?'

그로부터 얼마 후 내 궁금증은 더욱 커졌다. 나를 호출한 대표의 질문 때문이었다.

"혹시… 노 팀장한테 무슨 일 있어요? 아… 아님 내가 뭐… 뭐 잘못한 거 있었나?"

'그걸 나한테 물으시면 어떻게 합니까. 저도 그게 궁금했는데요'라는 말을 목구멍으로 삼킨 나는 이런 상황에서 가장 좋은 답변을 내놓았다.

"음… 저는 잘 모르겠는데요."

"그래… 알았어요."

턱에 손을 괴고 고민에 빠진 대표를 보면서 나는 자연스럽게 "나가 봐요"라는 다음 말을 예상했다. 그런데 예상과는 다른 말이 나왔다. "상범 님, 노 팀장님 좀 모셔 와 주세요."

'어… 그럼 모셔 온 후에 도망가야겠다'라는 마음으로 노 팀장을 부르러 나갔는데, 역시나 팀장의 예측 능력은 그대로였다. 이미 뭔가 각오를 다진 표정으로 노트에 펜까지 챙겨서 대표실 바로 앞에서 있었다. 엉겁결에 같이 들어와 버린 나는 빠져나갈 타이밍을 놓쳐 버렸고, 두 사람은 내가 있다는 사실은 신경 쓰지 않은 채 대화를 시작했다.

"…"

"…"

"…"

오랜 동료인 두 사람, 그리고 이 회사 자체에 별로 오래 되지 않은 풋내기인 나, 이상한 조합인 세 사람 모두 어색한 침묵에 빠졌다. '나는 누군가, 또 여긴 어딘가'를 되뇌며 눈치도 살피지 못하고 앉아 있었다. 어차피 두 사람은 나를 신경도 안 쓰고 있긴 했지만.

"크… 음…"

오랜 침묵 끝에 대표가 입을 열었다.

"노 팀장, 나한테 뭐 불만 있어요? 요새 나한테 왜 그래? 말 해봐요. 내가 뭐 서운하게 한 일이 있었나? 대체 왜 그래?"

"…"

숨막히는 정적이 흐른 후 팀장이 물었다.

"…진짜 몰라서 그러신 건가요?"

'차갑게 째려본다'라는 지시문이 있다면 딱 이거겠구나라고 여길 정도의 표정을 지으며 되묻는 노 팀장의 살기에 내 등골이 오싹해졌다.

기세에서 완전히 밀린 대표가 매우 공손하게 되물었다.

"미안해. 뭔지는 모르지만 내가 미안해요. 내가 아내한테도, 고객사에게도 이렇게 사과하는 일이 없는데, 일단 사과할게. 나도 얼마나 갑갑했으면 신입까지 불러다가 물어봤을까? 아무것도 모르는 친구한테."

졸지에 '아무것도 모르는 친구'가 되어 버린, 억울하지만 전혀 반박할 수 없는 나는 눈만 껌벅거리고 있었다. 노 팀장은 그런 말에 어처구니가 없다는 듯 고개를 저었다.

"하나하나 이야기 안 하려고 했는데 다 해 볼까요 어디?"

침을 꼴깍 삼키는 대표의 얼굴에 긴장감이 그득했지만, 그래도 결심한 듯 고개를 끄덕였다. 나도 함께 침을 삼키며 고개를 끄덕였다.

"이번 프로젝트 그렇게 반대했는데, 사람들 생각은 안 하세요?

기획이사님이 공들인 것 알면서도 그렇게 한 번에 확 틀어버리는 경우가 어디 있어요? 게다가 그것 때문에 휴가도 취소하고 내리 밤샘하면서 팀원들 눈치 봐야 했던 디자인팀장님한테는 미안하지도 않으세요? 그것뿐이 아니죠. 지혜 씨는 디자이너로 입사했는데 왜 대표님 비서를 시켜요? 그래서 결국 관두게 만들고, 이외에도 영업팀 인센티브는 다음 분기로 미룬다고 했다면서요? 지키지도 못할 말만 하고. 재무 팀장님한테도 일정 맘대로 바꾸고 말 안 해줘서 세금 신고 늦어졌다면서요? 내가 대표님이랑 20년 있으면서 늘 참고 참고 또 참았는데, 더는 못참겠어요 진짜!"

잠깐의 침묵이 흘렀다. 미간을 찌푸리고 생각에 잠겼던 대표가 입을 열었다.

"…아니 근데 노 팀장, 내가 뭐 이상한 짓 하느라 이런 거야? 회사 망치겠다고 그런 거야? 아니잖아. 결정을 하다 보면 상황 따라 달라지기도 하는 거고. 그게 대표가 하는 일 아닌가? 나 대표야 대표!

아 그래, 내가 뭐 그 사람들한테 피해를 주거나 약속을 못 지켜서 미안한 일이 생겼을 수도 있지. 맞아. 근데 말야. 안 그래도 기획이사는 먼젓번에 이미 한 판 했어. 알잖아! 그 친구 성격에 이미 한 번 치받았다고! 그래서 내가 따로 사과했지! 내가 술 한잔 제대로 샀어! 다 풀었단 말이야.

거기에 디자인팀은 다음 달에 팀 전체 보너스랑 휴가 주기로 했어. 아, 그건 말 안 해서 미안하고. 금방 팀장이 알릴 거야.

지혜 씨는 뭐 본인 체질이 아니라는데 뭐 어떻게 하나? 디자이너로는 영 아니라서 내 나름대로는 신경 쓴다고 쓴 거야! 자기가 안 맞는다는데 마냥 데리고 있을 수만은 없잖아! 그래서 비서라도 시키려고 한 거야!

영업팀은 실적이 영 안 나와서 그런 거라 영업 쪽 박 전무한테는 따로 설명했어. 원래 걔들이랑은 그런 식으로 해야 돼.

재무팀장한테는 내 돈으로 메꾼다고 했고! 근데 왜 나한테 그러는겨!! 내가 뭘 그리 잘못한겨!!"

대표님의 절규에 가까운 항변이 그라데이션으로 터져 나왔다.

"아니 제가, 제가 얼마나 대표님 감싸고 편드는 줄 아세요?!"

"알지! 고맙지! 늘 미안하기도 하고, 그래 내가 뭐 민폐를 끼치고, 삽질 좀 했네! 그래 맞아! 나 잘못했지. 근데… 왜 노 팀장이 나한테 그러는 거야 왜! 노 팀장한테 잘못한 게 뭔데! 다 따로 풀고 욕도 먹고 했는데 왜에!"

"…"

당황한 기색이 역력한 노 팀장도, 항변을 쏟아내고 멍해진 대표도, 나도 할 말이 없었다.

생각해 보니 노 팀장은 자신에겐 잘못한 게 없는 대표님을 미워하게 되어버린 것이다. 하도 많은 사람들에게 깊은 공감을 넘어 감정 동조가 된 것이다. 정작 당사자들은 나름의 방식으로 괜찮아졌는데, 받아준 사람만 홀로 분노와 원망이 쌓여버렸으니….

"…"

우리 셋은 처음의 침묵으로 빠져들었다.

그날 이후 우리 회사에서 해우소는 사라졌다.

Q

이 이야기를 읽고 떠오르는 사람이 있는가?

그 사람에 대한 당신의 인식은 정말 온전히 자신의 경험에서 비롯된 것인가?

특히 누군가에 대해 부정적인 인식을 갖고 있다면, 그 생각의 근원을 점검해 본 적이 있는가?

우리의 인식이 편견이나 제한된 정보에 기반할 수 있다는 점을 고려하면, 이는 우리의 판단에 어떤 영향을 미칠까?

가까운 사람과의 대화가 가장 힘든 이유

"X@!@#%!!"

아침부터 아랫집에서 난리가 났다. 금요일부터 일요일까지, 주말이면 자주 일어나는 집안 싸움이다. 문까지 쿵쿵거리고, 발을 구르거나 벽을 두드리는 소리까지 나면서 고성이 오간다. 엿들을 생각은 전혀 없었지만, 워낙 소리가 커서 알게 된 정보로 볼 때 주된 갈등은 20대 초반의 딸과 엄마 사이의 말싸움이었다. 아빠는 그 둘의 갈등에 지긋지긋해하다가 결국 폭발한 듯했다. 처음에는 세상 사는게 다 그렇지 싶다가도, 정도가 꽤 심각할 정도로 악을 써 가면서 싸우다 보니 '저렇게 가족과 상처를 주고 받는 삶이 진짜 지옥이 아닐까?'라는 생각까지 들었다.

하긴, 세상에서 나를 가장 아프게 만드는 존재는 꼭 멀거나 싫어하는 사람이 아니다. 대화와 소통이 가장 어려운 존재, 제일 짜증을 많이 부리게 되는 대상이 가까운 가족, 친구다. 가까운 사람일수록 대화가 쉽고 즐거워야 할 텐데 실상은 전혀 그렇지 않다. 심지어 내가 가장 감정 조절이 되지 않고 존중 표현을 하기 어렵게 느끼는 존재가 아직 만10세조차 되지 않은 나의 아들이다. 아무리 혼자서 '절대 화 내지 말자, 부드러운 표정과 말투를 유지하자'라고 다짐을 해봐도 전혀 소용이 없다. 조카나 다른 아이들이 말썽을 부리고 말을 안 들을 땐 절대 화를 내는 법이 없는데, 이 녀석은 조금만 말을 안 들어도 속에서 열불이 올라온다. 심할 때는 미숙한 아이라는 것을 잊고 말로 쏘아붙이게 만들 정도로 이성적인 접근 자체를 못 하게 정신을 쏙 빠지게 만든다.

그 원인은 나와 타인을 인식하는 뇌의 영역 차이 때문이다.

뇌에서 가까운 관계를 어떻게 인식하는지에 대해 국제 학술지 〈신경과학저널Journal of Neuroscience〉에 게재된 연구에 따르면, 사회적 연결감이 우리의 정체성과 얼마나 밀접하게 연결되어 있는지에 따라 자아와 타인의 표현을 조직하는 뇌의 중앙전두피질mPFC이 중요한 역할을 한다고 한다.

즉, 나를 인식하는 뇌의 영역과 타인을 인식하는 영역은 구분되어 있다. 그런데 가까운 사람, 심리적으로 친밀하고 애정을 가지고 있는 존재일수록 나와 가까운 영역에서 인식하게 된다는 것이다. 그러다 보니 진짜 가까운 혈육이나 친구일수록 '나의 영역'에 바짝 붙어서 인식하는 것이다. 모 교수의 표현에 따르면 공동체주의가 깊이 자리한 문화일수록 가족을 나와 가깝게 인식할 수 있다 보니, 한국의 많은 사람들은 가까운 관계일수록 거의 '나'라고 인식한다고까지 말한다.

그러니 첫째, **너무 갑갑하다.** 내 몸이 내 맘대로 안 되는 것과 같고, 말을 해도 듣지를 않고, 내가 나를 속상하고 아프게 만든다고 생각하니 갑갑하고 속상한 게 당연하다. 가까운 사람이 내 맘 같지 않으면 상처가 두 배, 세 배가 되는 이유다.

둘째, **함부로 대하기 쉽다.** 내가 나한테 함부로 하겠다는데 누가 무슨 상관인가. 어차피 내 맘은 내가 다 아는데 서운하고 자시고 할 게 없지 않은가.

셋째, **조심할 필요가 없다.** 언제든 금방 회복하고 괜찮아질 텐데, 필요할 때 언제든 조금만 노력해도 금세 괜찮아질 관계니 걱정할 게 없다.

그래서 우리는 가까울수록 더 많이 짜증내고, 더 쉽게 상처를 준다. 대화할 때 상황과 상대, 자신에 대한 제대로 된 인지를 하려고 애쓰지 않고, 올라오는 감정을 전혀 조절하지 않으며, 귀담아 듣지 않고 존중을 더 적게 표현하게 된다. 애쓸 필요가 없으니까 말이다. 가장 소중하다고 생각은 하지만 대화 중에는 전혀 다르게 행동한다. '가깝다'는 이유로 말이다.

가까운 사람을 대하는 입장에서는 분명한 구분을 필요로 한다. 한없이 소중하고 친밀하지만, 엄연히 상대방은 내가 아니다. 말하지 않으면 절대 내 마음을 알지 못하고, 내가 아무리 원해도 내 뜻대로 행동하지 않을 수 있으며, 가깝기 때문에 더 쉽게 상처를 주고 받는 존재다. 무엇보다 내가 괜찮기 위한, 행복하기 위한 가장 중요한 영향력을 가진 사람이다. 특별한 존재라는 의식과 구분을 단단히 해야만 한다. 생각을 하지 않은 채 감정에 몸을 맡기면 나도 모르게 건성으로, 함부로 대하게 된다.

대화하며 가장 짜증이 많이 났던 사람, 또는 말로써 큰 상처를 받거나 준 사람 중 나와 구분하기 어려울 정도로 가까운 사람이 있었는지 생각해 보자. 그 사람은 내 마음의 안정을 위해 가장 중요한 존재다. 그를 중요한 사람으로 인식하여 더 공들여 대화하고, 타인으로서 엄격히 구분할 수 있다면 당신의 안정과 행복감은 한결 더 가까워질 것이다.

Q

1. **이 글을 보고 가장 먼저 떠오르는 사람이 누구인가? 서로의 감정과 상태에 큰 영향을 주고 받는 관계를 떠올려보자. 내 배우자, 부모, 자녀, 형제 자매, 친구, 동료일 수도 있다.**
2. **그 사람과의 대화는 수월한가? 그렇지 않다면 그 이유는? 특히 어떤 주제일 때 어려워지는가?**

가까운 사이, 자주 발생하는 문제 : 감정 전가

“제 여자친구와 대화하면 늘 지치고 괴로워요. 저는 설레는 마음으로 기분 좋게 만나도 늘 우울한 이야기, 속상한 넋두리만 들어주는데, 충고를 원하는 것도 아니고 대안을 바라는 것도 아녜요. 제가 뭘 해 줄 수 없다는 걸 그 친구도 알아요. 위로와 공감을 위해 애쓰고 달래지만 그것도 하루 이틀이죠. 저번에는 저는 알지도 못하는 회사 이야기만 네 시간을 들어줬다니까요? 화제를 바꾸려고 최선을 다해 봤지만 그러면 제가 눈치없고 공감 능력이 없는 남자친구래요. 자기 힘든데 그런게 생각이 나냐면서. 이게 감정 쓰레기통이라는 건가요?”

“걱정인형이라고 하잖아요? 제가 딱 그거에요. 우리 엄마의 걱정인형. 왜 제가 오랜만에 얻은 휴가 내내 외국 나가 있는 오빠 걱정을 듣고 있어야 하죠? 지가 알아서 잘 살겠죠! 인스타 보니까 잘만 놀러 다니고 살더만. 게다가 엄마 친구들 흉은 왜 듣고 있어야 하죠? 거기에도 모자라서 아빠 흉은 왜 그리 보는 건데요. 힘드시긴 하겠지만 제 감정은요? 제가 지치고 힘든거 참고 사는 건요? 도대체 제가 딸이 맞긴 한가요?”

“그나마 가족, 친구가 낫죠. 저는 회사 선배가 그런다니까요? 3년차 선배가 커피 한잔 하자고 불러서는 과장님, 부장님, 이사님 욕에, 묻지도 않은 가정사까지 얘기하면서 온갖 한탄에… 저는 이제 갓 입사한 신입이라 사람들 얼굴도 잘 모르겠는데, 그렇다고 싫다는 말도 못하겠고요… 입사를 잘못 한 건지, 선배를 잘못 만난 건지 모르겠어요 정말. 출근할 생각만 하면 선배 얼굴만 아른거린다니까요?"

"아 진짜 말도 마요. 아버지가 교통 사고로 다치셔서 제가 병원 모셔가고 간병하고 했거든요? 하루에 가장 힘든 일이 뭔지 아세요? 간병? 그것도 힘들죠. 근데 차라리 조용히 간병에만 집중하고 싶은데, 하루 종일 걸려오는 엄마, 할머니, 고모, 삼촌들 전화랑 문자가 진짜 죽을 맛이라니까요? 알죠. 걱정되는 마음. 중환자실이라 면회도 안 되고 갑갑하시겠죠. 그런데 저한테 계속 상태가 어떤지 낱낱이 보고하라고 추궁을 하시지를 않나, 운이 왜 이리 나쁘냐, 아버지가 삼재라서 그렇다, 우리 가족이 복이 없다, 왜 이런 일이 자꾸 일어나냐… 처음에 저도 달래드리고 위로해 드렸죠. 정작 위로와 격려가 필요한 건 전데 말이죠. 근데 불안하다며 자꾸 저한테 일방적으로 쏟아내는 감정들이 저를 힘들게 하더라고요."

가까운 사이에서 자주 나오는 잘못된 대화 패턴이 바로 이것, '감정 전가'다.

'감정 전가'란 불안, 짜증, 분노, 초조함, 속상함 등 부정적인 감정 상태에서 벗어나 편안함을 얻기 위해 상대방에게 일방적, 의존적으로 감정을 투척하는 대화를 말한다. 공감과 이해를 원한다는 명분으로 전하는 감정들은 상황과 정도에 따라서 대화 상대방에게 큰 고통이 되곤 한다. '감정 쓰레기통'이라는 표현처럼 상대를 속상하고 괴롭게 만드는 행위가 바로 '감정 전가'다.

물론 일면 이해는 된다. 인간은 약하기에 서로에게 의지한다. 고통은 나누면 반이 된다는 것도 맞다. 하지만 적절한 수준이 필요하다. 감정을 서로 나누는 수준이 아니라 일방적인 의존, 전가하는 것은 일종의 오물 투척, 배설 따위의 행위와 다를 것이 없다. 특히 정리하지 않은 채 상대에게 의존적으로 전하는 감정은 대상에게는 매우 부담스럽게 느껴진다.

① 부정적 감정 공유가 지나치게 많은 경우 **상대방에게 정서적 부담이 생긴다.** 이는 큰 피로감을 가지게 만들어 장기적으로는 소통하려는 의지가 사라지게 만들기도 한다.

② **감정은 동조되고 전이된다.** 무고한 대화 상대방도 부정적 감정에 휩싸이게 만든다. 소중한 사람이 나로 인해 고통받게 되는 것이다.

③ **해결 능력이 저하된다.** 감정 전가를 많이 하는 사람은 문제의 근

본적 해결이 아닌 일시적 해소에만 익숙해지기 때문에 능동적 이고 본질적인 해결책 모색이 어려워진다. 해결, 성장보다 신세 한탄으로 흘러가는 것이다.

자신의 속상함을 털어놓고 공감과 위로를 받고 싶은 경우가 있다. 도움을 청하는 용기가 필요한 경우가 있다. 하지만 상황을 잘 돌아보면 가까운 관계이기 때문에 상대방 또한 함께 힘든 경우가 많고, 그렇잖아도 저마다의 사정으로 어려운 상황인 경우도 많을 것이다. 그러니 일방적으로 의존하지 말고 최대한의 노력을 통해 조금이라도 감정 조절과 상황 정리를 시도해 보자. 잠깐의 멈춤을 통한 자기 인지 효과를 제외하더라도, 약간이라도 정돈된 대화는 상대방이 훨씬 더 편안하게 받아들일 수 있다. 그렇게 전달되어야만 감정에 공감하고 상황을 이해하여, 당신이 그토록 원하던 위로와 격려를 해 줄 수 있는 것이다.

① **미리 스스로의 상태를 점검할 필요가 있다.** 속상한 마음이 큰 상황이라면 자신도 모르게 해당 이야기만 대화의 주제로 삼을 수 있다.

② **대화 분량과 상대의 상태에 대해 평소보다도 더 신경을 써야 한다.** 부정적 감정을 털어놓다 보면 어느새 혼자만 넋두리를 하고 있

을 수 있다.

③ **미리 상대방에게 힘든 이야기를 해도 좋겠냐고 물어보고, 만약 너무 치우친다면 알려달라고 하는 것도 도움이 된다.**

④ 마칠 즈음에는 반드시 **들어줘서 감사하다는 표현을 하도록 하자.** 상담 비용이 비싼 이유는 타인의 고통스러운 상황을 듣는 것이 그만큼 어마어마하게 힘든 일이기 때문이다.

반대로 내가 감정 전가를 당하는 입장이라면 어떻게 해야 할까?

① **사전 준비를 할 필요가 있다.** 먼저 내 감정과 신체 상태를 점검하고, 상대에 대한 추론을 기반으로 표현 준비를 해야 한다.

② 상대에게 공감해 주고 싶지 않은데 억지로 공감하는 척해 주는 일이 가장 고통스러운 일이다. **거짓 공감이나 맞장구 대신 상대의 힘든 감정에 대해 물어봐 주는 것이 좋다.** "선배, 과장님이 그렇게 말씀하셔서 많이 서운하셨겠어요. 그쵸?"

③ **존중과 배려를 담아서 거부 표현을 하는 것도 필요하다.** 상대의 힘들거나 속상함, 분노를 이해하지만, 지나치게 해당 주제들에게만 집중한다면 내 입장에서도 더는 받아들이기 어렵다는 것을 알려줄 필요가 있다. "우리 진짜 고생 많다. 나도 요새 진짜 힘든 일들이 많아서 지쳤거든. 힘든 이야기는 이 정도만 하고, 기분

좋은 이야기나 재밌는 이야기 할까?"

④ **측은함과 연민을 갖되, 지나친 동조는 금물이다.** 가까운 사이일수록 감정은 쉽게 전이되어 버린다. 상대의 고통이 내 것이 된다고 상대가 편안해지는 것도 아니다. 같은 감정이 된다는 것이 상대방에게 잠깐의 위로가 될 수 있지만 가장 중요한 것은 함께 가라앉는 것이 아니라 함께 좋은 감정이 되는 것이라는 것을 잊지 말자. **적절한 추론적, 객관적 공감 정도면 충분하다.**

가깝다고 해서 서로의 감정을 마음대로 할 수 있는 권리는 없다. 감정은 오롯이 각자의 것이라는 것을 이해해야만 진정한 대화, 제대로 된 소통이 가능하다. 나도 모르게 편안해지고 싶어서 누군가에게 감정을 떠넘기고 있지는 않은지, 또는 누군가에게 지나친 영향을 받고 있지는 않은지 잘 생각해 보자.

Q

감정적으로 힘들 때 가장 먼저 대화하고 싶은 상대로 떠오르는 사람은 누구인가? 또는 나를 그런 대상으로 떠올릴 것이라 추측되는 사람은 누구인가?

지킬 생각 없는 약속, 순간을 모면하는 말

—

직장인 사이에서 빈번하게 나오는 상사에 대한 불만은, "지키지 않는 약속"에 대한 것이다. 무분별한 승진, 보상에 대한 약속이나 기대감 조성에 대한 불만이 자주 나온다. 공수표처럼 책임 지지 않는 말을 날리는 것은 습관이 되곤 한다. '나중에 잘 해줄게'라는 말이 그 순간에는 진심이었다고 억울해 하는 경우가 많지만 '정말 진심이었나? 세상이 두 쪽 나도 꼭 지키려는 마음이었나?'라는 질문에 얼마나 자유로울 수 있을까? 그 정도로 진심이었다면 상대가 지켜지지 않은 약속에 대해 불만을 가질 일 자체가 없었을 것이다.

다음 사례를 보자.

김 팀장은 박선임이 왜 집에 가지 못하고 늦게까지 일을 하게 되었는지를 잘 안다. 자신이 추진한 프로젝트는 솔직히 시간 안에 마치기 버거운 분량이었다. 성과에 대한 집착 때문에 생긴 야근이란 것을 아는 김 팀장은 미안한 마음에 말한다. "박 선임, 내가 이번 일 마치면 확실하게 챙겨줄게." 고과를 잘 주겠다는 말이었다. 하지만 김 팀장은 이미 알고 있었다. 박 선임이 프로젝트를 진행할 때 고생하긴 했지만, 분명히 객관적인 성과들은 타 직원들에 비해 부족했다. 게다가 다른 직원들에게도 입버릇처럼 챙겨주겠다고 말했던 자신이었다. 박 선임에게 뱉은 말에 대한 책임감과 죄책감이 들긴 했지만 '평가는 객관적이어야지'라는 생각으로 스스로를 위로하며 김 팀장은 오늘도 지키지 못할, 아니 지킬 마음이 없는 약속을 던진다.

순간적 거짓말을 습관적으로 하는 이러한 대화 유형에서 보듯이 이들은 일반적인 상황에서 크게 중요하지 않은 일에도 급작스럽게 둘러대며 거짓말을 하곤 한다. 이들은 다른 사람들에 비해 극도로 이미지 훼손이나 비판을 두려워하는 경우가 많았고, 상대의 욕구나 필요를 잘 느끼기 때문에 말로써 충족시켜 주려고 하는 경우가 많았다. 관계에 대한 상처가 깊다 보니, 마주하는 상대에게 조금이라도 부정적인 감정을 만들고 싶지 않아서 순간을 모면하려는 경우도 많았다. 즉, 자신이 보여주고 싶은 모습이 아닌 진짜 자신을 들키고 싶지 않다는, 들켜선 안 된다는 부담감이 자리잡은 경우 습관적으로 거짓말을 사용하게 되는 것이다. 자신의 입장에서는 조금의 진실성을 훼손하는 대신 단기적 목표를 이루거나 순간적 호감을 얻을 수 있다는 것이 이들의 심리다.

하지만 이런 패턴은 자신에게 굉장히 치명적이다. 상황을 모면하기 위한 임기응변적인 대화, 순간적 거짓말은 대부분 뼈아픈 결과로 돌아온다. 당장 드러나지 않더라도 엄청난 손해가 뒤따르게 된다.

① **인간 관계에 큰 손상을 가져온다.** 거짓말을 당한 상대방은 심한 실망, 모멸감과 불신을 얻게 되며, 신뢰의 복원은 매우 어렵고 오래 걸린다. 샌타 바버라 주립사범대UC Santa Barbara의 연구에 따르면 작은 거짓말을 경험한 사람은 그렇지 않은 사람보다 거짓말 대상과의 상호 작용을 거부하는 정도가 대폭 상승했다.

"신뢰를 쌓는 데는 수 년이 걸리고, 파괴하는 데는 몇 초 밖에 걸리지 않으며, 수리하는 데는 영원히 걸린다." - 달 만(Dhar Mann)

② 자신이 거짓을 말한다는 것을 알기 때문에 **스스로에 대한 존중감을 잃게 된다.** 빈번한 거짓말쟁이는 더 정직한 사람들에 비해 더 많은 불안, 우울, 스트레스를 경험한다는 연구 결과가 있다.

"거짓말쟁이가 받는 가장 큰 형벌은 그가 다른 사람으로부터 신임을 받지 못한다는 것보다 그 자신이 아무도 믿지 못한다는 슬픔에 빠지는 데에 있다." - 조지 버나드 쇼

③ **실질적 손해로 이어진다.** 커리어빌더CareerBuilder의 연구에 따르면, 고용주의 58%가 직원의 이력서에서 거짓말을 포착했으며, 이는 해고 또는 업무 활동, 이후 취업에 악영향을 주는 경우가 많았다. 단기적인 목표 달성을 이뤘다 하더라도 장기적으로는 손해가 많았다는 것이다.

"거짓말은 한 번의 승리로부터 시작하여 수많은 패배로 이어진다."

- 제임스 포크(James Polk)

④ 앞서 이야기한 대로 **거짓말은 습관화된다.** 〈네이처 신경과학Nature Neuroscience〉의 연구에 따르면 사람이 거짓말을 할수록 계속 거짓말하는 것이 더 쉬워진다는 것을 발견했다. 거짓말을 반복하면 뇌가 거짓말에 대한 감각적 반응을 감소시켜, 시간이 지남에 따라 더 쉽게 거짓말을 하게 된다고 한다.

"거짓말은 그 자체가 죄일 뿐만 아니라, 정신까지도 더럽힌다."

- 플라톤

순간적 거짓말 습관을 고치기 위한 방법을 소개한다. 스스로 적용하는 데 어려울 수 있으니, 좋은 피드백을 주는 주변인의 조언, 전문 의료진이나 상담가의 치료를 받는 것도 큰 도움이 된다.

① **트리거 및 패턴 확인** : 자신의 패턴 중 거짓말을 유발한 상황과 생각, 감정을 돌아보고, 자신에 대한 이해를 높여야 한다.

"나는 늘 나와 함께 있는 상대방의 표정이 좋지 않을 때 거짓말을 했어. 심지어 나로 인해 시간이나 노력을 기울여야 하는 경우에 '나를 싫어하게 될 것 같다'는 조바심이 생겨."

② **재구조화 및 대안 탐색** : '나는 왜 이런 상황에서 거짓말을 선택할까? 무엇을 원하기 때문이었을까? 내 약속을 정말 실현시켜 줄 수 있을까? 그게 정말 내가 바라는 것인가? 만약 상대방이 진실을 알게 된다면 어떠한 부정적 영향이 생길까? 내가 궁극적으로 바라는 것은 무엇인가? 지킬 수 있는 수준의 약속은?' 등의 질문을 해 보자.

"나는 왜 이런 상황에서 거짓말을 선택할까?" : 늘 좋은 사람으로 여겨지고 싶다는 마음이 들어서 그런 것 같다. 더 깊이 들어가 보면 어린 시절부터 부모님의 높은 기대와 엄격한 태도 때문에, 좋은 사람이 되지 못한다면 미움받을 수도 있다는 불안감이 있었던 것 같다.

"무엇을 원하기 때문이었을까?" : 박 선임이 추가 업무 때문에 나를 원망하지 않고, 좋은 기분을 갖기를 바라는 마음이었다.

"정말 실현시켜 줄 수 있을까? 내가 그것을 진짜 바라고 있나?" : 곤란한 일이다. 상대 평가 대상인 다른 직원들이 더 성과도 좋고 태도도 좋다. 게다가 홍 선임에게는 예전에 약속을 해 두기도 했고, 연차도 더 높아서 먼저 챙겨줘야 한다. 박 선임은 싫은 티도 자주 내고, 솔직히 상사 입장에서 그다지 챙겨주고 싶은 타입은 아니다.

"만약 상대방이 진실을 알게 된다면 어떠한 부정적 영향이 생길까?" : 나에 대한 신뢰가 완전히 사라지지 않을까? 안 그래도 우리 팀에 대한 불만이 많았는데, 이 일을 문제 삼아서 크게 항의할 수도 있고. 게다가 주변에 내 평판을 나쁘게 할 수도 있을 것 같다. 긁어 부스럼이 될 것 같고, 마음도 계속 무거울 것 같다.

"궁극적으로 바라는 것은 무엇인가?" : 추가 근무에도 싫은 표정이 아니라 달갑게 했으면 좋겠는데, 그건 너무 말도 안 되는 일이다. 내가 바라는 수준은 어쩔 수 없는 상황이니 일을 잘 해내고 서로가 괜찮은 감정과 관계로 지내는 정도다.

"지킬 수 있는 수준의 약속은?" : 맛있는 밥이나 사줘야겠다.

③ 행동 변화 : 거짓말 포기 연습

자신의 패턴에서 벗어나는 것은 매우 어려운 일이다. 자신의 거짓말 패턴을 깊이있게 돌아보고 확인했다면, 유사한 상황에 처했을 때 어느 정도 감지가 될 것이다. 그때 습관적으로 거짓말이 떠오르면 반사적으로 거짓말을 포기하는 연습을 하는 것이 도움이 된다. 상대의 환심이나 상황의 이득이 아쉽게 느껴질 수 있지만, 그것은 내 것이 아니라는 것을 주지하는 것이 중요하다. 바로 포기가 안 될 수 있다. 그럴 때는 의도적으로 주제를 바꾸는 연습을 해 보는 것도 도움이 된다. 하지만 가장 좋은 것은 지킬 수 있는 약속 수준으로 바꾸는 것이다.

(야근으로 표정이 안 좋은 박 선임을 보고)

김 팀장 : 박 선임, 내가 이번 일 마무리 잘 되면. (아차!)

박 선임 : 잘 되면요?

김 팀장 : …이 앞에 새로 생긴 고깃집 있지? 가보니까 괜찮더라고, 거기서 화끈하게 쏠게!

자신의 내면에 올라오는 허위 약속, 순간적 거짓말의 욕구를 포기하는 것은 쉽지 않을 것이다. 상대방이 들었을 때 기분 좋아할 말을 하는 것은 좋은 대화를 위한 법칙 중 하나이기 때문이다. 다만 명심하자.

말은 쉽고, 지키기는 어렵다. 거짓말은 언제나 독이 되어 돌아온다.

반면, 대화 상대가 습관적 거짓말을 하는 사람이라면 어떻게 대응해야 할까?

① **관계에 대한 정의와 욕구 확인** : 해당 인물과의 관계를 자신이 어떻게 정의하고 있으며, 얼마나 중요하게 여기고 있는지를 확인해야 한다. 나아가 향후에도 관계를 지속하고 발전시키고 싶은지, 아니면 중단하고 멀어지고 싶은지에 대해서도 확인하는 것이 중요하다. 인간은 다양한 면이 있기 때문에 거짓말을 하는 사람이라고 해서 무조건 관계를 단절해야 하는 것은 아니다. 관계를 유지하는 편이 훨씬 이롭다면 적절하게 이해해 주는 편이 낫다. 단절을 해야 할 만큼 심각한 거짓말이거나 나의 불쾌함이 너무 커서 상대와 거리를 두고 싶다면 그 또한 미리 확인을 하고 정리하는 것이 좋다.

'김 팀장님이 고과를 잘 주겠다는 공수표를 날리긴 했지만, 마음만 받아야지. 고맙고 미안했을 테니까. 게다가 다른 팀으로 당장 옮길 수 있는 것도 아니고 어쨌든 좋은 관계를 유지하는 게 나한테도 이로우니 적당히 넘어가야지 뭐.'

② **중립적 접근** : 대화와 관계를 이어가기로 결정했다면 사전에 감정을 최대한 조절한 상황에서 중립적인 태도로 임해야 한다. 거짓말 자체에 대해 실망스럽고 화가 날 수 있지만 감정적 접근은 도움이 되지 않는다. 마음을 최대한 비우는 것이 중요하다. 거짓말이 괘씸하고, 서운한 것은 당연하지만 대화할 때 감정이 앞서서 좋을 것 없다.

'화가 나서 따지는 순간, 발뺌하고 변명할 게 뻔해. 오히려 차분히 이야기 나눠보자.'

③ **구체적이고 직접적인 확인 질문** : 순간적 모면을 위한 거짓말은 상황에 대해 모호성을 부과하는 경우가 많다. 또는 타인의 말을 전하면서 조작, 확대 해석 등을 적용하는 경우도 많다. 따라서 추론, 추측 대신 구체적이고 직접적인 질문을 통해 진실을 확인하는 것이 중요하다. 마음에 담아둔다고 해서 상황이 개선되는

것이 아니며, 부정적 인식만 커진다.

"팀장님. 저번에 고과 잘 주신다고 말씀하셨잖아요. 올해 평가에 적용 가능한가요?"

④ **단, 도망칠 길을 터 놓는 배려도 필요** : 상대는 거짓말쟁이라는 비난을 매우 두려워할 수 있다. 궁지에 몰아서는 안 되는 것은 쥐만이 아니다. 상대를 위해, 상호 관계를 위해, 나 자신을 위해 너무 난처한 상황으로 몰아갈 필요까지는 없다. 어차피 거짓말이라는 것이 확실하다면, 따지고 든다고 해서 얻을 수 있는 것이 아니다. 소위 '면'을 세워 줄 필요가 있다.

"고과가 아니라 휴가 이야기였다고요? 제가 잘못 들었나 봐요. 마음 써주셔서 감사합니다."

⑤ 충분한 신뢰 관계가 있는 사이, 진실한 대화가 가능한 관계라면 반드시 **거짓말에 대한 피드백을 줄 필요가 있다.** 상대는 모호한 표현이나 순간적 상황에 과하게 집중한 말들이 거짓말로 여겨진다는 것을 모르는 경우도 있을 수 있다. 뿐만 아니라 거짓말을 습관적으로 하는 사람들은 그게 얼마나 다른 사람들에게 표가

나는지, 얼마나 부정적 영향을 주는지를 모르는 경우도 많다.

순간의 잘잘못은 짧고 관계는 길다. 물론 거짓말의 종류와 정도에 따라서 관계를 완전히 정리해야 할 상황도 있지만, 대상에 대한 애정, 자신의 이익 등을 생각해서 스스로에게 유리한 선택을 하는 것을 추천하고 싶다. 사람은 누구나 부족하고 복잡하다는 것을 생각하고 받아 들이는 것이다. 쉽지 않지만 그게 인간 관계다. 다른 사람도 나의 부족한 부분을 충분히 받아들여 주고 있을 것이다.

거짓말은 생각보다 더 쉽게 나온다. 오죽하면 대문호 도스토예프스키는 "인생에서 무엇보다 어려운 것은 거짓말을 하지 않고 사는 것이다"라고 했겠는가. 그러니 거짓말 했다는 죄책감에 지나치게 괴로워하거나 자학할 필요는 없다. 그렇다고 한없이 관대해져서도 안 된다. 자신을 위해, 상대를 위해, 거짓말을 멈출 수 있도록 애쓰자.

거짓말에 관한 참고자료

◎ **관계 유형에 따른 거짓말 빈도** : 연구 결과, 가까운 관계에서는 보다 자주 거짓말을 하게 되는 경향이 있었다. 이는 가까운 관계에서의 상호 의존성이 높아서 솔직하지 못할 때가 많기 때문일 수 있다. ("Everyday Lies in Close and Casual Relationships" – Dana R. Carney, Jeffery A. Simpson, and Laura Luchies (2013))

◎ **거짓말에 관한 진실**("27+ Lying Statistics : The Truth About Lying", 〈Bright Futures〉, 2023)

① 평균적으로 한 사람이 하루에 1~2번 거짓말을 합니다.

② 10분 대화 중 최소 한 번은 거짓말을 하는 사람이 60%에 달합니다.

③ 남성은 평균 하루에 6번, 여성은 3번 거짓말을 합니다.

④ 이력서에 거짓말을 하는 사람이 40%에 이르며, 온라인 데이팅 프로필에서 90%의 사람들이 거짓말을 합니다.

⑤ 80%의 여성이 지출 습관에 대해 파트너에게 거짓말을 한다고 인정했습니다.

⑥ 청소년의 50%가 부모에게 자신의 위치에 대해 거짓말을 한다고 합니다.

⑦ 전화로는 대면할 때보다 거짓말을 더 잘합니다.

⑧ 온라인에서 사람들은 자신의 키, 몸무게, 나이에 대해 81%가 거짓말을 합니다.

⑨ 정치인은 토론 도중 평균적으로 5분마다 한 번씩 거짓말을 합니다.

◎ **거짓말 이유와 대상에 대한 통계**

거짓말 이유 : 처벌에 대한 두려움(27%), 자신이나 타인을 보호하기 위해(23%), 당황스러움이나 수치를 피하기 위해(20%), 타인에 대한 권력이나 우위를 얻기 위해(14%), 습관이나 강박으로 인해(9%).

거짓말 대상 : 상사나 감독자(56%), 중요한 다른 사람(42%), 친구(39%), 의료 제공자(28%), 자녀(23%), 직업 신청서(18%).

감정 조절 : 이유 찾아주기

"상사의 눈치를 보는 것은 참 어려워요. 특히 보고 타이밍! 상사 기분에 맞춰서 보고 타이밍을 잡아야 하는 게 납득하기 어려웠지만, 그게 모두를 위한 일이라는 생각에 그냥 제가 맞춰야지 했어요. 이후에도 여러 상사들을 만났는데, 기분 잘 맞춰야 한다는 점은 늘 똑같더라고요."

"맞아요. 기분 좋을 때는 특별한 질문 없이 바로 승인하고, 기분 나쁠 때는 사사건건 없던 문제까지 끄집어내요. 내가 자기 감정 쓰레기통인가? 공과 사 구분도 못 하고…."

"그래서 저희 회사에는 하나의 원칙이 생겼어요. 먼저 보고한 사람이 그날 상사 기분을 다른 팀원들한테 공유하는 거죠. 그럴 때 얼른 보고하면 쉽게 통과되니까. 반면 기분이 별로인 경우에는 서로에게 알려서 잠시 보고에 간격을 두는 거예요."

직장인들의 공통된 스트레스가 아닐까? 상사의 기분이 왜 일을 결정하는 기후가 되는 것일까? 교육하며 만난 기업들에서 자주 듣게 되는 일화들이다. 특히 경직된 문화일수록 결정권자들의 기분에 업무의 평가나 방향이 좌우되는 경우가 많았다. 참 부당하고, 일을 힘들게 만드는 개인이 원망스러울 수 있지만 대체로 인간사가 다 그렇다. 강한 권한을 가진 상사의 기운에 갈대처럼 휩쓸려야 하는 회사 생활, 심심한 위로를 건네고 싶다.

'공과 사를 지켜야 한다, 감정이 대신 말하면 안 된다!'라고 그들에게 요구하고 싶지만, 그렇게 말하는 것도 몹시 어려운 일이거니와, 말 한다고 한 번에 바뀌길 바라는 것은 꿈 같은 이야기일 뿐이다. 결국 우리는 나름의 생존 원칙을 길러야 한다.

상사 기분에 영향을 받는 일터에서 반드시 지켜야 하는 원칙! 그가 기분 좋을 때는 절대 이유를 묻지 말 것!

"부장님, 오늘 무슨 좋은 일 있으세요?"라고 누군가 눈치 없이 원칙을 깨버린다면 부장님의 뇌는 본인이 기분이 좋다는 것을 인지하고, 대답을 위해 원인을 찾으려고 자동적으로 반응하게 된다. 뇌는 재미있게도 어떠한 의문이든 아주 빠르게 원인을 찾아내는 데는 기가 막힌 친구다. '내가 기분이 좋나? 왜지? 어제 응원하던 야구팀이 이겨서 그런가? 아니면 살짝 살이 빠졌는지 바지가 넉넉하게 들어가서 그랬나? 아니면 아내가 모처럼 잔소리 안 하고 잘 다녀오라고 기분 좋게 배웅해 줘서 그런가? 아니면 아들 녀석이 성적 올라서? 아침에 차가 안 막혀서? 방금 전에 시원하게 속을 비워서?'

그가 어떠한 이유를 가지고 있든 아무런 상관이 없다. 위의 추론처럼 다양한 가능성 중 가장 적합한 원인을 발견한 후에는 좋은 기분은 당신에게 좋은 영향을 주지 않게 된다. 왜 그럴까? 나는 '명확한 이유'로 기분이 좋으니, 그 이유의 대상에게만 감사를 표하면 되는 것이다. 좋은 기분과 상관 없는 사람들에게 잘 대할 필요가 없어진 것이다. 그러니 보고에서 쉽게 넘어가는 경우가 없어진다.

반면 기분이 나쁠 때의 요령은 미안한 말이지만 운이 없는 누군가가 독박을 쓰고 한바탕 분노의 희생자가 된 후 보고하는 것이다. 무고한 희생자가 분노의 원인이 되었으니, 그 순간 모든 보복을 퍼부은 그의 분노는 줄어들게 된다. 그 이후 상사는 상대적으로 이성적 사고를 하게 되어 보고에 어려움이 줄어드는 것이다.

왜 이런 일이 벌어지는 것일까?

우리의 뇌는 감정이라는 신체 반응을 인지하게 되면 과거 경험을 통해 큰 개념으로 '이름'을 붙여서 정의한다. 게다가 '원인'을 찾으며 자신만의 '표현', '발산', '조절'을 위한 행동 계획을 수립한다. 그래서 분노는 피해자에게 화를 표출하는 표현을 통해 종결되는 것이고, 좋은 기분은 애초에 인지하지 못하게 쉬쉬해야 하는 것이다. 그럼 이름을 붙이지도 못하고, 표현하거나 조절하지 못하게 되어 하나의 신체 반응, 즉 상태로만 유지되는 것이다.

—

기업 컨설팅 중에 있던 일이다. 팀에 대해 평소 팀원들이 가지고 있던 생각들을 나누는 시간이었는데, 모두 팀장의 눈치를 보면서 말을 제대로 하지 못하고 있었다. 팀장은 팔짱을 낀 채 붉게 상기된 얼굴로 팀원들의 말을 듣고 있었다.

이전에 몇 차례 만난 해당 팀장은 평소에 몹시 친절하고 부드러운, 아주 젠틀한 성향이었다. 평소와 다른 분노의 포스를 뿜어대는 모습에 나는 멀리서 관찰하면서 의아해하고 있었다. 그때 직원 중 한 명이 잠시 주저하다가 말을 걸었다. "팀장님, 혹시 무슨 일 있으세요? 기분이 안 좋아 보이셔서요"라고 옅은 미소를 띠며 조심스럽게 말을 걸었다. 팀장은 그 말을 듣고 깜짝 놀랐다. 자신의 기분이 안 좋은 상태라는 것을 자각하지 못하고 있었던 것이다.

잠시 곰곰이 생각하던 팀장은 '아침 일찍 상사에게 보고했는데, 억울한 부정적 평가를 듣고 와서 자신도 모르게 그게 반영이 되었던 것 같다'는 말을 했다. 곁에서 둘의 대화를 관찰하고 있던 나는 "속상하셨겠다"라고 공감해 주면서, "지금 팀장님이 보여주고 계신 표정과 자세, 어조 등 모든 에너지가 교육을 하는 저와 참석자인 팀원들에게 부정적인 영향을 주고 있습니다"라고 말하여 그가 주는 영향에 대해 정확하게 인지시켜 주었다.

팀장은 곧장 나와 팀원들에게 사과했고, 오후 시간은 아주 성숙한 태도로 평소 보여주던 훌륭한 모습으로 교육에 임했다. 팀원들 역시 안심하고 교육에 임할 수 있었으며, 무사히 의미있는 결과를 도출하면서 과정을 마무리할 수 있었다. 아마 모두가 눈치만 보면서 '왜 저러지?'라며 추론만 하거나 '분위기 흐린다'라고 불만만 가지고 있었다면 교육은 엉망진창이 되었을지도 모른다.

나는 강사로서 만난 제3자와도 같은 역할이라 부정적 영향에 대해 쉽게 인지시켜 줄 수 있었다. 함께 일하며 매일 만나는 사람들에게는 아주 어려운 일일 것이다. 그럴 때는 앞서 조심스럽게 "무슨 일 있으세요?"라고 말을 걸었던 직원처럼 그저 상태를 자각할 수 있는 질문만 던져 주어도 아주 효과적이다. 기분 안 좋은 사람에게 말을 건네는 것은 용기가 필요한 일이지만, 가벼운 질문 정도는 필요한 상황이라는 인지만 한다면 누구나 할 수 있을 것이다.

감정을 조절하는 능력은 감정을 제대로 인지하고 파악하는 것, '알아차림'에서 시작한다.

성숙한 성인이라면 자신에게 나타나는 신체적 반응이 어떤 감정이며, 어디에서 왔는지, 주변에 어떤 영향을 주고 있는지를 이해하는 순간 스스로 조절할 수 있다. 특히 주변의 무고한 대상들에게 영향을 주지 않게 된다.

물론 기분이 안 좋은 상대에게 말을 거는 것부터 쉬운 일은 아니다. 또 기분에 따라 업무에 영향을 주는 것을 당연하게 여기라는 말도 아니다.

하지만 중요한 대화를 나누기 전이라면 상대의 안부와 상태를 가볍게 살피고, 스스로를 인지하도록 질문해 주는 것은 꼭 해볼 만한 일이다. 무고한 자신을 지키기 위해서라도 말이다.

불쾌함을 나타내는 신호를 잘 감지하는 것이 중요하다. 평소의 관심이 중요한 이유다. 표정, 자세, 음성의 높낮이, 속도, 음량 등 비언어적 메시지를 제대로 감지하면 큰 도움이 된다.

아는 것이 힘이다. 감정 조절도 마찬가지다. 알아야 조절할 수 있다.

감정 조절 : 연속된 상태에 대한 인지

구매한 퍼스널 컴퓨터PC 프로그램 추가 패치 중 문제가 생겼다. 패치 메일만 보고 설명서 상에 기록된 부분을 간과한 채 패치를 진행한 내 탓이었다.

애프터 서비스A/S 요청을 적극적으로 해도 된다는 설명서에 따라 메신저로 연락했다. 상황을 설명하며 내가 설명서를 제대로 보지 않아 놓친 부분 때문에 문제가 생겼다고 이야기를 했다. 그런데 상담사는 '왜 설명서에 있는 부분인데 틀리게 했냐, 누차 적어두지 않았냐'며 질타했다.

'왜 이리 방어적으로 이야기를 하시는 거냐'고 물었다. 그러자 자신들은 매우 자세히 적어둔 설명서가 있는데도 수십, 수백 명이 항의를 한다며, 뭐가 불쾌하냐고 되물으면서 대표의 전화 번호를 줄테니 통화하시라고 말했다.

나는 황당했다. 불쾌한 적도 없거니와 나는 내 실수를 인정하고 도움을 받으려고 문의했는데 질타를 당했기에 왜 그러냐고 물었을 뿐인데, 갑자기 상대가 급발진을 하기 시작한 것이다. 나는 그 수십, 수백의 항의자가 아닌데도 말이다.

상황이 좀 우스웠지만 대표에게 전화를 걸었다. 그도 역시나 상담사와 같은 태도였다. 흥분된 음성으로 상세히 적은 설명서에 대해 이야기를 시작했다.

나는 그를 진정시키며 말했다.

"대표님, 잠시만요. 저는 설명서에 대한 비난이나 항의의 의도가 전혀 없습니다. 제 실수를 인정하면서 도움을 요청하기 위해 연락을 드렸고요."

"그러니까 설명서에 써 있는 부분을 안 하셔서 그렇게 된 것이잖아요. 근데 뭐가 방어적이라는 겁니까?"

"이런 이야기가 방어적이라는 겁니다. 저는 '누구' 책임인지를 묻고자 연락하지 않았습니다. 오해가 생길 수 있어서 미리 제 실수라는 배경 설명도 했습니다.

저는 '어떻게' 해결할 수 있을지에만 관심이 있는데, 반복적으로 '누구'의 책임인지에 대해서 말씀하는 그 말씀이 바로 '방어적'이라는 겁니다. 저는 책임을 회피한 적도 없고, 귀사를 비난하거나 항의한 적도 없습니다."

주춤하던 대표는 다시 설명서 이야기를 하면서 책임에 대한 이야기로 돌아가려 했다. 나는 다시 그를 멈춰 세웠다.

"아마도 '누차 적어두었다'라거나 '왜 설명서에 있는데 틀렸냐'를 이야기하시는 걸 보니 다른 고객들의 항의에 대한 반응으로 짐작됩니다. 누적된 불만에 대응하다 보니 그 연장선 상에서 제 도움 요청을 맞이하신 것 같네요. 이해합니다.

하지만 저는 그런 배경을 알지 못하는 데다, 알 필요가 없는 입장입니다. 과거 어떠한 진상 고객을 만나서 어떤 공격을 받으셨는지 모르지만, 저는 그들이 아닙니다. 그렇지 않습니까?"

잠시 후, 그는 누그러진 목소리로, '워낙 진상 고객이 많다', '원래 하는 서비스가 아닌 추가 사업이다 보니 전문 상담사나 상담 매뉴얼이 없다', '다른 일을 하는 직원이 상담 중이라 더 스트레스가 많아 그렇게 된 것 같다', '고객들에게 잘 도와 드리려고 애써서 설명서도 상세히 만들었는데 왜 이렇게 힘든 일들이 생기냐' 등등, 나에게 하소연을 하기 시작했다. 그 후 미안했는지 나와 무관한 서비스와 이벤트를 소개하기도 했다.

나는 적당한 호응 후에 '스트레스 너무 쌓아두지 말고 털어내는 시간도 가져 가면서 일하셨으면 좋겠다, 건승하시라'고 격려하고 통화를 마쳤다.

가끔 우리는 자신의 기억과 경험 선에서 이뤄진 일들을 현재로 가져오기도 한다. 주의해야 한다. 새로 마주하는 대화의 상대는 당신의 과거의 '그'가 아니다. 한마디로 무고한, 순결한 상대라는 것이다. 완전히 새로운 마음으로 맞이해야 한다.

당신이 어떠한 피로, 감정이 누적되어 있는지 상대가 살펴주길 바라선 안 된다. 대화 전 아무리 힘든 사례들이 가득해도 새로운 대화 상대에게는 온전한 상태, 깨끗한 상태로 마주해야 한다. 그게 상대에 대한 기본 예의다.

중요한 대화를 앞두고 있을 때, 나는 어떠한 감정 상태가 되는가? 만약 이전의 사건들에 영향을 심하게 받은 상황이라면 스스로의 감정을 정리할 필요가 있다.

> "모든 사람이 화를 낼 수 있다. 이것은 쉬운 일이다. 하지만 정확한 사람에게, 정확한 정도로, 정확한 목적으로, 정확한 방식으로 화를 내는 것은 쉬운 일이 아니다."
>
> - 아리스토텔레스

감정 조절에 어려움을 겪는 유형

감정 조절에 어려움을 겪는 유형이 있다. 타고난 기질도 영향이 있겠지만 그게 전부는 아니다. 주변 사람과 환경의 영향을 많이 받으면서, 무엇보다 제대로 자기 인지를 하지 못한 채 피드백도 얻지 못하고 지내다 보면 매우 좋지 않은 습관이 형성되어 버린다. 습관이 된 자기 인식, 타인 인식, 상황 인식이 비뚤어 진 채 삶의 관점으로 자리잡아 버리기도 한다. 그중 대표적인 감정 조절에 어려움을 겪는 유형인 자기 동정, 자기 비난 성향에 대해 알아보자.

감정 조절에 어려움을 겪는 유형 : 자기 동정

—

"잘 지내지? 얼굴 한번 보자."

오랜만에 친구에게 걸려온 전화. 애 낳고 살다 보니 친구들의 술자리에 자주 참석하지 못했다. 반가운 마음에 나간 자리에서 동창인 C가 있는 걸 보곤 속으로 '헉' 하는 마음이 들었다.

C는 아주 활달했지만, 대화하기 좋은 상대는 아니었다. 이유는 간단하다. 지나친 자기 동정에 빠져 있기 때문이다. C는 늘 자기 비하에 신세 한탄을 늘어놓는다. 그 친구 앞에서는 서로에게 생긴 좋은 일도 이야기하기가 어려운 마음이 들었다.

학교 다닐 때부터 그와의 대화는 즐겁지 않았다. 예를 들어 누군가 열심히 공부해서 좋은 성적을 받았다고 자랑하면 C는 대화에 끼어들어서 자신이 얼마나 시험을 망쳤으며, 그 속상함이 크다는 것을 어필했다. 자랑하던 친구는 머쓱해지고, 우리 대화는 C의 신세 한탄을 위로하는 자리가 되어 버렸다.

C는 스스로가 가장 불쌍하다고 여기기 때문에 배려받기만을 원했다. 그 요구를 채워주지 않는 상대에게는 원망과 서운함을 내비치면서, 막상 다른 사람 이야기에는 시큰둥했다. 그러니 그와의 대화는 대체로 불편했다.

오랜만에 만난 자리에서도 여전했다. 모든 화제의 끝은 결국 그의 신세 한탄으로만 흘렀다.

주제를 바꾸려 술자리에 모인 모두가 노력했지만, 쉽지 않았다. 그것도 대단한 능력이라면 능력이었다. 모든 주제는 C로 통했다.

대충 마무리하고 내일 일이 있다는 핑계로 자리를 떴다. 나뿐 아니라 다른 친구들도 비슷한 눈치였다.

잠시 후 나를 초대한 친구에게서 연락이 왔다. 자신도 오랜만에 C를 만난 건데 여전히 저럴 줄 몰랐다고. 전화를 끊고 씁쓸하게 웃었다. C와 내가 왜 연락을 끊게 됐는지 생각이 나서다.

꽤나 오래 전, 고민 끝에 그의 자기 동정에 대해 피드백을 준 적이 있다.

당시 친구의 취업 축하 자리로 모였지만, 여전히 C의 신세 한탄 콘서트가 펼쳐지고 있었다. 이번엔 여자친구와의 이별이었다. C를 조용히 불러서 조심스럽게 말을 꺼냈다.

"C야. 네가 힘든 것도 이해해. 하지만 다른 애들도 하고 싶은 이야기가 있을 텐데, 너무 네 이야기만 하면 좀 서운하지 않겠냐? 취업 축하도 좀 해주고 그러자."

내 이야기를 들은 C는 버럭 화를 냈다.

"아니, 그럼 내가 혼자서만 이야기하는 무개념이라는 거냐? 알았다. 그냥 닥치고 있을 테니 잘난 니네 이야기나 실컷 해라. 너가 내 상황이면 축하가 나오겠냐?"

아이러니하게도 당시 나는 누나를 암으로 떠나 보낸 지 얼마 안 된 상황이었다. 정말 하고 싶은 말이 많았지만, 한마디 더 했다가는 싸우게 될 것 같았다. 취업에 성공한 친구에게 나중에 따로 보자고, 정말 축하한다고 말을 한 후 곧장 자리를 피해 집으로 향했다. 돌아오는 길, 입안이 참 씁쓸했다. 장례식에도 왔던 C가 그렇게 무심한 말을 할 줄은 몰랐으니까.

스스로에 대한 지나친 동정은 주변 사람들을 괴롭게 한다. 자신의 눈을 가려서 상황을 살피지 못하게 만든다. 제대로 대화하려면 타인의 감정과 상황에 관심을 가지고 끊임없이 유추하려고 애써야 하는데, 자기 동정에 빠지다 보니 상대에 대한 관심 자체가 사라지는 것이다.

C는 스스로를 불쌍하게 여겼지만, 그래서 더 불쌍해지고 있었다. 그 후로 친구들과의 만남에서 C를 볼 일은 없었다. 우리는 일부러 그의 이야기를 꺼내지 않았다. 그 친구가 불운해서 한탄이 나온 걸까, 한탄이 그 친구를 불운하게 만든 걸까. 잘 모르겠다.

C의 경우 자기 연민이 깊어져 자기 동정에 빠져버린 상황이다. 자기 인지가 부족한 경우에 종종 나오는 스타일이다. 자기 동정에 빠진 사람의 특징은 다음과 같다.

① 자기 중심적이다. 모두가 자신의 어려움에 공감해 주기를 원

한다.

② 부정적이다. 모든 상황과 발언을 왜곡하고 극도로 불리하게 해석한다.

③ 피해 의식이 크기 때문에 사소한 부분도 양보하지 못한다. 자신은 이미 피해자이기 때문에 양보를 받는 것이 당연하다는 논리를 가진다.

④ 조금이라도 손해를 본다는 생각이 들면 공격적으로 표현하여 주변에 큰 피해를 준다. 상대의 잘못은 극악무도하고 이기적인 것으로 여긴다.

⑤ 타인의 고통에 공감하지 못하고 자신의 어려움이 가장 크고 심각하다고 여긴다.

⑥ 자신의 고통을 과장되게 느끼기도 한다. 비약이 심한 경우도 많다.

이러한 유형은 본인이 가진 자극을 감내할 내적 공간이 작기 때문에 대화할 때 자주 감정이 한계선에 근접하게 된다. 그러다 보면 늘 참고 있다는 생각을 하게 된다. 상황이 조금만 어긋나도 '지금까지 자신이 얼마나 억눌려왔는지 모른다'고 표현하는 경우가 많다. 지나치게 자신의 배려를 크게 여겨서 타인에 대한 질책, 비난으로 연결하게 되는 것이다. 대화는 서로 영향을 주고 받는 게 당연한데도 불구하고, 자신이 받은 자극은 크게 생각하고, 자신을 통해 상대가 받은 자극은 인식하지도 못하는 것이다.

이러한 유형일수록 수많은 상황들에 지배되곤 한다. 소위 밑밥이 늘 깔려있다. 언제나 '누구누구 때문에'라는 핑계들이 많고, 자신의 책임은 거의 없다고 여긴다. 무례한 언행을 하더라도 인정하고 사과하기보다는 그렇게 만든 상황이나 상대방, 환경 탓을 하기도 한다.

예시를 통해 생각해 보자.

A : "내가 지금까지 얼마나 참았는지 알아?"

B : "응, 아니야. 너 별로 안 참고 매번 성질 냄."

A : "너는 늘 그런 식이지."

B : "응, 별로 안 그랬어. 너를 참아주는 경우가 더 많았음."

A : "어떻게 그 따위로 말을 해?"

B : "응, 너 평소 말투 십분의 일도 아니야. 넌 더 심했어."

A : "나한테 어떻게 그렇게 말 해?"

B : "응, 너한텐 하면 안 되고 나한텐 해도 되는 매직."

A : "아 짜증나. 나 시험 망친 날 꼭 이래야겠어?"

B : "어, 시험 내가 더 망침. 넌 관심도 없겠지만."

자기 비판의 위험성

—

그렇다고 자기 동정에서 벗어나고자 스스로를 너무 비판적으로 바라본다면 자칫 더 큰 어려움을 겪을 수도 있다.

한 강사 후배를 만났다. 그는 이렇게 말했다.

"선배님, 저… 길을 잃은 것만 같습니다."

후배의 고민은 모두 자기 비판이 가져온 고통들이었다. 이상적인 자신과 현실의 자신 사이에서의 괴리. 그로 인해 생겨난 부정적 자기 인식의 영향들. 이런 저런 이야기를 듣다 보니 웃음이 났다. 그 친구의 말이 웃겨서도, 상황이 우스워서도, 재미있어서도 아니었다. 얼마 전의 내 이야기 같아서, 그래서 웃음이 났다.

몇 년 전, 나는 매일 괴로움에 몸부림쳤다. 원인은 하나였다. 이상적인 내 모습과 현실의 나는 너무도 달랐기 때문이다. 세상에 인식되고 싶은 모습은 철학적·신앙적 모범이 되며, 윤리적이고 성실한, 배려심이 넘치면서도 늘 성장을 위해 노력하는, 롤모델이 될 만한 모습이었다. 나는 동기 부여를 위해 늘 사람들에게 말했다. 타인과 비교하지 말고 자기다움을 찾으라고. 누군가를 이기기 위해서가 아니라 자신이 원하는 삶을 위해 최선을 다하라고. 삶의 가치를 찾고, 비전을 이뤄 나가면서 스스로의 사명을 발견하라고 격려했다. 하지만 그런 말을 할 때면 늘 이런 소리가 들렸다. "웃기고 있네."

나 스스로 하는 말이었다.

나는 성실한 사람이 아니었다. 누구보다 놀기 좋아하면서도 잘 되는 타인을 부러워하다 못해 질투하기 일쑤였다. 없는 척했지만 돈 욕심도 많았고, 옳은 이야기를 뱉으면서도 속으로 그렇지 않은 사람이라는 것을 잘 알고 있었다. 그런 내가 아무리 좋은 의도라고 해도, 남들에게 이래라저래라 성인 군자처럼 가르치며 다니는 것이 어처구니 없었다.

처음에는 스스로를 채찍질하며 고치려고 애썼다. 자기 최면처럼 되뇌기도 했다. 이건 내 모습이 아니라고. 성실하지 않은 건 진짜 내 모습이 아니라고, 돈 욕심이 드는 것도 진심이 아니라고. 그렇게 스스로를 부정했지만 자신을 통제하고 유혹을 이겨내는 일은 너무도 어려웠다. 늘 자신과의 싸움에서 패배를 반복하다 보니 좌절과 불신, 모멸감이 생겨났다. '그래, 나는 원래 이 정도밖에 안 되는 놈이지. 노력하는 척했지만 결국 속인거야.'

이런 마음을 애써 숨기는 데 급급했다. 최대한 티 내지 않기 위해서 그럴듯해 보이기 위해 노력했다. 오히려 나와 같은 모습을 보이는 사람을 보면 더 강하게 말하기도 했다. 자기 관리를 못 하는 사람은 한심한 사람, 욕심을 보인 사람은 극도로 탐욕스러운 사람이라고 비난했다. 누군가 조금이라도 잘못하면 더 가혹하게 말했다. 그럴 때면 스스로 비아냥이 올라왔다. "누가 누구한테 하는 말인지 모르겠네. 너나 잘해."

이처럼 자기 비판이 강한 성향, 이상적 상태에 자신을 비추어 스스로에게 가혹한 평가를 하는 성향, 또는 완벽주의적인 성향들이 보이는 특징이 있다.

- ▶ **높게 설정한 기준 및 그에 따른 자기 비판** : 기준을 충족시키지 못하는 자신에 대한 실패감을 지속적으로 느낀다. 이로 인해 '어차피 해도 안 될 텐데' 하고 성장을 위한 노력과 도전에 대해 의욕 감소를 일으키게 된다. 대화에도 이러한 의욕 감소가 드러나 부정적 인상을 주게 된다.
- ▶ **긍정적 평가 부정** : 자신이 훌륭한 행동을 하거나 장점이 드러났다고 해도 어차피 흉내일 뿐이라는 자기 불신이 있기 때문에 어떠한 긍정적 평가도 받아들이지 못하게 된다. 해당 평가를 해 준 사람들은 무안함을 느끼게 되어 칭찬이나 인정을 하지 않게 된다. 긍정적 평가가 사라지기 때문에 스스로 더욱 위축되어 성장 가능성조차 부정하게 만든다.
- ▶ **피드백 수용 거부** : 자신의 부정적 모습을 들키고 싶지 않다는 방어기제가 강해져 타인의 피드백에 심한 거부 반응을 보인다. 부정적 평가에 엄청나게 큰 영향을 받아 좌절하거나, 괴로움을 인정하지 않기 위해 지나치게 방어적 대응을 하는 경우가 생기게

된다. 자학이 일상이라, 충분히 많은 고민을 했다고 여기기 때문에 피드백에 대해 수용하지 않는다. '무슨 말을 해도 튕겨져 나온다'는 느낌을 주는 경우가 많다.

▶ **공격적, 냉소적 언행** : 열등감을 숨기기 위해 타인에게 공격적으로 말하거나 허세를 부리기도 하고, 타인을 깎아내림으로써 안정감을 느끼려고도 한다. 진정성에 대해 스스로 냉소적이 되기 때문에 무슨 일에 대해서든 냉소적인 태도와 언행을 보이기도 한다.

상황이 안 좋거나 실수를 하고, 잘못을 할 수도 있다. 다만 자신마저 스스로에게 가혹하게 군다면 다시 일어설 힘을 얻기 어려울 것이다. 특히 제대로 된 자기 인지 능력은 자신에 대한 믿음, 자부심, 자존감과 밀접한 관계가 있다. 훌륭한 자신에 대한 신뢰가 있어야 가능한 능력이라는 것이다. 그러니 너무 가혹한 시선으로 자신을 몰아붙이지 말자.

대화의 미숙한 표현 성향

회피형과 공격형

—

앞서 고백한 대로, 나는 공격적인 표현 성향이 매우 강한 사람이었다. 솔직함이란 명분을 앞세워 조절없이 감정을 드러내곤 했는데, 이로 인해 수많은 피해를 끼치고 살았다. 하지만 회피하는 성향이 대화와 관계에 긍정적인 것은 아니다. 자신의 감정을 억누른 채 상황을 모면하기 위해 입을 닫는 회피 성향은 갈등을 키우는 근본 요인이 되기도 한다. 말하지 않으면 어지간해서는 모르기 때문이다.

회피형은 갈등이나 불편한 상황을 피하려고 하고, 하고 싶은 말을 가급적 참는 것이 최선이라고 여긴다. 자신의 감정이나 필요를 표현하지 않거나 억누르려고 하며, 심한 경우 배려라는 이름으로 자신의 회피 성향을 정당화하기도 한다. 이들은 대화에 진심을 담았다가 손해를 본다는 생각을 하며, 회피 성향이 짙을수록 대화는 매우 형식적으로 이루어진다.

공격형은 정반대다. 갈등이나 불만을 강하게 표현하고, 타인을 비난하거나 공격하는 경향이 있다. 자신의 감정과 필요를 타인에 비해 과도하게 중시하다 보니, 하고 싶은 말이 생기면 최대한 자신의 말을 전달하는 데 집중한다. 대화에서 권위적이고 지배적 태도를 보이며, 심할 경우 자신은 솔직한 사람이라고 생각하며 무례하거나 거친 표현을 정당화한다. 공격 성향이 짙을수록 대화는 감정적으로 이루어진다.

감정조절에 미숙한 네 가지 유형

—

감정조절에 미숙한 네 가지 유형

자신과 타인을 바라보는 미성숙한 관점, 즉 과도한 자기 비판과 자기 동정, 그리고 표현에 있어서의 미숙한 회피와 공격. 이 요소들이 결합하여 감정 조절에 어려움을 겪는 네 가지 유형으로 나타나곤 한다.

1. 자기비판 + 회피 = 고독한 고문가

고독한 고문가인 민아는 대부분의 상황에서, 특히 관계에서 발생하는 다양한 감정들을 억누르며 숨기기 때문에, 상대방은 자신의 행동이 고독한 고문가를 힘들게 만든다는 것을 인지하지 못한 채 반복하게 된다. 그로 인해 결과적으로 상황과 관계 모두를 악화시키고, 내적 스트레스로 인해 피폐한 상태가 된다.

"그럴 만하니까 그런 것도 있겠지. 괜히 여러 사람 불편하게 하지 말자, 제일 잘못하고 부족한 내가 책임지면 다 되는 거야. 나 같은게 말해봤자고. 표현해 봤자 더 손해야."

① 특징

- **자기비판의 심화** : 자신의 과오와 실패에 대해 과도하게 비판하며, 이는 자기 효능감을 저하시킨다.
- **감정 억압** : 감정을 표현하지 않고 억누르며, 이는 장기적으로

심리적, 신체적 문제를 초래할 수 있다.

- **내적 갈등** : 내면의 갈등이 쌓여 자신에게 해를 끼치고, 대인 관계를 악화시킨다.

② **개선 방향**

- **자기 인식 훈련** : 자신의 감정과 생각을 인식하고 기록하는 연습을 통해 자기비판의 패턴을 이해한다.
- **감정 표현 훈련** : 작은 감정부터 표현하는 연습을 통해 점진적으로 자신의 감정을 드러내는 연습을 한다.

2. 자기비판 + 공격 = 자책 테러리스트

자책 테러리스트인 지훈은 스스로에 대한 실망감과 좌절감을 과도하게 표현한다. 상대방과의 대화, 관계에서 생겨나는 갈등의 원인을 자신에게서 찾고, 자책을 강하게 표현한다. 상대 입장에서는 오히려 부담스럽게 느끼고 부정적인 분위기가 형성되어 더욱 불편한 상황에 이르게 되는 경우가 많다. 객관적인 상황 판단이 이뤄지지 않아서 근본적 해결이 불가능해 지며 부정적 평가에 예민하여 도리어 타인의 피드백에 방어적으로 행동한다.

"저 때문인 거 다 알아요. 피해만 끼치고, 상처만 드리는 제가 문젭니다. 제가 어릴 때 받은 상처 때문일지도 모르겠어요. 말씀하신 부분은 이미 알고 있는데 잘 안 됩니다. 제가 그렇죠 뭐. 저랑 대화하기 싫으시죠?”

① 특징

- **자기비판의 외향화** : 부정적 감정을 외부로 표출하며, 이는 타인과의 관계를 파괴한다.
- **극단적 표현** : 자책과 공격적인 표현이 결합되어 대화의 파괴성을 극대화한다.
- **방어적 태도** : 부정적 평가에 지나치게 예민하여, 방어적으로 반응한다.

② 개선 방향

- **긍정적자기 대화 훈련** : 긍정적 자기 대화 연습을 통해 자기비판의 패턴을 교정한다.
- **감정 조절 훈련** : 분노 관리 및 감정 조절 기술을 배워 자신의 감정을 더 효과적으로 다룬다.
- **피드백 수용 훈련** : 피드백을 긍정적으로 받아들이는 연습을 통해 방어적 태도를 완화한다.

3. 자기동정 + 회피 = 오해 메이커

오해 메이커인 수진은 주변 사람들의 행동을 자의적으로 해석하여 오해하지만, 드러내어 확인하지 않고 오해를 키워가며 관계를 점점 악화시킨다. 스스로의 회피를 배려와 인내로 정당화하면서 행여 상대방이 솔직함을 요구하며 직접적인 표현을 하면 무례하고 거친 방식으로 몰아가기도 한다.

"내 욕하는 거 몰라서 말 안 하는 줄 알겠죠? 괜히 드러내어 주변 사람 불편해 하기 싫어서 그래요. 다 자기들처럼 무심하고 무례한 줄 알겠지만, 저처럼 세심하고 참을성 있는 사람들 덕에 분위기가 좋게 유지되는 거에요."

① 특징

- **타인에 대한 오해** : 타인의 표현을 자의적으로 해석하며, 이를 확인하지 않고 스스로 상처를 키운다.
- **회피적 행동** : 갈등 상황을 피하려고 하며, 이는 오해를 더 크게 만든다.
- **부정적 인식** : 자의적 해석과 부정적 인식이 커져 관계를 파괴하게 된다.

② **개선 방향**

- **명확한 소통 훈련** : 의문이 생길 때 추측 대신 즉시 확인하는 연습을 통해 오해를 줄인다.
- **적극적 경청 훈련** : 타인의 말을 적극적으로 경청하고 피드백을 주고받는 연습을 통해 정확한 이해를 돕는다.
- **자기동정의 재구성** : 자기동정의 감정을 긍정적으로 재구성하여 회피적 행동을 줄인다.

4. 자기동정 + 공격 = 남탓폭격기

영호는 모든 갈등과 문제의 원인을 상대방에게 돌린다. 자신은 무고한 피해자이며, 상대는 가해자이기 때문에 그를 비난하고 공격하는 행위는 매우 정당한 행위이다. 감정을 조절하고 제어할 필요는 없다. 나는 옳은 사람인데 상대방의 문제로 인해 피해를 받았기 때문에, 상대는 인정하고 자신에게 사과와 보상을 할 필요가 있다. 특히 하고 싶은 말이 있으면 당장 해야 속이 시원하다.

"대화를 피하는 사람은 비겁한거죠. 저는 할 말은 하는 사람입니다. 솔직하고 용감한게 무슨 문제입니까? 속이고 피하는게 문제지."

① **특징**

- **피해의식의 외향화** : 자신을 피해자로, 상대를 가해자로 여기며 비난한다.
- **과도한 표현** : 무례와 폭력성을 솔직함으로 포장하여 정당화한다.
- **대화의 강요** : 자신의 감정을 조절하지 않고 과도하게 표현하여 상대방을 몰아간다.

② **개선 방향**

- **피해의식 인식** : 자신의 피해의식을 인식하고, 이를 바탕으로 타인과의 관계를 재평가한다.
- **공감 훈련** : 타인의 입장을 이해하고 공감하는 연습을 통해 대화의 폭력성을 줄인다.
- **대화 기술 연습** : 자신의 감정을 객관적이고 효과적으로 표현하는 연습을 한다.

이상의 네 가지 유형을 통해 감정 조절의 미숙함이 어떻게 대화의 질을 떨어뜨리고, 인간 관계를 파괴할 수 있는지를 이해할 수 있다.

다만 이 유형들은 감정조절의 미숙함이 대화의 질을 떨어뜨리고 인간관계에 부정적 영향을 줄 수 있다는 것을 이해할 수 있도록 만든 참고용 자료일 뿐이다. 감정 조절에 미숙한 사람 중에는 하나의 성향만을 보이는 경우도 있지만, 많은 이들이 상대와 상황에 따라 다양한 모습을 보이기도 한다. 직장 내 상사에게는 회피형으로 대하면서, 동료나 부하 직원에게는 공격형이 되는 경우처럼 말이다. 문제가 발생했을 때 자기 비판적으로 자책 하면서도 남탓까지 하는 경우도 있고, 유·불리에 따라 스스로도 인지하지 못한 채 성향과 태도를 바꾸기도 한다. 동정심을 얻는 것이 나아 보이는 상황에서는 자책을, 누군가를 비난해야 자신에게 화살이 덜 쏠릴 것 같을 때에는 남탓을 하기도 한다. 인간의 감정은 이토록 순간의 본능에 좌우되기 때문에 늘 살피고 이해하면서 조절할 필요가 있는 것이다.

이러한 다면적 성향을 이해하면서 스스로를 돌아보며, 감정 조절을 위해 학습하고 꾸준히 노력하는 것은 매우 중요하다. 하지만 인지와 이해, 학습과 노력에 앞서 가장 먼저 갖춰야 할 것은 바로 올바른 마음가짐이다.

자기 자비가 필요하다

자기 인지가 부족한 상황에서 자기 동정에 빠져 본인과 주변을 모두 힘들게 만들거나, 지나친 자기 비판으로 인해 학대에 가까울 정도로 스스로를 고통으로 밀어넣고 있다면, 필요한 마음가짐은 바로 '자기 자비'다.

자기 동정이 자신의 아픔에만 집중하고 호소하는 것이라면, 자기 자비는 오히려 '내가 아픈 만큼 타인도 아플 것이다'라는 인식을 기본으로 한다. 모두가 고통스럽기 때문에 굳이 자신만 일방적인 배려와 도움을 받을 필요가 없음을 자각하는 것이다.

자기 비판이 다른 사람과 달라야 하고 더 나아야 한다는 부담감에 사로잡히는 것이라면, 자기 자비는 타인과 자신 사이의 우월성이나 차이점을 찾지 않는다. 오히려 무언가 대단한 일을 하지 않아도, 기대에 부응하지 않더라도 모두가 동일하게 소중한 존재라는 인식을 갖는 것이다.

자기 동정이 스스로 불러온 부정적 상황에 대해 회피하거나 남탓을 하는 것이라면, 또 자기 비판이 지나치게 엄격한 자책을 하는 것이라면, 자기 자비는 다른 접근을 취한다. 자기 자비는 인정과 반성, 책임을 수행하면서도, 스스로에게는 '사람이 살면서 실수할 수도 있지. 완벽할 수는 없어'라고 용서하면서 '이번 일을 계기로 더 나아지면 돼'라고 스스로를 격려하는 마음가짐이다.

자기 자비는 왜곡 없이 상황을 인식하면서, 긍정적인 마음가짐으로 힘을 내 보는 연습이다. 동시에 자신처럼 실수하고 서툰, 고통과 고난을 겪는 타인을 살피고 배려하는 과정을 통해 스스로에 대한 성숙함을 기르고 자부심을 키워내는 마음가짐이다.

아무리 힘들고 불운하더라도 타인에 대한 예의와 배려를 멈춰서는 안 된다. 그렇게 쌓인 자부심이 스스로에 대한 신뢰가 된다. 힘든 일이지만 그만큼 해낼 만한 가치가 있다.

① **인정과 수용** : 자신의 실수나 잘못, 부정적 자기 인식을 확인하고, 방어기제를 통한 왜곡이나 부정적 해석이 아닌 있는 그대로의 인정과 수용이 필요하다.

② **반성과 책임 수행** : 자신의 실수나 잘못으로 피해를 입은 대상이 있다면 최선을 다해 사과하고 책임을 져야 한다. 이는 대상과의 관계에 중요한 영향을 미칠 뿐만 아니라, 스스로에 대한 자부심이 신뢰로 발전하는 계기가 된다.

③ **자기 용서와 격려** : 책망과 비난 대신 스스로에 대해서 관용과 사랑을 보여야 한다. 아이의 부족한 성적표를 본 부모가 가혹하게 비판을 한다면 어떻게 될까? 겁에 질린 아이는 일시적으로 노력하는 모습을 보일 수도 있다. 하지만 장기적으로는 자신에 대한

믿음을 잃게 되며 부모의 애정을 잃을지도 모른다는 불안감에 더 많이 힘들어질 수 있다. 다정하게 용서와 격려를 한다면 어떨까? 안일해질까 봐 걱정하지만 대부분의 아이들은 자신을 믿어주고 사랑해 주는 부모에 대한 긍정적 감정, 자기 신뢰를 기반으로 더 큰 노력을 기울일 수 있게 된다. 자신의 내면 아이, 즉 자신에 대한 자비로운 사랑의 마음이 바로 자기 자비다.

④ **성장에 대한 다짐과 실질적 노력** : 자기 자비의 가장 중요한 마음가짐, "나는 더 나아질 수 있는 사람이다. 더 성숙할 수 있는 사람이다"를 기반으로 성장을 다짐하고, 실질적인 노력을 기울여야 한다. 기억하자. 스스로를 심각하게 동정할 필요도, 매정하게 비판할 필요도 없다. 더 나은 내가 되면 된다. 우리는 충분히 해낼 수 있다.

나를 성숙으로 이끄는 것은 비참한 자기 동정도, 가혹한 자기 비판도 아니다. 스스로를 자비로운 시선으로 바라보고 사랑해야 한다.

자신을 사랑하는 일은 어쩌면 타인을 사랑하는 일보다 더 힘들 수 있다. 우리는 자신에 대해 너무 많은 것을 알고 있기 때문이다. 하지만 어쩌겠는가. 나조차 사랑하지 않는 모습으로는 다른 사람과 원활히 교류할 수 없다. 자신의 성장 가능성을 믿고, 스스로의 편이 되어 주자.

3장

표현하기 : 존중

자기 인지를 통해 들어오는 자극을 잘 다루어 감정을 조절하는 데 성공했다면, 이제 올바른 '반응'으로 이어갈 차례다. 나와 상대를 위한 올바른 '반응', 즉 표현에 대해 이야기해 보자. 가장 중요한 코드는 바로 존중이다.

모든 대화는 존중이 우선이다

대표와 스피치 코치로 인연을 맺은 한 기업에 컨설팅 차 방문했다. 그분에게는 큰 고민이 있었다. 회사의 신사업을 이끌 팀의 B 팀장과 직속 상사 A 이사의 갈등이 너무 크다는 것이었다.

정보 확인을 위해 A 이사를 만났는데 그는 대뜸 이렇게 말했다.

"아, B 그 친구는 안 된다니까요? 제가 누차 말했듯, 사람 고쳐 쓰는 것 아닙니다. 고치라고 말해도 들어 먹지를 않아요!"

문제가 무엇인지 곧바로 알 수 있었다. 나는 곧장 대표에게 갔다.

"대표님, A 이사의 대화 방식과 피드백 스타일에 대해 먼저 이야기를 나누는 게 좋을 것 같습니다."

대표는 의아해 했다.

"A 이사가 B 팀장에게 주는 피드백은 방식이 조금 거칠기는 해도 꼭 필요한 내용이 맞습니다. 객관적으로 봐도 저 역시 동의하는 내용입니다."

"B 팀장도 아마 내용에 동의하지 못하는 건 아닐 겁니다. 다만, 내용만큼 전달하는 방식 또한 중요한데, 그 부분에서 A 이사의 방식과 언어는 매우 부적절합니다. 아마 지금 방식 그대로라면 B 팀장이 피드백을 제대로 수용하길 바라는 것은 무리입니다. 아무리 맞는 말이라도 싫어하는 사람이 기분 나쁘게 표현하면 일부러 반대로 행동하는 것이 인간이니까요."

'사람 고쳐 쓰는 것 아니다', '절대 안 바뀐다'.

맞다. 사람 잘 안 바뀐다. 10년 이상 강의를 하고, 코칭과 상담을 해 봤지만 사람들은 잘 바뀌지 않는다. 그런데 이 표현은 뿌리부터 잘못되어 있다.

애초에 '고친다'라는 표현부터 문제다. 이 표현은 오만하다. 자신이 상대보다 더 우월하다는 인식이 들어 있다. 직장의 상·하 관계가 우열을 나누는 것은 아니다. 나이가 많거나 직급이 높다고 상대를 존중할 필요가 없어지는 것이 아니다. 인간은 누구나 자신이 중요하다고 생각한다. 누군가가 자신을 업신여기면서 '고쳐 주겠다'고 말하는 걸 반길 사람은 어디에도 없다. 겉으로 드러나는 반응은 각자 다르겠지만 속으로는 이럴 것이다. '네까짓 게 뭔데.'

자신을 존중하지 않고 '고쳐야' 하는 존재로 본다면, 일부러라도 상대의 뜻대로 행동하지 않게 마련이다. 그래서 수많은 기업의 리더와 상사들이 실패한다. 사람을 자꾸 '고치려고' 하기 때문이다.

사람의 변화는 외부에서 고치는 것이 아니라, 자기 안에서 믿음이 바뀌어야만 가능하다. 변화의 주체는 타인이 아니라 경험하고 생각하는 자신이기 때문이다. 오직 자신만이 스스로 변화시킬 수 있는 것이다.

그렇기에 대화에서 꼭 기억해야 할 핵심 중 하나는 누구나 자기 자신이 가장 중요하다는 사실이다. 자신을 하찮게 여기는 사람, 중요하게 대하지 않는 사람에게는 마음을 열지 않는다는 것이다.

데일 카네기의 〈인간 관계론〉에는 수많은 지혜가 담겼지만, 하나의 내용이 가장 크게 와닿는다. 마주하는 상대에게 "당신은 내게 중요한 사람입니다"라는 메시지를 전하는 것이 인간 관계의 핵심이라는 것이다. 누구든 자신에게 중요한 사람에게는 진솔하고, 예의바르며, 최선을 다하는 모습을 보이게 된다. 집중과 애씀이 드러나는 것이다.

〈세바시(세상을 바꾸는 시간, 15분)〉, 방송 프로그램, 기업 및 기관 등에서 만난 사람들 중 내가 경험한 '대화 잘하는' 사람의 공통점도 여기에 있었다. 대화를 잘하는 사람들, 호감이 가는 사람들은 모두 나이와 학력, 직위와 명예, 부와 능력에 관계 없이 마주하는 상대를 중요하게 여기고 예의를 갖추는, 존중을 전할 줄 아는 사람들이었다. 1:1이든, 강연처럼 다수를 대하든 마찬가지였다. 올바른 대화를 통해 인간 관계를 잘 가꾸는 사람들은 누군가와 대화하고 소통하는 상황에서 늘 최선을 다했다.

존중은 단순히 상대를 "존중한다"고 외친다고 전달되는 것이 아니다(물론 나름 좋은 방법 중 하나일 수는 있다). 존중을 전하려면 사전 준비, 메시지 구상부터 표정, 태도, 자세, 시선, 억양, 용어 선정 등 사용할 수 있는 거의 모든 수단과 방법을 다 고려하고 활용해야 한다. 심지어 한 번 성공적으로 표현했다고 해서 상대가 바로 존중을 느끼지도 않기 때문에 결코 쉬운 일이 아니다. 하지만 당신이 대화에서 존중을 담아낼 수 있다면 상대의 호감을 얻는 것은 너무도 쉬운 일이다. 누군가의 마음을 변화시키고, 자신의 의지를 제대로 표현하고 반영시키기 위해 가장 먼저 필요한 것은 상대를 존중하는 것이다.

존중을 표현하는 핵심 코드 : 대화 준비

대화는 단순히 말을 주고받는 행위를 넘어서, 자신과 타인을 이해하고 관계를 발전시키는 중요한 과정이다. 이를 위해, 중요한 대화 전 준비는 존중을 담아내기 위한 필수적인 단계다. 자기 자신과 상대방에 대한 깊은 성찰 없이는 존중을 담은 대화가 이루어지기 어렵다.

자기 자신에 대한 준비

—

대화를 시작하기 전에, 자신의 감정 상태, 신체적 컨디션, 상대방에 대한 인식, 필요와 욕구, 그리고 추구하고자 하는 목표를 성찰해야 한다. 이는 대화의 방향성을 명확히 하고, 자신의 의도를 분명히 하는 데 매우 중요하다.

① **나의 감정 상태 파악하기**

현재 주로 느끼고 있는 감정은 무엇인가?

이 감정이 내 반응에 어떤 영향을 미칠까?

② **신체적 컨디션 확인하기**

오늘 나의 신체적 상태는 어떠한가?(피곤함, 활기참 등)

내 컨디션이 대화에 어떻게 영향을 미칠 수 있을까?

③ **상대방에 대한 인식 고찰하기**

상대방에 대해 어떤 선입견이나 기대를 가지고 있는가?

이러한 인식이 대화에 어떤 영향을 줄 수 있을까?

④ **내가 필요하고 원하는 것 명확히 하기**

이 대화를 통해 나는 무엇을 얻고 싶은가?

내가 진정으로 필요로 하는 것은 무엇인가?

⑤ **대화를 통해 추구하고자 하는 목표 설정하기**

이 대화의 최종 목표는 무엇인가?

목표 달성을 위해 어떤 점에 초점을 맞춰야 할까?

상대방에 대한 준비

—

상대방의 심리적 상태를 유추하는 것 또한 중요하다. 이는 상대방의 감정, 신체적 상태, 나에 대한 인식, 그리고 현재 상황을 포함한 다양한 요소를 관찰하고 해석함으로써 이루어진다. 상대방의 표정, 자세, 말투, 대화 스타일 등 대화의 순간에서 나오는 각종 신호를 통해 그들의 심리 상태를 이해하려 노력하며 대화에 임해야 한다.

① **상대방의 감정 상태 파악하기**

상대방이 현재 어떤 감정을 느끼고 있을 가능성이 높은가?

그들의 감정이 대화에 어떤 영향을 미칠 수 있을까?

② **상대방의 신체적 상태 관찰하기**

상대방의 신체 언어에서 어떤 신호를 읽을 수 있는가?(피로함, 긴

장감 등)

이러한 신체적 상태가 그들의 대화 태도나 반응에 어떻게 반영될까?

③ **상대방의 나에 대한 인식 고려하기**

상대방이 나에 대해 어떤 선입견이나 기대를 가지고 있을까?

이러한 인식이 대화의 흐름에 어떤 영향을 미칠 수 있을까?

④ **상대방의 현재 상황 이해하기**

상대방이 현재 처한 상황이나 문제는 무엇인가?

이 상황이 대화의 내용이나 방향에 어떻게 영향을 줄 수 있을까?

⑤ **상대방의 표정과 자세 해석하기**

상대방의 표정이나 자세에서 어떤 감정이나 의도를 읽을 수 있는가?

이러한 비언어적 신호들이 대화에 어떤 영향을 주고 있는가?

⑥ **상대방의 말투와 대화 스타일 분석하기**

상대방의 말투나 대화 스타일이 그들의 심리적 상태나 태도를 어떻게 반영하는가?

이를 통해 어떤 대화 전략을 취해야 할까?

이러한 준비 과정은 대화 중 발생할 수 있는 오해를 줄이고, 서로를 더 깊이 이해하는 데 기여한다. 또한 이 과정을 통해 대화의 효율성을 높이고, 더 의미 있는 교류를 가능하게 한다.

대화 준비 예시 : 부하 직원의 잘못에 대한 피드백

—

당신은 부하 직원에게 최근 중요한 프로젝트 마감일을 놓친 것에 대해 피드백을 주어야 하는 상황이다. 당신의 부하 직원은 열정적이고 착실한 성향이지만 눈치를 많이 보며 다소 쉽게 상처를 받는 경향이 있다.

이때 당신은 어떻게 '준비'하여 대화해야 할까?

많은 사람들이 부하 직원에게 주는 피드백 과정의 어려움을 호소한다. 직급이 올라가면서 겪게 되는 자연스러운 역할 변화에 따른 과정이지만 정작 어디에서 배우기 어려운 분야다. 게다가 워낙 다양한 대상별 특성, 환경의 차이, 피드백 내용의 종류에 따라 대화의 분위기나 방향성이 크게 달라지기 때문에 방법론적인 접근은 거의 불가능하다. 다만 꼭 지켜야 할 원칙, 확인해야 할 체크 리스트를 통해 미리 '준비'한다면 오해와 갈등을 줄이고 좋은 대화를 끌어낼 수 있을 것이다.

1. 마음의 준비

① 자신의 감정 돌아보고 인정하기

프로젝트 마감일을 지키지 못한 부하 직원으로 인해 상부에 보고를 제때 올리지 못했다. 나는 속상하기도 하고 믿었던 부하 직원의 잘못 때문에 화도 나고 실망도 했다. 하지만 부하 직원에 대한 애정, 평소의 좋은 행실에 대한 신뢰 등을 기반으로 그가 상처받지 않으면서도 더 성장할 수 있도록 이끌어 주고 싶은 마음 또한 확인했다.

② 신체적 컨디션 파악하기

나는 보고 타이밍을 놓친 것 때문에 지난밤 잠을 설쳤다. 뭉친 어깨도 신경이 쓰인다. 조금 짜증이 쉽게 날 수 있는 컨디션이라는 생각이 든다.

③ 상대방에 대한 인식 고찰하기

부하 직원은 성실하지만 다소 유약한 성격으로 알고 있다. 그래서 피드백을 주기에 꺼려지는 면이 있다고 느꼈다. 평소 늦는 법이 없었기 때문에 더 실망한 것도 있다. 뭔가 사정이 있을 텐데 미리 말하지 않은 점에 대한 갑갑함과 서운함도 자신 안에 있음을 알아챘다.

④ 내가 필요하고 원하는 것 명확히 하기

가장 먼저 일 처리와 보고가 늦은 이유를 알고 싶다. 서운함과 갑갑함에 대한 질책도 하고 싶지만 평소 아껴온 후배이자 소중한 팀원이기 때문에 상처를 주고 싶지는 않다. 다만 앞으로 이런 일이 반복되어서는 절대 안 된다고 생각한다. 내게 확실한 원인을 이야기하고 앞으로의 다짐도 말해주었으면 좋겠다. 또한 이번 일을 계기로 더 성장한 팀원이 되어 주었으면 하는 마음이 있다.

⑤ 목적에 집중하기

역할과 감정을 종합하여 볼 때, 나의 궁극적인 대화 목적이 분노 표출이나 상처 입히기가 아니라 문제의 재발 방지 및 부하 직원의 성장에 있다는 것을 확인했다.

⑥ 상대방 고려하기 – 감정 및 신체 상태 파악

부하 직원은 신경을 평소보다 못 썼는지 옷에 구김이 있는 상태며, 면도도 제대로 하지 못했다. 움츠러든 자세와 어두운 표정, 동료와 대화하지 않는 행위 등으로 미루어 볼 때 본인 잘못에 대해 이미 인지하고 있으며, 스스로를 책망하고 있다는 것을 확인할 수 있다.

⑦ 상대방 고려하기 – 나에 대한 인식 고려

깍듯한 말투와 조심스러운 행동 등 자신 앞에서는 유난히 다른 동료나 선배들에 비해 긴장한 듯 보였던 것으로 미루어 볼 때, 심리적인 거리와 부담을 가지고 있는 것으로 추정된다. 팀으로 함께 하게 된 후 아직 업무와 관련해서 깊이 있는 대화를 한 경험이 많지 않고, 사적인 이야기도 많이 나누지 못했으니 어렵고 불편한 상관으로 여기고 있을 가능성이 높다고 판단된다.

⑧ 상대방 고려하기 – 현재 상대방의 상황 이해하기

주변 동료의 말을 들어보니 아내와 아이가 함께 아파서 어쩔 수 없이 병간호를 하느라 업무에 차질이 생겼다는 것을 확인했다. 사적인 이유로 인한 영향이라 큰 죄책감과 불안감을 느끼고 있다는 정보 또한 입수하였다. 의욕적으로 맡은 일이라 끝까지 책임을 다하고 싶었지만 어쩔 수 없었을 것이라는 상황을 들으니, 예전에 나 자신도 비슷한 일로 힘들었던 시절이 떠올랐다.

2. 상대방에 대한 존중을 담은 대화

① 정서적 배려 표현부터 시작하라

"아내와 아이는 좀 어때? 괜찮아? 둘 다 아프면 정말 힘들지. 고

생 많았겠네" 등 상대에게 가장 큰 영향을 주는 사건·상황에 대해 질문하며 대화를 시작한다. 가장 중요한 것은 진심으로 상대를 위하고 관심을 가지고 있음을 표현하는 것이다.

② 상대의 상태 파악

피로한 기색, 잔뜩 움츠러든 자세 등 외면적 상태를 통해 그의 스트레스 정도를 파악한다. "죄송합니다"라는 표현과 떨군 고개를 통해 많은 반성을 하고 있다는 것도 알 수 있었다. 이를 통해 정서적으로 압박하거나 고통을 주지 않도록 신경을 쓰고 싶다는 생각을 했다.

③ 피드백 전달

피드백에 대해서는 여러 방법들이나 원칙들이 소개되어 있다. 간략하게 실제 적용 가능한 '4F 프레임워크'를 소개한다.

4F 프레임워크

Facts (사실) : 상황에 대한 객관적인 설명을 제공. 사건의 순서와 주요 순간들을 검토하며, 사실과 의견을 구분하는 데 주의.

Feelings (감정) : 상황에서 경험한 감정을 서술. 이 단계는 감정을 이해하고 소통하는 데 도움을 줌.

Findings (발견) : 상황을 통해 내리게 된 판단과 해석. 질책을 위한 원인 규명이 아니라 발전적인 방향을 위한 교훈, 배운 점 등을 찾는 데 주력하는 것이 좋음.

Future (미래) : 발견한 내용을 바탕으로 미래를 계획. 배운 내용을 어떻게 활용할지, 이미 변화된 것은 무엇인지, 어떤 선택지가 있는지 고려. 피드백 제공자는 기대 사항, 바람을 이야기하며, 피드백 대상 또한 미래에 대한 약속과 다짐을 제공.

적용하면 다음과 같다.

사실 : "알고 있겠지만, 이번 프로젝트 마감 기한을 못 지켜서 상부 보고에 차질이 생겼어.

감정 : ("예상 못한 일이라 당황스러운 게 사실이야. 사정이 있어서 그랬을 거라 생각하긴 했지만 그랬다면 미리 나한테 알려만 줬어도 좋았을 텐데. 이야기해 주지 않은 게 서운하기도 하고.")

※ 다만 위 사례처럼 상대가 가족이 아프고 죄책감에 시달리는 상태이기 때문에 감정을 그대로 전달하는 것은 자칫 배려없는 표현이 될 수 있다. 상황에 맞춰서

알맞은 수준의 표현을 하는 것이 좋다. 팀장 또한 자신의 가장 큰 욕구와 상대에 대한 배려를 담아서 개인적 감정을 최대한 조절하고 순화하여 표현했을 것이다.

"예상 못해서 나도 당황하긴 했어."

발견 : "늦어진 이유가 가족이 아파서라고 듣긴 했는데, 구체적으로 말해줄 수 있을까? 미리 상황 공유를 못 한 이유도 궁금하네."

미래 : "당연히 앞으로는 안 늦도록 애써 줄 거라 생각해. 이번 일을 계기로 어려운 일이 생기면 상황을 미리 공유해 줬으면 좋겠어. 도움이나 지원이 필요하다면 이야기해 주고."

④ 대화 마무리

아무리 배려를 담아 올바른 방법으로 전달했다 하더라도 부정적 행동과 결과에 대한 피드백은 아프기 마련이다. 격려와 응원을 담아 마무리할 수 있다면 상대는 자신에 대한 존중을 느낄 수 있을 것이다. "힘내 보자. 괜찮아! 잘 하고 있어!"

—

물론 대화가 이처럼 원칙대로, 예상대로 딱 들어맞게 진행될 수만은 없다. 하지만 기억하자. 대화는 소통의 소중한 기회다. 서로의 생각과 감정을 공유하고, 관계를 깊게 다지는 소중한 시간인 만큼 대화하기 전에 자신과 상대방에 대해 충분히 준비하고 성찰하는 것은 매우 중요하다. 준비를 통해 우리는 더욱 의미 있는 대화를 할 수 있다.

존중을 표현하는 핵심 코드 : 자아 확장

대화 상대방을 존중하는 일은 자아 확장이 있어야만 가능하다.

자아 확장은 나만 생각하는 나, 즉 '개인적 자아'에서 연결된 인간 관계를 고려하는 나, 일명 '관계적 자아'로의 확장을 뜻한다.

개인적 자아는 '나만 생각하는 나'로서 자기 중심적 시각에서 세상을 바라본다. 자신의 욕구, 필요, 감정에 초점을 맞추어 행동한다. 가장 중요한 것은 자기 만족, 감정의 해소이며, 대인 관계는 이를 위한 수단이다. 즉, 화가 나면 상대에게 화를 내고, 외로우면 애정과 관심을 일방적으로 요구한다. 감정을 충족시켜 주지 않는 사람은 원망하고 비난한다.

관계적 자아는 '연결된 인간 관계를 고려하는 나'로서 타인과의 상호 작용, 공감, 신뢰 등을 중요하게 여긴다. 자신이 중요한 만큼 타인도 중요하게 여기며, 애정 어린 대상의 욕구 충족을 통해 자신의 감정적 욕구도 충족되는 것을 잘 이해하고 있다. 순간적 감정 해소에만 집중하지 않고, 자신의 행동과 선택이 주변 인간 관계에 미치는 영향을 생각하며 행동한다.

'나만 생각하는 자아' '연결된 인간 관계를 고려하는 자아'

Sedikides, Gaertner, 및 O'Mara의 연구 "Individual Self, Relational Self, Collective Self : Hierarchical Ordering of the Tripartite Self" 에 따르면 일반적으로 개인적 자아의 욕구가 가장 기본적으로 간주되며, 가장 높은 동기를 갖게 된다고 한다. 타인의 그 어떤 고통보다 내 손가락에 박힌 가시가 가장 아프게 여겨지는 것처럼 말이다. 자아 확장에 대한 노력이 필요한 이유다.

자아 확장은 단순히 대화 기술을 넘어 관계 속에서 자신을 발전시키고 더 깊은 연결을 구축하는 개념이다. 이는 대화와 관계에 대한 우리의 접근 방식, 마음가짐을 보다 성숙하게 만들어 줄 수 있다.

자아 확장을 위한 핵심 질문

안타깝게도 우리가 대화를 아무리 철저히 준비한다 해도 예상대로, 희망대로 흘러가지는 않는다. 다양한 변수와 예상 못한 상대의 반응, 당황스러운 상황에 처하면 자아 확장에 어려움을 겪고 준비한 내용을 모두 잊어버린 채 순간의 감정 해소에만 몰입하게 될 수도 있다.

아래의 핵심 질문들을 기억하자. 자신과 상대방을 깊이 이해하고, 더 나은 소통을 위한 명확한 목표를 설정하는 데 도움을 준다. 명확한 목표는 길을 잃지 않고, 자아의 확장이 올바르게 일어날 수 있도록 도와줄 것이다.

① 대화를 통해 추구하는 궁극적인 결과는 무엇인가?

이 대화를 통해 나는 무엇을 달성하고자 하는가? 이익 달성, 성장, 관계의 심화, 혹은 상호 이해의 증진 등 다양한 결과를 기대할 수 있다.

② 대화 상대는 나에게 어떤 의미인가?

상대방과의 관계에서 나는 어떤 존재가 되고 싶은가? 나는 이 관계를 어떻게 발전시키고 싶은가?

③ 연결된 인간 관계는 누구인가?

이 대화에 영향받는 사람들은 누구인가? 그들은 나에게 어떤 존재인가? 그들에 대한 내 욕구는 무엇인가?

새어머니와의 갈등 사례를 통해 이해의 폭을 넓혀보자.

새어머니와의 갈등은 아주 오래 전, 재혼 초기부터 시작되었다. 마음의 상처와 우울증을 가진 상태였던 새어머니는 재혼 가정에 제대로 적응하지 못했다. 나와 누나들은 착하고 어른스러웠지만, 그래서 더 심리적인 거리감이 존재할 수밖에 없었다. 재혼 당시 새어머니는 서른 초·중반의 나이였다. 큰누나가 스무살이 넘었을 시기였고 그나마 막내였던 내가 중학생이었다. 철이 들 만큼 든 삼남매의 어머니가 된다는 것은 쉽지 않은 일이었을 것이다.

예민한 성격에 체력도 좋지 않았던 새어머니는 잔병치레가 잦았다. 컨디션이 안 좋으면 겉으로 많이 드러내는 성향이었던 탓에 집안 분위기는 자주 차가워지고 눈치를 보게 되는 경우가 많았다. 갈등의 중재자가 되어야 할 아버지마저 감정을 풀어내는 대화, 솔직하게 털어놓는 대화에 서투셨다.

예전과 너무도 달라진 집안 환경이 적응하기 어려웠던 나는 새어머니에 대한 불만이 생겼다. 어머니의 빈자리를 채우기는커녕 가정의 화목함을 깨는 존재라고 판단한 것이다. 과거와 비교할 수 없이 불편해진 집안 분위기에 새어머니에 대한 실망감과 원망이 조금씩 자리 잡았다.

물론 한 사람만의 잘못이 아니었다. 서로 맞춰 가는 과정이 필요하기도 했다. 하지만 사춘기를 맞이한 나는 응석은커녕 감정 표현

또한 제대로 하지 못하는 집이 마냥 불편했다. 불만, 서운함, 원망 등 부정적인 마음을 표현하고 싶은 때도 있었지만, 괜히 긁어 부스럼이 될까 봐 걱정이 앞섰다. '그래, 가족만큼 소중한 것이 없지. 나 때문에 괜히 문제가 생기면 안 돼. 내가 참고 맞춰야지'라는 생각으로 표현을 회피하고 감정을 억누르며 지냈다.

그렇게 서로에게 간신히 익숙해지고 미운 정, 고운 정이 들 만큼 시간이 흐르던 차에 비극이 시작되었다. 둘째 누나마저 친어머니와 같은 위암, 그것도 말기라는 사실을 알게 된 것이다. 가족 모두가 비상이 되어 누나의 투병 생활을 시작할 시기, 새어머니는 우울증 증상이 심해져 주변에 피해 의식을 보이며 부정적 영향을 크게 주기 시작했다.

우울증은 스스로 조절하기 어려운 마음의 큰 병이지만, 당시의 나는 그저 화가 났다. 가정을 지키고 아이의 건강 회복을 위해 힘 써야 할 어른이 오히려 모두에게 피해를 주는 모습이 보기 싫었다. 이기적이고 나약한 모습이라고만 생각되었다.

다시 한번 표현하지 않는 것이 모두를 위한 길이라는 생각을 하며 대화를 피했다. 누나를 떠나보내는 큰 슬픔에 갈등을 더하고 싶지 않았기 때문이다. 하지만 내 안에는 새어머니에 대한 부정적 인식과 감정들이 가득 쌓여만 갔다.

둘째 누나를 떠나보낸 지 수 년이 지난 후 어느 날, '쇼그렌 증후 군'이라는 질병으로 아팠던 새어머니는 자신의 고통을 토로했다. '검색해 보니 생명에는 지장이 없어서 다행이네요. 물 많이 드셔야 한다고 써 있으니 잘 챙겨 드시고 몸조리 잘 하세요'라는 내 문자에 '어쩜 사람이 아프다는데 그런 식으로 문자만 달랑 보내냐'면서, 서운함을 표현하는 전화를 걸어 오셨다. 하지만 타이밍이 좋지 않았다.

당시 나는 처음으로 공황발작을 경험하고 있었다. 회사 내부의 큰 갈등, 갑자기 닥친 경제적 어려움, 아내와 아이의 건강 문제, 무엇보다 장인어른의 병환으로 인한 시한부 판정 소식 등 수많은 걱정으로 공황이 와 버스에서 잠시 내렸던 딱 그 타이밍에 새어머니의 전화가 걸려온 것이다.

'나도 지금 정신 못 차리게 힘드니 나중에 이야기하자'라고 대답했는데, 새어머니는 그 말이 더 서운했는지 전화로 몹시 신경질적인 반응을 보였다. 나는 폭발했다. '언제나 자기 아픈 것만, 힘든 것만 중요하냐'며 화를 냈고, 그 말에 상처를 받은 새어머니의 일방적 통화 종료로 대화가 끝났다. 나는 진절머리가 났다. 지금껏 참을 만큼 참았다는 생각을 하며 인연을 끊기로 결심했다. 회피와 억누르기만 했던 감정이 올바른 대화를 하지 못한 채 오랜 시간 곪아, 결국 터져버린 것이다.

중재를 하려던 아버지께도 태어나 처음으로 서운함과 분노를 쏟

아내 버렸다. 격앙된 나를 보며 배우자로서, 며느리로서 어떻게 해야 할지 몰라 아내는 무척이나 난처해하며 힘들어했다. 어린 아들은 아무 잘못 없이 졸지에 할아버지 댁도 못 가고, 있었던 할머니의 존재를 잃게 생긴 상황까지 오게 되었다.

하지만 나는 매우 화가 나서 아무것도 눈에 들어오지 않는 상태였다. 생각하면 할수록 어린 시절의 부정적 기억들까지 죄다 소환할 정도로 분노만 깊어졌다. 절대 절연 결정을 철회하지 않겠노라고 다짐할 정도였다.

하나의 객체, 개인적 자아로만 자신을 인지하면 욕구, 필요, 감정에 초점을 맞추게 된다. 당시 나를 지배한 것은 분노와 원망이었다. 인간 관계, 상황 개선, 이후의 상황 등은 전혀 중요하게 느껴지지 않았다. 오로지 상처 입고 화가 난 나에게만 집중하여 어떻게 하면 더 이상 영향받지 않을 수 있을지, 내 감정을 풀 수 있을지만 생각했다. '그래, 어차피 안 보면 그만이야. 예전부터 그랬어. 나는 할 만큼 했고, 더는 못 참아.'

하지만 나와 연결된 다양한 인간 관계를 고려하니 전혀 다른 욕구들도 내 안에 있었다.

아버지를 사랑하는 아들로서의 나

아버지께서 행복한 노년을 보내시길 원했다. 손자가 집에 찾아와 함께 시간을 보내는 할아버지로서의 즐거움. 함께 사는 아내와도 화목하게 지내는 부부로서의 안정감. 대단한 효도를 해드릴 수 없더라도 소소한 행복을 만들어 드리고 싶은 마음이 아들인 내 안에 크게 자리잡고 있었다.

아내를 사랑하는 남편으로서의 나

안 그래도 눈치 잘 보는 여린 성격인 아내가 걱정 없이 편히 지내길 바라고 있었다. 사이에서 이러지도 저러지도 못하면서 발만 동동 구르는 모습을 마주할 때면 마음이 무거웠다.

아들을 사랑하는 아빠로서의 나

아들이 행복한 유년기를 보내길 원했다. 할아버지, 할머니와의 교류는 소중한 추억이라는 걸 잘 알고 있었다. 갈등과 원망, 분노로 인한 관계의 단절을 어린 시절부터 경험시키고 싶지 않았다.

새어머니에게 많은 정이 들었던 의붓아들로서의 나

나는 분명 새어머니가 모든 시간 동안 잘못만 한 것은 아니었음을, 많은 노력도 했음을 알고 있었다. 쉽지 않은 상황 속에서 힘들었을 마음, 애쓴 시간들에 대한 안쓰러움과 고마움이 있었다. 어쩌면 그녀 또한 결혼 후 단 한 번도 안정감을 느끼지 못했을 수도 있었겠다는 마음도 들었다. 더 좋은 아들로서 잘 대해 드리지 못한 지난 시간들에 대한 죄송함도 들었다.

—

그렇게 스스로의 마음과 기억을 돌아보며 생각을 전환하는 시간을 가졌다. 처음에는 시도조차 힘들었다. 생각하기도 싫었다. 분노와 원망을 인정하는 것조차 힘들었다. 하지만 관계적 자아를 인식한 순간부터 생각이 변하기 시작했다.

시간이 흐른 뒤 어느 날, 새어머니의 사과 메시지를 받았다. 어떤 이유에서 내가 그렇게까지 분노했는지 먼저 표현하지 않았는데도, 그녀는 자신의 행동으로 상처를 입었을 나에 대한 분명한 사과를 표현한 것이다. 이미 누그러져 있던 분노는 더욱 옅어지고, 오히려 먼저 표현해 준 그녀의 용기와 노력이 고마웠다. 나 역시 조금 더 애써보기로 마음을 먹었다.

모든 분노와 원망이 사라진 것은 아니었다. 새어머니에 대한 인식이 완전히 변화한 것도 아니었다. 하지만 나의 궁극적인 목표가 무엇인지를 상기하며, 소중한 관계들에 대한 욕구를 충실히 받아들이려고 마음먹으니, 개인적 자아보다 관계적 자아가 중요해지는 것을 분명히 느낄 수 있었다.

나는 다시 부모님을 뵙고 관계를 회복하기로 결심했다. 처음에는 많이 불편하고 어색했지만 조금씩, 천천히 대화를 시작했다. 쌓였던 과거의 감정이 틈틈이 올라와 많은 어려움이 있었고, 조금이라도 실망스럽게 느껴지는 일을 겪을 때면 포기하고 싶은 순간도 있었다. 그럴 때마다 ① 궁극적인 목표, ② 상대와의 관계, ③ 연결된 관계들을 꾸준히 떠올리면서 마음을 다잡았다. 그렇게 시간이 흘렀고, 서로 배려하고 이해하는 노력을 이어가면서 관계를 많이 회복했다. 지금은 매주 찾아뵙고 식사와 긴 대화를 할 정도로 함께 잘 지내고 있다.

—

모든 과거를 지울 수는 없다. 과거의 경험이 만든 인식도 단번에 바꿀 수는 없다. 하지만 우리는 알고 있다. 과거에 발목 잡힌 현재는 더 나은 미래를 가져오지 못한다는 것을. 새로운 믿음을 통한 노력만이 원하는 미래를 가져올 수 있음을 말이다. 개인의 감정 해소에만 매달려 과거에 머물러선 안 된다. 연결된 인간 관계를 고려하는 현명하고 폭넓은 선택을 통해 더 나은 미래를 만들자.

존중을 표현하는 핵심 코드 :
상대를 고려한 내용 구성

존중의 기본 원칙이 있다. 존중이란 중요한 외국인 파트너를 대

접하는 것과도 같다. 상대에 대한 존중의 의미로 그의 언어로 소통해 준다. 하다못해 내한한 외국 연예인도 "안녕하세요우" 하며 존중을 표현한다. 그렇다. 우리가 상대를 중요하게 여긴다는 마음을 표현하는 방식은 상대를 고려하고 배려해서 그의 언어, 방식으로, 적절한 비율을 생각하며 대화하는 것이다. 상대가 편안하게 느끼는 방식, 그의 내면 욕구를 충족함으로써 존중을 표현할 수 있다.

노벨상을 수상한 물리학자 리처드 파인먼은 브라질에서 강의 요청을 받았다. 포르투갈어가 서툰 파인먼은 자신을 위해 떠듬떠듬 영어로 이야기하는 브라질 학생들의 이야기를 거의 다 알아들을 수 있었던 것에 착안했다. 영어가 서툰 브라질 학생들 입장에서는 유창한 영어 강의를 알아듣기 어렵겠지만, 자신이 어설픈 포르투갈어로 강의를 하면 대다수가 이해할 수 있을 것이라는 생각이었다. 학생들은 그의 진심에 감동한 것은 말할 필요도 없을 정도로 당연한 일이었다.

존중 법칙 1 : 상대를 고려하라(Who & Why)

—

낚시터에서 낚시를 하던 손님이 낚시터 사장에게 불평을 한다.

"다른 자리의 사람들은 고기를 잔뜩 잡는데, 왜 이 자리만 안 잡히는 거요?"

사장은 그 이유를 확인하기 위해 자리를 둘러보다가 낚싯바늘에 지렁이가 아닌 초콜릿이 꽂혀 있는 것을 발견하고 그 이유를 손님에게 물었다.

그러자 손님은

"아, 내가 가장 좋아하는 것이 초콜릿이오"라고 자랑스레 답했다.

이런 사람이 정말 있겠냐고 웃을 수도 있겠지만, 놀랍게도 이런 사람들은 매우 많다. 스피치 코칭을 하면서도 자주 만날 수 있었다. 자신이 열심히 준비했고, 진심을 담았으니 당연히 상대가 잘 들어줄 것이라 믿는 사람들이다. 대중 강연부터 발표, 1:1 대화 등 종류에 상관없이 말하고자 하는 의지가 강한 화자가 자주 하는 착각이다.

명심하자. 당신에게 중요한 이야기라고 해서 다른 사람에게 중요하다는 보장은 없다. 게다가 본래 생각을 말로 바꾸어 전달하면 의도의 절반 수준만 전달된다. 그러니 어지간한 노력이 없다면 상대는 시큰둥할 수밖에 없다.

가장 먼저 고려해야 할 것은 듣는 이 즉, 상대방이다. 상대방이 누구이며, 왜 당신의 이야기를 들어야 할까를 생각해 보자. 이야기에 귀를 기울이고, 이해하려고 애쓰고, 반응하는 일들은 생각보다 수고로운 일이다. 그래서 대화를 원하는 사람, 의도가 있는 사람이 듣는 상대를 듣고 싶게 만들어야 한다. 그러지 않으면 대화 자체가 이뤄지지 않는다. 어떻게든 운 좋게 기회를 얻는다 해도 상대는 아주 무기력하고 무관심으로 대화에 임하게 될 것이다.

상대가 기대하던 반응을 하지 않는다고 해서 서운하거나 원망할 필요는 없다. 상대는 단지 이름이 제대로 적힌 초청장을 받지 못한 것뿐이니까.

소통의 욕구를 불러 일으키는 여러 요소가 있지만, 그중 가장 중요한 원칙은 인간은 누구나 '자신의 유익'을 추구한다는 것이다. 누구든 이로움이 전제되어야만 대화가 시작될 수 있다. 그러니 반드시 상대가 누구인지를 깊이 있게 고민하고, 상대의 입장에서 생각을 해 보아야 한다.

가장 중요한 질문을 기억하자. "Who?" "Why?"

내가 대화를 원하는 대상 즉, 상대방은 누구인가? 그 사람은 왜 내 이야기를 들어야 할까? 난 왜 그와 이야기를 하려고 할까? 내가 하려는 이야기가 그에게 '왜' 중요할까? 성공적인 대화, 존중을 담은 표현을 위해서는 이 질문들에 대해 분명하게 답을 할 수 있어야 한다.

대화 상대에 대한 정의

상대는 누구인가? 이름, 성별, 나이, 직업 등은 물론이며, 더 많은 정보와 이해가 이뤄져야 한다. 대화 준비에서 이야기했던 대로 나와 상대와의 관계, 상대의 성향, 취향, 표정과 자세 등의 비언어적 메시지, 상황 등을 종합하여 상대가 누구인지를 제대로 파악하고 정의해야 한다.

나와 상대의 대화 욕구 확인

나는 왜 상대방과 대화하려고 하는가? 무엇을 얻기 위해 대화하려고 하는가? 얼마나 중요한 욕구인가? 상대의 대화 욕구는? 상대가 나와의 대화를 어떻게 생각하고 있을까? 상대 욕구의 수준은 어떠한가? 상대의 욕구가 낮을 것이라 예측된다고 해서 미리 포기하라는 것이 아니다. 더 잘 준비해야 제대로 소통할 수 있기 때문에 사전에 짐작해 보아야 한다.

상황과 상태 살피기

상대의 상황과 상태는 어떤가? 대화에 집중할 수 있는 상황인가? 건강과 감정 상태는 어떻게 추측되는가? 매우 급하게 처리해야 할 일이나 연락 등이 있다면 소통에 적합한 타이밍이 아닐 것이다. 기분이나 컨디션이 좋지 않은 때에 성급히 소통을 시도한다면 풀어나가기 어려울 것이다. 모든 일에는 때가 있는 법이다.

이익과 가치

대화의 결과가 상대방에게 이로워야 한다. 나는 상대에게 어떠한 이로움, 유익함을 줄 수 있는 사람인가? 반드시 수익, 문제 해결, 배움 등의 이익만이 아니라 대화 과정 자체가 즐겁거나, 내용이 새롭고 흥미롭거나, 상호 관계가 증진되는 등 상대방 입장에서도 다양한 이익을 얻을 수 있다. 대신 이 모든 것이 가능하기 위해서는 자신이 먼저 어떠한 이로움을 줄 수 있는 대화 상대인지에 대해 알고 있어야 한다.

Who & Why를 잘 고려한다면 상대방 입장에서는 시작부터 기분 좋은 대화가 이뤄진다. 상대방을 고려하고 준비하는 것은 해도 해도 부족함이 없다.

존중 법칙 2 : 상대의 스타일로 대접하라

MBTI 성격 진단이 대화의 키워드가 된 것처럼, 내가 일하는 '폴앤마크'에서도 사고 유형을 나누는 4MAT이라는 진단을 사용한다. 학습하고 사고하는 유형을 알기 쉽게 정리해 놓은 이론인데, 공부하면 할수록 인간의 원천적이고 다채로운 특성에 대한 고찰이 너무도 깊고 뛰어나 저절로 고개를 끄덕이게 만든다.

이러한 성격 분석 또는 사고 유형의 진단 등 인간의 유형에 대한 이론의 목적은 '너는 ○○○한 사람이야' '너는 □□□ 하기 때문에 그런 거야'라는 일종의 '꼬리표 달기'가 아니다. 모두가 가진 특성이 다르고, 각각의 성향이 상황과 성숙도에 따라 때로는 강점으로, 때로는 약점으로 드러나곤 한다는 것이다. 그렇기 때문에 자신의 고유한 성향을 이해하고 성숙해 나가야 한다는 결론에 이른다.

사회에 나와 조직 생활을 해 보니 다양한 이론처럼 사람들 각각의 특성이 참 다르다는 생각이 든다. 일하면서, 서로 교류하면서 많은 부분이 드러난다. 나 또한 매우 특성이 잘 드러나는 성향이라 대부분의 동료들은 나에 대해 명확히 인지하고 있다. 다른 소속 강사들도 마찬가지로 개성이 강하기 때문에 우리는 서로 진단을 거치지 않아도 "딱 이러한 유형이지"라며 공감하곤 한다.

그런데 놀라운 것은 강의할 때 학습자들은 강사의 유형을 전혀 파악하지 못한다. 강사들이 가식적으로 행동하는 것도 아닌데, 거의 대부분의 학습자들은 유형 추측에 실패한다. 이는 강사들이 강의와 학습자를 대하는 마음가짐과 태도에서 비롯된 일이다. 강사들은 최선을 다해 상대의 욕구를 채우기 위해 애쓴다. 마치 사랑에 빠진 사람이 상대의 마음을 얻기 위해 없던 장점들을 보여주는 것처럼, 강의하는 강사들은 학습자들을 잘 '대접'하려고 극한의 노력을 기울이는 것이다. 어떻게든 학습자를 도우면서 좋은 교육을 하려고 노력하다 보니 자신이 가진 약점이나 한계를 강의장에서는 극복해

내는 것이다.

스웨덴에서 소통이 뛰어난 리더십의 핵심 요소를 분석하기 위해 성공적 리더—함께 일한 동료들이 '그 사람과의 협업 경험이 매우 긍정적이었다'고 응답한—들의 공통점을 찾기 위한 리서치를 했다. 자가 진단이 아닌 타인 진단, 즉 행동 기반 진단으로 이뤄진 리서치에서 리더들 행동의 공통점은 단 하나였다. 자신의 스타일을 아주 일정 부분만 유지한 채 상대의 업무와 소통 스타일에 조금 더 적극적으로 맞추어 주려는 행동을 자주 보였다는 것이다. 자신의 스타일을 상대에게 강요하지 않고, 최대한 상대에 맞춰 '대접'했던 것이다. 그 대접이 완벽하게 상대의 입맛에 맞지 않더라도, 서툴더라도 괜찮다. 대접 받는 상대 입장에서는 리더가 자신을 존중하고 있고 노력하고 있다는 느낌을 받았던 것이다.

사람마다 고유의 성향과 욕구가 있다.

먼저 나와 다른 어떤 성향들이 존재하는지 공부할 필요가 있다. 알면 스트레스가 덜하고, 좀 더 상대를 이해할 수 있게 된다. 4MAT, DISC, MBTI, 강점 진단 등 성향에 대한 수많은 연구와 교육이 이뤄지는 이유다.

틀린 것이 아니라 다른 것임을 늘 기억해야 한다.

그래서 스웨덴 리더들 또한 자신의 고유성을 아예 포기하지는 않은 것이다. '내 고유한 부분도 옳고 의미있는 것처럼, 타인들의 특성 또한 옳은 것이다. 모두 다르지만 틀리지 않다'라는 마음 가짐이 행동으로 드러난 것이다.

"낮과 밤은 다르지만 모여서 하루가 되듯, 우리가 하나 될 수 있는 이유도 서로 다른 덕분이다." - 인중 이정화

대화하기를 원하는 대상이 있다면 먼저 상대의 방식을 이해하고 욕구를 충족시켜 주기 위해 노력해야 한다.

예를 들어, 친밀감이 중요한 성향에게는 꼭 가벼운 안부를 물으면서 편안한 분위기로 대화하려고 노력하자. 효율을 중요하게 생각하는 사람에게는 최대한 본론부터 이야기하자. 자신의 방식과 달라 다소 어색할 수 있다. 존중은 그 어색함을 감수하는 것부터 시작이다.

대화는 서로의 다름에서 오는 차이를 좁히는 일이다. 대화를 시도하는 방식조차 너무도 다르다 보니 방식을 정하는 일부터 어려움을 겪곤 한다. 언어가 다른 외국인과 소통하기 위해서는 공통의 제

3언어를 사용하거나, 한 쪽의 언어를 사용해야 한다. 그래서 언어가 다른 상대를 만나면 상대방의 언어로 표현하려고 애쓰는 것이 존중을 담는 기본 방법인 것이다. 비록 완벽하지 않더라도 말이다.

상대의 방식을 존중하고 맞추려는 노력만으로도 존중이 표현되고, 긍정적 대화가 시작된다. 수많은 외국어가 있듯 각자에게는 수많은 방식과 욕구가 있다. 상대의 방식을 통해 존중을 표현하면서 긍정적 소통을 시작해 보자.

존중 법칙 3 : 대화의 비율

—

대학교 시절, 기숙사 같은 방을 쓰던 모태솔로 K 선배가 설레는 표정으로 다가왔다.

평소 관심 있던 후배와 저녁 데이트가 성사되었다며, 전날 내내 호들갑 떨던 바로 그 데이트를 마치고 돌아온 것이다. 그의 한껏 들뜬 표정을 본 나와 동기들은 "우와! 잘됐나 보다!"라며 "형! 오늘 어땠어요?"라고 물었다. K 선배는 "오늘 느낌 완전 좋아! 최고였어! 분위기도 진짜 좋았고, 잘된 것 같아! 무엇보다 대화가 진짜 잘 통하더라고"라며 어지간한 개선장군보다 더 위풍당당하게 말했다. 같은 방을 쓰는 동안 이렇게 행복한 표정은 처음 봤다.

평소 숫기도, '센스'도 없어서 기숙사 안의 대화에도 잘 참여하지 못했던 K 선배였기에 우리는 정말 놀랐다. 성공적인 데이트라니! 성공적인 대화라니! 하늘이 K 선배의 간절한 기도를 정말 들어주셨나 싶기도 했고, 두 사람이 진짜 천생연분일지도 모른다는 생각까지 들 정도로 충격적인 결과였다.

그렇게 기독교 대학생들로서의 신앙심마저 고양되던 우리들은 데이트 상대와 함께 방을 쓰는 여자 동기에게 메신저로 메시지를 보냈다.

"그쪽 반응은 어때?"

그런데 웬걸, 돌아온 메시지는 "말도 마"였다.

남자 기숙사와 여자 기숙사는 아주 작은 공간을 사이에 두고 있었는데, 역시 천국과 지옥은 멀리 있는 것이 아니었다. 여자 기숙사에서는 완전 침울한 분위기로 위로의 시간을 보내고 있다는 것이었다. 데이트한 당사자에게 물어 보니 자신의 생애 최악의 데이트였다는 것이다.

당시 우리 학교는 시내까지 30분가량 버스를 타고 나가야 했다. 심지어 배차 간격도 30~50분 정도로 몹시 길었기 때문에 미리 줄을 서지 않으면 최소 콩나물시루 입석, 자칫하면 다음 버스를 타야 했다. 둘은 30분 정도 일찍 만나 버스를 기다리며 대화를 시작했고, 그 때부터 버스 타고 시내로 나가는 내내 K 선배 혼자만 너무 흥분해서는 상대는 관심도 없는 분야의 이야기를 한도 끝도 없이 이어갔다는 것이다.

괜히 미안해졌다. 평소 기숙사에서는 그 주제가 나오면 나를 비롯한 남자 후배들이 잘 받아주지 않다 보니 대화의 욕구가 많이 쌓였었나 보다.

여자 후배가 예의상 친 맞장구에 더 신이 나 버린 선배의 입은 마치 'LA다저스 시절이 어땠나요?'에 대한 질문을 받은 박찬호 선수처럼 완전히 풀려버렸고, 그렇게 도망칠 곳도 없던 그녀는 최소 1년 치 인내력을 모두 소진하고 처량하게 기숙사로 돌아온 것이다.

모솔이던 K 선배만 이런 상황을 겪게 될까? 그렇지는 않다. 대화는 주고받는 게 기본인데, 대부분 '주는' 것에만 집중하곤 한다. 많은 사람들이 겪게 되는 상황, 하게 되는 실수인 것이다.

사실 데이트 상대였던 여자 후배도 자기 표현을 좀 더 해줄 필요가 있었다. 관심 없는 주제에 맞장구치는 것도 좋지만, 함께 공유할 수 있는 주제로 전환할 수 있도록 제안을 하지 못한 것도 아쉬운 부분이기는 하다.

하지만 대화를 하다 보면 암묵적으로 대화의 주도권이 주어지게 마련이다. 때론 나이나 경력일 수 있고, 적극성에 따라 결정될 수도 있다. 학교 선배이자 데이트 신청자로서 K 선배가 더 사려 깊게 경청하며 대화 비율을 조절했다면 둘의 만남은 동상이몽의 비극으로 끝나지 않았을 것이다.

—

누구나 자신의 의견을 말하고 싶어 한다. 듣는 걸 선호할 수는 있지만, 그런 사람도 때로는 말하고 싶다는 것을 기억해야 한다.

▶ 대화의 비율을 확인하라

① 상대는 충분히 말하고 있는지 틈틈이 살펴라.

② 대화에서 적정한 말하기의 길이는 약 20초 전후라고 한다. 상대에게 바통을 잘 넘겨주는 센스가 대화를 자연스럽게 만든다.

③ 대부분의 경우 내 점유율이 50퍼센트를 넘지 않는 편이 좋다. 조금 더 경청하려고 할수록 더 효과적으로 말할 수 있게 된다. 다만 너무 적게 말하고 있는 경우에는 적당히 비율을 늘려보자.

▶ 주제의 비율을 확인하라

① 누가 꺼낸 주제가 많았는가? 내 주제를 한 번 이야기했다면 상대의 주제를 다룰 수 있도록 자연스러운 질문으로 기회를 제공해야 한다.

② 너무 내 이야기를 하지 않을 경우 다소 방어적·폐쇄적으로 보일 수 있다. 대화의 연장선에서 맥락에 어울리도록 주제를 제안하는 연습을 하자.

▶ **끊임없이 살펴라**

① 대화에 집중하면서도 상대가 어떠한 상태인지 지속적으로 확인해야 한다. 표정과 톤, 자세, 제스처 등 비언어적인 신호들도 의미있는 신호다.

② 자신에 대해서도 살펴보자. 내 자세, 표정, 톤을 의식해 보자. 더 나아가서 내 감정 상태 또한 확인해 보면 객관적 시선을 유지하는 데 도움이 된다.

③ 중간에 화장실이나 전화 통화 등으로 틈이 나면 대화의 흐름을 짚어보는 것도 좋다.

대화를 통해 상대에게 주어야 할 것의 핵심은 "당신은 중요한 사람입니다"라는 존중의 메시지이다. 말로는 '당신이 중요하다'고 하면서 내 얘기만, 나만 말하면서 어떻게 존중을 표현할 수 있을까.

중요한 사람이라면 그가 하는 말, 그의 이야기 또한 중요하다.

존중 사례 : 광어 지느러미에서 배운 배려

—

동료들과 사무실 앞 초밥집에 갔을 때의 일이다.

광어 지느러미는 일본어로 '엔가와'라고 한다. 식감이 쫄깃하고 고소한 맛이 일품이라 평소에 매우 좋아하는 부위인데, 동료들도 좋아해서 네 조각을 추가로 주문하기로 했다. 화장실에 가는 김에 내가 주문을 했는데, '엔가와'라는 말이 잘 생각이 나지 않았다. 그냥 광어 지느러미를 시키면 될 것을 후배들과 동료들 사이 나름 미식가로 알려진 먹돌이기에, 전문가인 척 어설프게 일본어를 쓴 것이 화근이었다.

"아까미 네 조각 주세요."

내가 자리를 비운 사이, 예쁘게 담겨 나온 참치 초밥.

"어, 광어 지느러미 시켰는데?"

돌아오니 동료들은 잘못 나온 초밥 이야기를 하고 있었다.

'아차! 아까미는 참치 몸통인데!'

부끄러워서 말을 못 하고 있었다. 내 실수라는 걸 말하고 대충 얼버무리려던 순간, 주문을 받은 남자 직원이 다가와 꾸벅 고개를 숙이며 입을 열었다.

"죄송합니다. 제가 일본어를 잘 몰라서 착각했나 봅니다. 다시 가져다 드릴까요?"

오래 일한 베테랑 직원이 일식집에서 자주 접하는 간단한 일본어를 모를 리 없을 텐데, 내 체면을 위한 배려를 해 주신 것이다. 물론 내 무식함을 털어놓고 '으이그' 소리 들으며 웃을 수 있는 격없는 동료들이지만, 참 고마운 마음이 느껴졌다.

그분은 아마 아예 기억에도 없을 정도로 작은 배려였을지 모르지만 나는 아직도 광어 지느러미를 먹게 되면 늘 생각이 난다. (덕분에 '엔가와'와 '아까미'는 절대 안 잊어먹는다. 그리고 이젠 그냥 '광어 지느러미 주세요'라고 한다.)

—

사회 생활을 하다 보면 누군가 매우 곤란한 상황에 처했을 때 가벼운 배려만으로 큰 도움을 줄 수 있는 상황이 있다. 그 배려를 흔히 '센스'라고도 한다. 상대의 체면을 세워주고, 곤란한 상황을 탈출시키는 작지만 따뜻하고 세심한 마음. 나보다 상대를 조금 더 생각하고, 표현해 주는 행동. 사람들은 입을 모아 이야기한다. 센스 있는 사람을 어떻게 싫어하냐고.

① **관심을 바탕으로 상대 입장에서 생각해 주는 것이다.** '내가 만약 저 상황이라면?'이라는 생각에서 배려가 시작된다.
② **도움이 필요한 부분을 살펴 먼저 손을 내밀면 된다.** 말하기 전에 도울 수 있으면 좋지만 꼭 그러지 않아도 된다. "도와 드릴까요?"라고 물어보는 것부터 시작하자.
③ **대단한 도움이 아니어도 된다.** 사소한 마음 씀 하나가 큰 감동이 된다. 괜한 오지랖이 될까봐 걱정하지 않아도 된다.

사람의 마음을 얻는 것은 아주 작은 배려부터 시작된다.

짧은 이야기 하나를 살펴보자.

빛나는 샹들리에 아래 화려하게 꾸며진 홀은 즐거운 웃음과 음악으로 가득 차 있었다. 모든 손님들은 멋진 복장을 입고 서로를 위해 잔을 부딪치며 행복한 시간을 보내고 있었다. 매번 새로운 인물들로 구성되는 이 사교 모임은 한 해 딱 한 번만 열리는, 각계 각층의 저명한 인물들만 참석할 수 있는 특별한 파티였다. 참석했다는 것만으로도 모든 사람들의 선망의 대상이 될 정도로 대단한 자리. 특히 이 날 밤은 세기의 파티가 될 것이라고 모두 입 모아 말할 정도였다.

하지만 한 테이블에서 어색한 공기가 흘러나와 홀에 퍼져나가기 시작했다. 마지막으로 참석한 손님이 도착했을 때, 이미 모든 좌석이 가득 차 있었던 것이다. 모든 눈길이 서로를 향했다. 초대받지 않은 사람이 누구인지를 의심하는 은밀한 시선들이 교차했고, 순식간에 파티의 기운이 싸늘하게 식고 있었다.

그때 낮고 차분한 목소리가 공기를 가르며 울려퍼졌다. "제가 착각했네요. 죄송합니다."

모든 이의 시선이 그 목소리의 주인공에게 쏠렸다. 한 중년 남자가 조용히 일어나 가볍게 목례를 하고, 복장을 단정히 고치며 조용히 파티장을 빠져나가고 있었다. 손님들은 안도의 한숨을 쉬며 다시 파티 분위기를 되찾기 시작했다. 음악이 다시 흘러나오고, 웃음

소리가 홀을 채웠다. 주최자도 안심한 듯 손님들에게 다가가 이야기를 나누며 환하게 웃었다.

하지만 주최자는 자신이 제일 먼저 초대한, 그날의 가장 중요한 인물을 파티가 막을 내릴 때까지도 찾을 수 없었다. 초대받지 못한 손님이 느낄 창피함을 대신 짊어지고 나갔던 것이다.

존중 사례 : 팩트 폭행

—

오랫동안 회사의 대외 비즈니스 업무를 총괄하고 책임지던 팀장. 격무에 시달리던 그를 위해 오랜 시간 함께 일 한 리더들이 방법을 찾기 위해 애쓰다가 하나의 아이디어를 냈다. 해당 팀장이 조금 더 편하고 효율적으로 일 할 수 있도록 업무 범위를 조정해 주는 것이었다. 조정을 하면서 다양한 의견을 나누던 중, 팀장이 고객사와의 커뮤니케이션에서 어려움을 겪던 구조적 어려움을 해결하기 위해 팀장 권한을 향상시키면 어떻겠냐는 제안이 나왔다.

하지만 팀장과 오래 일 한 리더 A가 반대했다. 이유는 해당 권한을 소화할 역량이 팀장에게 없다는 것이다. 그 권한은 리더나 강사 고유의 영역이고, 회사 서비스의 핵심이며, 고객 만족도에 문제가 있을 수 있는 영역이라 관련된 역량이 갖춰지지 않은 팀장에게 위임할 수 없다는 것이었다.

팀장은 자신의 역량이 부족하여 고객의 만족을 시킬 수 없음을 받아들였다. 일하는 동안 해당 분야를 충족시킬 정도로 역량이 계발되지 않았다는 사실을 인정했고, 오히려 자신이 원하거나 알맞은 분야가 아니었는데 열심히만 하느라 발전 없이 힘만 들었음을 인지하게 되었다며, 그걸 알게 해 준 리더A에게 오히려 고마움이 들었다고 말했다.

물론 처음부터 인정하고 깨달은 것은 아니었다고 했다. 역량 부족에 대한 이야기를 들은 날, 몹시 서운하고 화가 났다고 한다. 회의감과 상처로 힘든 하루를 보냈다고도 했다.

회의 다음 날 사직서를 내면서 남긴 말이었다.

리더A가 사실이 아닌 말을 한 것은 아니다. 공격하려고 던진 말도 아니었다. 팀장이 스스로 인정했듯 맞는 말이었다. 다만 같은 말도 다르게 전할 수 있었을 것이다. 상대의 기분과 상태, 상황을 고려하여 조금 더 세심하게 고민하고 전했다면 같은 메시지여도 덜 아팠을 것이다. 맞는 말이라고 안 아픈게 아니고, 꼭 그 표현만 있는 것은 아니니까.

팀장의 퇴사 결정이 개인과 회사에 이로운 결과로 이어질 수도 있다. 팀장도 리더A의 말에 상처입지 않았다고 해서 참 다행이기도 했다. 긍정적 깨달음을 얻게 만든 좋은 계기였을 수도 있다. 다만 리더A가 팀장을 도우려는 의도라는 것을 오해없이 받아들일 정도로 둘 사이에 오랜 경험과 신뢰가 있었기에 망정이지, 그렇지 않았다면 큰 상처와 갈등이 야기될 수도 있었다. 어떤 상황일지라도 상대 입장을 고려하여 말할 필요가 있다.

직설적인 대화는 메시지가 명확하게 잘 전달되고 효율적이지만 늘 옳은 것은 아니다. '팩트 폭행'도 엄연히 '폭행'이다. 같은 말이라도 상대를 배려하면서 할 수 있다면 훨씬 더 유익한 대화가 될 수 있다. 말을 뱉기 전에 상대가 어떻게 느낄지를 깊이 있게 감정이입해 본다면 아프지 않은 말을 할 수 있다. 괜히 '바른 말'의 파트너가 '고운 말'이 아니다.

① **늘 상대의 감정을 추론하자.** 대화의 목적이 정보 전달만은 아니다. 입장과 상황에 따라 어떠한 말도 상처가 될 수 있다.

② **같은 말도 순화하는 연습을 하자.** 솔직한 장점을 유지하면서도 따뜻할 수 있다.

③ **자신이 하는 말의 영향력을 고려하자.** 직위가 높거나, 효율적이고 명확한 언어 습관을 가진 사람일수록 자신의 말의 영향력을 미리 알고 고려해야 한다. 날카로운 칼일수록 잘 보관해야 하듯이.

존중 사례 : 위로와 조언의 원칙

고교 시절의 친구들과 만났다. A와 B, 둘은 지금도 아주 가까이 살며 형제처럼 지내고 있었고, 나는 최소 10년 만에 만나는 사이였다.

그중 최근 어려움에 빠진 친구 A. 가까운 관계에서 곤란함을 겪는 아주 속상한 상황이었다. 사실 만나게 된 계기도 A가 내게 건 취중 전화 때문이어서, 주제는 자연스럽게 A 이야기로 흘렀다.

상처도 많이 받고 에너지도 소진된 A를 보니 마음이 아팠다. 한참을 털어놓던 A는 자주 만나는 친구 B에게 "너는 어떻게 생각하는데?"라고 물었다. 묵묵히 듣고 있던 B는 "네가 알아서 잘 하겠지"라고 답했다. B는 평소에도 아무런 판단을 하지 않고 A의 이야기를 전부 들어주고 있었으며, A는 그런 경청과 판단 없는 격려가 위로가 되고 힘이 된다고 했다.

B의 무조건적인 경청과 판단 없는 격려는 마치 개그맨 장동민과 유재석의 일화를 떠올리게 했다.

> 큰 우울에 빠졌던 장동민은 유재석에게 갑작스럽게 대화하고 싶다며 연락했습니다. 둘 사이에 특별한 왕래도 없던 관계였음에도 불구하고 유재석은 장동민의 요청을 흔쾌히 받아들였고 장동민은 유재석에게

자신의 고민과 어려움을 한참 동안 털어놓았습니다. 유재석은 이야기를 끊지 않고 경청한 후 조언하기보다는 "내가 어떻게 너의 마음과 상황을 다 이해하겠니"라는 표현으로만 반응했습니다. 경청과 공감은 장동민에게 어떠한 조언보다 큰 위로와 도움이 되었습니다. 이후 장동민은 유재석을 "내 인생을 바꾼 사람, 가장 먼저 보답해야 할 사람"으로 여기게 되었습니다.

① **위로는 경청에서 시작한다.** 상대의 말을 그대로 경청해서 듣는다는 것만으로도 큰 위로가 된다.
② **답을 몰라서 힘든 것이 아닌 경우가 많다.** 털어놓지 못해서, 정리하지 못해서 힘든 사람에게는 믿어주는 것이 큰 힘이 된다.
③ **마음속 이야기를 털어놓을 수 있는 관계**는 이처럼 큰 힘이 된다. 다만 갑자기 이뤄지는 관계가 아니다. **상호 간 대화를 꾸준히 해야 만들 수 있다.**

나는 어땠을까. 심각한 문제를 해결하는 데 애를 먹으며 난처해하는 그에게 해결 방향을 제시해 주고 싶었다. 비슷한 문제를 해결한 경험도 있고, 전문 지식도 있었다. 친구를 위해 조언을 꼭 해 주고 싶었지만 조언이라는 것이 대화에 좋은 것만이 아님을 알고 있었기 때문에 고민이 됐다.

조언은 상대가 요청할 때에만 해 주는 것이 원칙이다. 요구하지 않은 조언은 참견과 간섭이 될 수 있다. 주는 사람, 받는 사람 모두에게 서운함과 상처가 될 수 있다.

이야기를 들으며 내내 생각을 정리하고 한참을 고민한 나는 친구에게 물었다.

"내가 꼭 해주고 싶은 조언이 있긴 한데, 그냥 참고 삼아 들어줄래?"

나는 이렇게 말을 이었다.

"내 말대로 안 해도 돼. 수긍하지 않아도 괜찮고. 내가 관련된 경험이나 지식이 있어서 꼭 참고했으면 하는 마음에서 하는 말이야. 괜찮겠어?"

조언의 정답은 무엇일까? 조언에 관해 기억해야 할 것이 있다.

① **조언이 상대만을 위해서가 아님을 인정해야 한다.** 자기 욕구를 충족하기 위해서라는 걸 받아들인다면 자신의 의견이 채택되지 않더라도 괜찮을 수 있다. 친구가 내 뜻대로 하기만을 바라는 게 아니라, 참고가 되어 잘되길 바라며 지식과 정보를 전달했을 뿐이다. 돕고자 하는 내면의 욕구를 따른 것이니 결과가 어떻든 괜찮을 수 있었다.

② **조언 받는 사람은 순수한 선의로 받아들일 필요가 있다.** 내용 대신

마음만 받아들여도 된다. 심지어 상대가 나를 통해 우월감을 느끼려는 불순한 의도일지라도, 받아들일 때 좋게 해석하면 그만이다. 반드시 자신이 결정을 주도해야 할 수 있는 해석이다.

조언을 위한 체크 리스트

① 진심으로 도우려는 의도인가?

그렇다면 받아들여지지 않더라도, 고마워하지 않더라도 정말 괜찮아야 한다. 보상 심리가 자신 안에 있지는 않은지 점검하자.

② 조언을 해도 될지 먼저 요청해라.

요청 없는 조언은 자기 만족을 위해서 하는 것임을 기억하자. 도우려는 의도 또한 일종의 자기 만족이다. 채택도, 거절도 상대의 권한이다.

③ 먼저 마음을 듣고, 믿어준 후에 조언을 건내야 한다.

친구B가 없었다면 내 객관적이고 전문적인 의견도 전해지지 않았을 것이다. 반드시 경청과 위로, 응원이 먼저다.

④ 결정은 당사자의 몫이다.

조언은 수많은 시선 중 하나를 전달할 뿐, 언제든 조언이 꼭 옳지 않을 수 있다는 마음을 잘 유지해야 한다. 조언 자체를 거부할 수도 있고, 조언을 듣고도 그대로 하지 않을 수도 있다.

고맙게도 A는 조심스러운 내 진심을 오해 없이 받아들여 주었다. 잠깐의 조언을 듣고 서로의 생각을 나눈 뒤 우리는 옛 추억으로 주제를 전환하여 대화를 이어갔다.

나중에 친구 A에게서 연락이 왔다. 친구는 조언대로 하진 않았지만 해준 내 마음이 고마웠다고 말해주었고, 나는 조언이 받아들여지지 않았지만 전혀 거북하거나 서운하지 않았다.

조언은 나쁜 것이 아니다. 다만 조심해야 한다. 조언은 자칫 상대에 대한 존중과 신뢰가 없는 것처럼 비칠 수 있기 때문이다.

존중 사례 : 인정 표현

나는 음식점, 미용실, 과일가게, 채소가게 등의 단골손님이자 VIP이다. 돈을 많이 써서? 아니다. 자주 가서? 그것도 아니다. 작은 감사를 제대로 표현해서 그렇다.

친구네 집에서 밥 한 끼를 얻어먹더라도 특히 나를 예뻐해 주셨다. 복스럽게 먹어서 그럴 수도 있지만 감사 표현을 아주 잘 한 덕이 크다. "잘 먹었습니다" "감사합니다" 이런 식으로 말하는 경우가 없다.

식당에서 "어서오세요"라는 말을 듣는다고 환영받는 느낌이 들지 않듯, 감사와 인정의 표현은 통상적 · 기계적으로 말하면 아무런 의미가 전해지지 않는다.

나는 기왕 말할 상황이면 의미를 담아 제대로 말한다. 길게 말할 필요가 없다. 정확하고 구체적으로 말하면 된다. 맛있으면 뭐가, 어떻게 맛있는지를 콕 집어서 말하는 것이다.

"와, 찌개 국물이 진짜 시원해요!"

"사장님, 부드러운 수육이 먹고 싶어서 왔는데 딱 좋았습니다. 덕분에 만족하고 가요!"

특히 자부심을 가진 부분을 미리 드러내는 경우가 많다. 주문받을 때부터 강하게 드러내는 사람도 있고, 가게에 자랑스레 적어두는 경우도 많다. 그럴 때는 "말씀하신 대로 역시 다르네요" 정도만 말하면 된다.

상대방의 장점이 내게 어떤 이로움으로 다가왔는지를 말해주는 것도 좋다. 기계처럼 이뤄지는 사소한 서비스라도 감사를 표현하면 상대방은 매우 기뻐하고 즐거워한다. 상대의 서비스에서 포인트를 찾고, 나에게 어떤 좋은 영향을 주었는지 알려주면 된다.

예를 들어 미용실에서 보조 디자이너들이 머리를 감겨주며 두피 마사지까지 가볍게 해 준다. 그럴 때 "오늘 머리도 아프고 피곤했는데 훨씬 개운해졌어요. 고맙습니다"라고 말한다.

이렇게 감사를 구체적으로 표현하면서 나에게 어떤 영향을 주었는지까지 말하면 상대방이 오히려 "표현해 주셔서 너무 감사해요.

다음에 다시 오시면 제가 이름 꼭 기억해 두고 제가 직접 머리 감겨 드릴게요"라며 한껏 들뜬 목소리로 이야기하곤 한다.

인정의 말을 잘 하니 서비스도 많이 준다. 그러면 나는 그 서비스에 대해 또 다시 인정과 고마움을 담는다. 몇 년 만에 찾은 가게도 나를 기억하며 반가워한다.

나 또한 작은 인정의 말을 듣고 감동한 일이 있다. 한국 야구계의 양신, 양준혁 씨와의 일이다. 내가 코치한 강연자, 기업인들 대부분은 강연을 마치고 나면 내게 직접 고마움을 표현한다. 그렇지만 여러 사람이 있는 자리, 자신이 빛날 자리에서는 내 존재를 크게 인정해 주거나 고마움을 표하는 경우가 흔치 않다. 충분히 이해한다. 강연이나 발표 등에서 내 역할은 가이드가 되어 길을 안내하고 촉매가 되어 제대로 이해할 수 있도록 돕는 것일 뿐이기 때문이다. 대체로 유명인일수록 더 그렇다. 많은 방송과 강연에 초대되어 말하기, 대화 능력에 대한 나름의 자부심이 생겼을 테니까.

하지만 양준혁 씨는 달랐다. 강연 자리에서도, 사회인 야구팀 회식 자리에서도 그랬다.

해설 평가 상승, 성공적 강연에 대해 사람들이 칭찬할 때 오롯이 내 공로로 인정하며 나를 알렸다. 그 자리는 양준혁이란 사람의 지인들, 그를 치켜세우는 자리였는데도 나를 존중해 주었다. 그래서 나도 진짜 형으로 생각하고 따른다.

거창하게 과장할 필요도 없다. 교류하는 상대의 자부심을 알아보고, 나에게 준 좋은 영향을 올바르게 인정하기만 해도 마음을 얻을 수 있다. 자신을 알아봐 주는 사람에게 목숨까지 바친다고 하는 말이 괜히 나온 것이 아니다.

인정 체크 리스트

① 상대방의 장점을 찾는다.

② 장점이 내게 준 영향을 구체적으로 이야기한다.

③ 상대가 온전히 인정을 받을 수 있도록 배려한다.

존중을 표현하는 핵심 코드 : 경청

상대의 방식으로 소통하기 위해, 상대의 욕구와 스타일을 이해하고 존중을 표현하기 위해서 가장 먼저 해야 할 일은 바로 경청이다. 일단 들어야 알 것 아닌가? 흐름을 파악해서 자리에 어울리는 위트와 유머, 호응을 하기 위해서는 잘 들을 필요가 있다.

존중을 표현하는 경청 : 흐름 파악

—

제주도 게스트하우스에서 있었던 일이다. 많은 사람들이 둘러 앉아 대화를 나누는 자리가 마련됐다. 그날 새벽까지 모두 함께 대화하며 즐거운 분위기가 이어졌다. 그 덕분에 서로 친해져서 전화번호도 나누고, 몇몇은 서울에 올라와서도 여러 번 만나기도 했다. 다시 만난 자리에서 지인 한 명이 그날의 재미있는 자리는 내 덕분이었다고 이야기했다. 나를 정말 재미있는 사람으로 기억하고 있었다.

게스트하우스에서 나는 자연스럽게 진행하며 한 명 한 명의 소개를 듣고 거기에 맞춰 호응해 주었다.

사실 내가 한 것은 사회자처럼 대화의 비율을 조절하면서 서로가 어색하지 않게 첫 소개를 할 수 있게 도왔을 뿐이다. 이야기를 잘 듣고 그의 이야기가 더 재미있어지도록 맞장구를 치면서 말이다.

예를 들어 '야구를 좋아하는 친구 둘이서 제주 여행을 왔다는 서른 중반 남성이 이야기를 하면 '저도 야구 좋아하는데' 하면서 연결고리를 만들거나 '와! 서른 넘어서 친구 둘이서 여행 오는 경우는 별로 없지 않아요? 좋은 친구 부러워요' 하면서 치켜올리기도 했다.

주식투자자라는 사람에게는 '저도 관심이 있었는데 싹 사라졌어요. 제 이름처럼 전종목 하락을 맛보고 나니까요'라며 너스레를 떨기도 하면서 짧은 소개에도 관심을 가지고 맞장구를 위해 애를 쓰는 모습을 보인 것이다. 그러니 옆에서도 조금씩 거들며 분위기가 좋아졌다. 게다가 내가 맞장구를 쳐 준 당사자는 나에 대해 '정말 제대로 듣고 반응해 주는 사람'이라는 인상을 가지게 된다.

잘 들어야 농담도 가능하다. 인터넷에 보면 정말 재치 있는 댓글이나 유머글이 많다. 다만 그 자체를 어울리지 않는 상황에서 전달하면 제 아무리 재미있는 유머라 해도 현실에서는 분위기가 싸늘해진다. 눈치껏 상황이 맞을 때 관련된 이야기를 하는 것이다.

무언가 자신의 주제를 말하기 위해 차근차근 쌓아 나가는 것을 빌드 업Build-up이라고 한다. 상대의 관심사, 의견, 감정 등을 반응을 보며 고려하면서 대화의 깊이와 범위를 확장해 가는 것이다. 빌드 업은 스스로 차근차근 할 수도 있지만 최고의 빌드 업은 자연스러운 상황과 대화 가운데 이어져야 한다. 다양한 상황과 주제에 맞춰서 재미있는 이야기를 던지려면, 무조건 집중하고 잘 들어야 가능한 일이다.

〈무한도전〉 초기, 버라이어티에 적응하지 못해서 위축되었던 정형돈은 "가장 힘들 당시, 제일 좋아하는 선배가 해준 이야기가 있다"며 "박수홍 씨에게 고민을 털어놓자 김국진 씨가 한 말을 내게 말해줬다"라고 말하며 입을 열었다.

"제일 웃긴 사람은 말을 하는 사람이 아니라 제일 잘 들어주는 사람이다. 너무 웃기려고만 하면 흐름을 놓치고 상황에 안 맞는 얘기를 하게 되니까 뒤처지는 거다"라는 김국진의 이야기 덕분에 억지로 웃겨야 한다는 강박에서 벗어나 먼저 잘 듣기 시작하면서 슬럼프를 극복할 수 있었다고 한다.

대화는 흐름이 중요하다. 흐름을 알아야 재미와 감동, 호감과 즐거움을 줄 수 있다. 흐름을 알기 위해서는 먼저 잘 듣는 수밖에 없다. 서핑을 하려면 먼저 파도를 잘 읽어야 하는 것처럼 말이다.

존중을 표현하는 경청 : 분석적 경청

경청은 당연히 상대를 이해하고 존중하기 위해 매우 중요하다. 그런데 사람들이 오해하는 것이 있다. 경청하는 방법이라고 하면 '잘 듣는다' 정도로 생각한다. 좀 더 나아가면 '고개를 끄덕인다', '소리 내 반응한다' 등을 이야기한다. 물론 중요한 요소다. 태도와 반응 자세, 호응 등은 대화하고 싶게 만드는 분위기를 조성하는 데 도움을 준다. 하지만 그게 다가 아니다. 적극적이고 분석적인 경청이 있어야만 상대는 진심으로 존중받고 있다는 걸 느낀다.

폴앤마크에서 기업 강의와 개인 코칭을 하거나 〈세바시〉 등 방송에서 강연 코칭을 하기 전에도 비슷한 일을 했었다. 학교 폭력 방지 및 진로 설정을 위한 찾아가는 토크콘서트 등을 한 것이 대략 12

년 정도 되었다. 하여튼 아주 예전부터 잘했던 일은 사람을 만나 그들의 이야기를 잘 전하도록 도움을 주는 일이었다. 그 원동력은 모두 적극적 · 분석적 경청에서 나오는 것이었다.

이야기를 들을 때 상대의 반응을 살피는 것은 기본이다. 가벼운 인사와 대화의 목적을 공유하는 초반부부터 상대는 많은 신호를 보낸다. 그 반응을 세심하게 살피면서 대화의 스타일, 진행 방향을 설정한다. 시그널을 살피기 위해서 내 눈은 반드시 상대방을 바라보아야 한다. 눈을 맞추는 것은 기본이며, 얼굴이나 자세, 손과 발 등의 움직임을 살필 필요가 있다. 살피는 목적은 단 한 가지, 상대가 지금 어떻게 느끼고 있는지를 알기 위해서다. 리츠 칼튼 호텔의 크레도Credo 카드에 쓰여 있는 말처럼 나는 상대를 귀하게 대접하는 귀한 사람이니까 세심하게 살필 의무와 책임이 있는 것이다.

"나는 신사 숙녀를 대접하는 신사 숙녀다(We are Ladies and Gentleman serving Ladies and Gentleman)."

크레도는 리츠 칼튼의 직원들, 즉 '레이디스 앤 젠틀맨'이 고객에 대한 그들의 서약을 매일 실천으로 옮기는 데 중요한 역할을 한다. 실제로 모든 직원은 매일 전 세계적으로 열리는 모든 직원 회의인 '라인업'에서 이 크레도를 소리내어 읽는다. 또한 이 크레도는 주머니 크기의 카드 형태로 제작되어 직원들이 일상적으로 휴대하며, 이는 그들의 일상 유니폼의 일부가 된다 상대의 반응을 살핌과 동시에 대화 자체에도 몰입한다. 몰입한다고 해서 단순히 관객이 되라는 말이 아니다. 내 경청의 특징은 구조를 살피고 설계하면서 듣는다는 점이다.

나는 화자 입장에서 아주 좋은 청자가 된다. 다채로운 표정과 상당히 적극적인 언어 반응을 하며 듣는다. 그러면서 동시에 큰 그림을 그린다. 마치 건물 안을 보여준다고 그 내부에만 집중하지 않고 안팎을 두루 상상하고 파악하면서 도면을 그리듯 큰 구조를 떠올리며 듣는 것이다.

또 한 가지 특징은 상대방이 늘어놓은 이야기들을 하나로 꿸 수 있는 핵심을 파악해서 말한 사람에게 확인한다. "말하자면 ○○○이라는 말씀이시죠?", "살아오신 이야기를 종합해 보니 ○○○이란 것을 증명한 삶이셨네요" 등등. 상대는 딱 그것이라며, 어떻게 그렇게 정리해 주시냐며 놀라는 경우가 많았다. (이후 그 핵심 메시지에 전체 내용을 재구성하곤 했다.) 객관적 시각에서 구조를 그리며 들으면서 각각 내용들의 연관성을 찾다 보니 핵심을 잘 파악할 수 있었던 것이다. 본인의 말, 행동의 의도를 혼자서는 완전히 자각하지 못하는 경우가 많다 보니 그 부분에서 도움이 될 수 있었다.

최대한 다양한 시선을 가정하고 상상하면서 이야기를 듣곤 했다. 나는 이렇게 느끼지만 또 다른 대상들은 어떻게 느낄까를 고려하며 듣다 보니 생각지도 못한 개선점이나 아이디어를 더할 수도 있었다. 그래서 나름 강연의 성과도 있었고, 무엇보다 코칭을 받은 연사들이 만족스러워했다.

좋은 반응을 보이면서 상대의 상태를 살피고, 이야기 자체를 넘어 객관적 시선으로 큰 구조를 구성하며 듣고, 상대의 궁극적인 의도와 욕구를 파악해서 하나의 핵심으로 정리해 주면서 다각적인 시선에서 예상되는 반응들까지 전해주어야 하는 것이다. 이것이 적극적 · 분석적 경청이다.

① 좋은 반응을 보이며 상대의 상태, 반응을 살핀다.
② 이야기에 몰입하면서도 객관적 시선을 통해 큰 구조를 구성하면서 듣는다.
③ 상대의 의도와 욕구를 파악해서, 하나의 핵심으로 정리해 준다.
④ 다양한 시선을 가정하고 상상하며, 예상되는 타인의 반응들도 전해준다.

Q **'상대의 반응을 살피고 고려하는 것'과 '눈치보는 것'의 차이는 무엇인가요?**

A **눈치보기 또한 상대에 대한 배려와 존중이기도 하지만, 마음가짐과 관점의 차이가 있다. 눈치는 상대에 대한 조바심과 불안을 기반으로**

과도한 해석으로 이어질 가능성이 많다. 자의적이고 부정적 추론으로 지나친 영향을 받아 버리는 경우가 많은 것이 '눈치보기'라고 볼 수 있다. 스스로에 대한 믿음, 상대에 대한 두려움 아닌 존중이 뒷받침 되어야 '눈치'가 아닌 '살핌'이 된다.

경청 : 끝까지 듣기

교육 분야에서 30년 이상의 경험을 가진 사립학교 교감 선생님 한 명을 만났다. 강연에서 만난 교감 선생님의 추천으로 연락해 왔는데, 함께 일해야 하는 경력이 많지 않은 젊은 선생님들과의 소통에 어려움을 겪는 중이었다. 교감 선생님의 가장 큰 고민은 젊은 선생님들이 자기 앞에서 유독 일에 대한 의견이 적어서 답답하다는 것이었다.

교감 선생님이 권위적이고 강압적이라서 젊은 선생님들이 말을 하지 않는 것일까 싶었지만 그렇지 않았다. 경력이 많은 학년부장 선생님은 내게 자신이 수 년간 보았지만 아주 수평적이고 부드러운 리더십을 가진 훌륭한 교감 선생님이라고 했다. 직접 마주해 보니 폭넓은 지식과 훌륭한 인격을 가진 사람이라는 생각이 들었다.

그러면 그 학교의 젊은 선생님들이 문제였던 것일까? 그것도 아니었다. 부장 선생님의 증언에 따르면 젊은 선생님들이 평소 회의 때는 곧잘 이야기를 하는데 교감 선생님 앞에서는 유난히 말수가 없어진다는 것이다.

이유가 뭘까? 교감 선생님과 대화를 조금 더 나누어 보니 문제가 풀렸다.

훌륭한 인격자이자 교육자인 교감 선생님이 가진 치명적인 습관이 하나 있었다. 바로 상대의 말을 끊는 습관이었다.

무례하게 말을 끊고 들어오는 방식은 아니었지만, 상대의 말을 빠르게 파악해서 한 단락이 끝나기 무섭게 내가 하려는 말까지 미리 정리해 버린 후 다음 이야기로 넘어가도록 대화를 이끌어 버리는 것이었다. "이러이러한 말씀을 하시려는 거죠? 저도 그렇게 생각합니다"라고 하면서 말이다.

급한 성격과 매우 뛰어난 직관, 빠른 판단 속도가 원인이었다.

시대의 변화로 인해 과거 경험이 모든 것의 답을 보장하진 않지만, 현장에서 변하지 않고 통용되는 경험의 진리는 존재한다. 대부분의 경우 30년 이상의 경력을 가진 교감 선생님이 보는 시야와 1~2년차 초임 선생님이 보는 시야는 다를 수밖에 없다. 속도, 깊이 또한 마찬가지.

상대의 말을 이미 예상하고 중간에 끊고 뒤의 내용을 대신 말해

버린다면, 상대는 말할 의욕을 잃고, 대화할 필요를 느끼지 않게 되는 것이다. 어차피 다 안다고 느끼는 대상에게 말해 봤자 무슨 소용이 있겠는가? 금세 다 안다면서 자르고 혼자 정리한 후 다음 할 말을 해 버릴테니 말이다.

경험 적은 선생님들에게는 아마도 당혹스럽고 무기력해지는 경험이었을 것이다. 심지어 상대는 인격적으로 훌륭한 대선배이다 보니 반발보다는 위축이 더 심하게 되었을 것이다.

분석을 전해주면서 교감 선생님에게 당부했다.

“미리 판단하지 않으셔야 하는데 그건 어려우시겠지요? 그러면 판단이 미리 이뤄지더라도 표현하지 않는 연습을 하셔야 합니다. 시간이 많이 남아서 듣는 과정이 엄청 지루하실 겁니다. 그러다 보면 집중력이 없어지는 티가 날 것이고, 그게 젊은 선생님들에게는 존중이 없다는 오해로 이어질 수도 있습니다. 팁을 좀 드리자면, 분석적 경청을 해 보세요. 상대 말의 의도가 파악되면 그 의도가 나온 정황도 추측해 보시고, 쓰는 어휘와 어투도 분석해 보세요. 표정과 제스처도 좀 봐 주시면서 지금 감정은 어떨지 등 수많은 미지의 영역을 추론하면서 들어 보세요. 마치 셜록 홈즈처럼 말이죠. 상대 대화 내용에 대한 집중을 유지하면서 다양한 분석을 하는 것은 생각보다 쉽지 않습니다. 그렇게 집중하면서 들으면 말을 끊을 새가 없을 겁니다. 게다가 상대를 깊게 이해하고 공감할 수도 있게 되니 얼마나 좋습니까. 다른 생각을 하라는 말씀이 아닌 것은 잘 아시겠죠? 다른 주제나 할 말을 고민하시면 안 됩니다. 철저히 상대방에 대한 것만 생각하세요. 그렇게 듣는 일에 최선을 다하신다면 저절로 선생님들의 말수가 늘어날 겁니다."

① 상대는 당신의 듣는 태도를 느낀다.

듣기의 목적은 두 가지로 나뉜다고 한다. 정말 듣기 위해서 듣는지, 아니면 자기가 말하기 위해서 듣는지. 자기가 말하기 위해 듣는 사람을 좋아할 상대방은 없다. 끝까지 듣고 판단해도 늦지 않고, 천천히 할 말을 떠올려도 괜찮다.

② 상대의 메시지와 의도, 정황 파악

내용 파악을 넘어서서 그의 욕구와 바람을 이해한다면 더 좋은 대화가 가능하다. '어떠한 상황이길래 저런 메시지를 표현하는 것일까?', '정말 원하는 것은 무엇일까?' 등을 생각해 보는 것이다.

③ 쓰는 어휘와 어투, 표정, 제스처 분석

언어적·비언어적 신호를 통해 상대방의 상태와 습관을 파악해 둔다면 원하는 방향으로 대화를 이끌어 갈 수 있다.

④ 감정 상태 추론

말하면서 상대방의 감정을 파악하는 것은 생각보다 어렵다. 듣는 상황이 감정 추론에 훨씬 더 유리하다.

⑤ **절대로 딴 생각하지 말라.**

위의 내용은 모두 경청을 위한 집중의 방법이지, 다른 생각을 하라는 것이 아니다. 들으면서 생각하기 어렵다면 위 내용을 아무것도 하지 않는 편이 낫다. 가장 중요한 것은 귀 기울여 듣는 것이다.

때론 뻔한 이야기를 듣는 것이 답답할 때도 있다. 하지만 대화라는 것이 단순히 '의도 빨리 알아차리기 대회'가 아님을 잊어서는 안 된다.

결과도 중요하지만 과정도 그 못지 않게 중요하다.

존중 표현의 핵심, 경청이란

—

일반적으로 '대화'라는 것은 화자와 청자, 즉 '상대방'이 존재해야 한다. 상대와 주고, 받는 것을 전제로 하고 있다. 그런데 대다수가 '잘 말하는 것'에만 중점을 두는 경우가 많다. 듣는 것의 중요성에 대해 간과하는 것이다. 애초에 제대로 듣지 않으면 잘 말할 수가 없다! 코칭과 상담, 컨설팅 등으로 만난 사람들 중 대화에서 좋지 못한 평가를 받고 있었던 대다수가 자신의 '듣기' 능력, 습관에 대해서 전혀 고려하지 않는 경우였다. '잘 듣지 못한다'라는 생각 대신 '말을 못한다'라고만 생각하고 있었던 것이다.

그래서인지 '듣기'를 잘하는 방법이나 원칙, 마음가짐 등에 대해서는 '말하기'에 비해 상대적으로 덜 알려져 있다. 일반적으로 태도, 반응 자세, 호응 등 대화 분위기 조성 및 존중을 표현하는 기본 예절 정도가 '경청'의 기술이라고 알려져 있다. 이는 반드시 필요하고 매우 의미 있지만, 충분하지 않다. 이 책에서 다룬 분석적 경청의 요소들인 ① 상대 반응과 상태 살피기, ② 구조 구성하며 듣기, ③ 상대의 의도와 욕구를 파악해서 핵심으로 정리해 주며 듣기, ④ 다양한 시선을 가정하여 예상되는 타인의 반응 전해주기 등과 끝까지 듣기 위한 몇 가지 팁들, 즉 셜록 홈즈처럼 상대방 분석해 보기, 미리 판단하지 않고 궁금해 하며 듣기 등도 경청이라는 큰 산에 도달하기 위해서 시도해 볼 수 있는 아주 작은 걸음들일 뿐이다. 이외에도 감정 들어주기, 노트하며 듣기 등 다양한 방법들이 있다. 상황과 상대, 자신에게 잘 맞는 방법과 팁들을 자주 적용하며 연습을 많이 해두자. 듣기, 즉 경청은 평소에 습관화되어야 한다. 인간은 습관으로 자리 잡지 않으면 반드시 실수하게 되는데, 백 번 잘 들어도 한 번 대충 흘려 듣게 되면 대화에 대한 신뢰가 급속도로 무너질 수도 있다. 습관적 경청이 중요한 이유이다.

방법도 중요하지만 더 중요한 것은 이를 확실히 내면화하는 것이다. 대화에서 상대는 너무나도 중요하다. 그 중요함을 상대에게 표현하기 위해서는 반드시 최선을 다해서 들어야 한다. 어느 누구도 자신의 말에 귀 기울이지 않는 사람이 자신을 중요하게 여긴다고 생각하지 않는다.

대화를 위한 경청요소

① **표정** – 상대의 이야기에 맞춰 얼마나 적합한 표정을 적절한 강도로 표현하는가?

② **자세와 동작** – 상대가 느끼기에 충분히 몰입하고 있다는 것을 느낄 수 있는 자세와 동작을 취하고 있는가?

③ **음성적 호응** – 맥락과 분위기에 맞춰서 지속적으로 음성 표현을 하고 있는가?

④ **상대방의 상태와 감정 살피기** – 상대는 지금 어떤 상황이며, 어떠한 감정 상태인가? 나와 대화를 하며 어떤 식으로 변화하고 있는가?

⑤ **구조 설계하며 듣기** – 상대가 말하는 주제와 관련된 사항들을 도식화할 수 있는가? 상대의 말에서 자기 주장, 인용, 예시, 사례 등을 구분하여 재배치할 수 있는가?

⑥ **의도와 욕구 파악을 통한 핵심 정리** – 상대가 정말 하고자 하는 말은 무엇인가? 상대의 이야기를 한마디로 정리해 내어 상대방에게 들려주

었을 때 '바로 그 것이다'라는 표현을 얻을 수 있는가?

⑦ **객관성을 적용한 예상되는 타인 반응 및 평가 정리** – 나만의 시각을 넘어서 다른 이들이 같은 이야기를 듣는다고 가정했을 때 보일 수 있는 반응을 떠올리고 정리하여 상대에게 말해 줄 수 있는가?

위 요소를 기반으로 자신의 듣기, 경청에 대한 점수를 1~10점까지 환산한다면 몇 점 정도 줄 수 있는가? 그 이유는 무엇인가?

오늘 대화를 나눈 상대의 마지막 표정이 기억나는가? 그가 만약 내 경청 점수를 평가한다면 몇 점을 줄 것 같은가? 그 이유는?

존중은 겸손에서 시작한다

—

존중을 표현하는 방법들을 아무리 잘 구사하더라도 겸손이 없다면 효과가 별로 나타나지 않는다.

겸손, 참 힘들다. 오죽하면 노래로도 만들어졌을까.

그냥 나를 낮추면 되는 것이 아닌가? 하는 생각도 할 수 있지만 그리 쉬운 일이 아니다. 단순한 자기 비하는 겸손이 아니다. 예를 들어 일정 수준 이상으로 노래를 부르는 사람이 스스로를 '음치'라고 표현한다면 그 수준 이하의 사람들 입장에서는 무시와 모욕으로 느끼면서 그 사람에 대해 건방지다고 생각할 수 있게 된다. 그러니 자신에 대한 존중감, 즉 자존감을 기반으로 스스로의 위치를 제대로 인식한 상태여야 제대로 겸손할 수 있다.

게다가 상대에 대한 진심 어린 인정이 필요하다. 상대보다 더 앞서고 싶다는 마음이 있다면 해당 상대에게 겸손함을 표현한다는 것이 하나의 굴종처럼 느낄 수도 있다. 따라서 우열을 따지는 비교의 시선이 아니라 모두가 값지고 훌륭하다는 마음가짐이 있어야만 진정한 의미의 겸손이 가능한 것이다.

겸손함이 있어야 상대 중심의 주제를 선정하고, 대화의 비율과 스타일, 분위기 등을 배려할 수 있다. 내가 더 나은 사람이라는 생각이 들거나, 내가 더 앞서 나가야만 한다는 조급함이 있다면 타인 중심적인 사고를 하기 어렵다. 모든 것이 경쟁인데 왜 스스로 핸디캡을 가지겠는가. 뿐만 아니라 내가 우월한 존재, 내 말이 맞다는 마음이 있으니 조언을 참을 수가 없다. 딱 봐도 나는 답을 아는데 한심하게 헤매고 있으니 입이 근질근질한 것이다. 게다가 귀를 기울이고 있기도 어렵다. 어차피 듣지 않아도 빤한데 힘들여 집중할 필요가 없다고 느끼게 되니 말이다.

사람이 싫으면 아무리 맞는 말이라도 싫은 법이다. 나를 무시하고 중요하지 않게 여기면 누구나 서운하고 불쾌할 수밖에 없다. 겸손하자. 모든 의견은 소중하고, 모두 각자의 삶을 열심히 살아가고 있는, 각자의 답을 가진 훌륭한 사람들이다. 뻔하고 갑갑하고, 어설프고 수준 낮아 보여도 무시받아도 되는 사람은 없으며, 아무리 잘나고 대단해도 남을 무시할 자격을 가진 사람은 없다. 제대로 대화하고 싶다면 오직 겸손한 마음으로 존중을 표현하자. 그것만 지켜도 당신은 이미 훌륭하다.

4장

대화를 위한 마음가짐과 요령

자기 인지와 감정 조절, 존중 표현을 배웠다고 해서 모든 상황, 상대와 잘 대화할 수 있는 것은 아니다. 충분한 경험과 요령이 필요하다.

막막한 나머지 많은 사람들이 '방법'을 찾곤 한다. 소위 잘 먹히는 방법, 기법, 기술 등을 찾아 헤맨다. 하지만 나는 방법론에 대해 회의적이다. 대화에는 만능 열쇠가 존재하지 않는다. 모든 사람의 성향과 성격, 특성, 살아온 인생과 처한 상황이 다르기 때문에 만능 해결책이란 있을 수 없다. 아무리 대단한 기술을 쓴다고 해도 모든 상황, 모든 사람에게 적용되는 것은 불가능에 가깝다.

아쉬워할 필요는 없다. 방법론 같은 지름길은 없지만, 올바른 대화를 하는 데 큰 도움이 될 내용들을 이번 장에서 다룰 것이다. 간접 경험이 될 만한 몇몇 사례들을 소개하고, 유용한 요령과 팁들을 제시할 것이다. 또한 꼭 갖춰야 할 대화의 마음가짐도 준비했다.

대화 훈련에 임하는 마음가짐 : 실패로 성장하기

대화의 성숙을 위해 꼭 필요한 것은 용기와 믿음이다. 정확히는 '시도할 용기', '자신에 대한 믿음'이다. 조금 더 자세히 말하자면 '나는 대화를 통해 상황과 관계를 개선할 수 있어! 해 보자!'라는 마음 자세다.

이러한 용기와 믿음은 결심한다고 하루 아침에 생기지 않는다. 영화에서처럼 위기의 순간에 갑자기 엄청난 기지나 잠재력이 발휘되는 경우는 거의 없다. 물이 끓으려면 계속 열을 가해야 하는 것처럼, 용기와 믿음을 갖기 위해서는 많은 대화 경험이 뒷받침되어야 한다.

많은 경험을 하는 데 큰 장애물이 있다. 실패에 대한 걱정, 성공하지 못할 수도 있다는 불안감이다. 계속된 실패로 좌절감이 커지고 자신감을 잃게 될 수도 있다는 불안 말이다.

대화 또한 미숙한 초보자는 실패 확률이 더 크다. 애써 낸 용기의 결과가 참담한 실패라면 누구나 다시 도전하기 어렵다. 그래서 실패를 대하는 자세가 중요하다.

미항공우주국NASA에서는 실패를 한 사람을 해고하는 방식으로 문제를 해결하지 않는다. 그들은 '실패를 했기 때문에 가장 잘 아는 사람'이라는 관점을 가지고 있다. 실패한 사람은 무엇이 실패를 야기하는지, 어떤 부분이 영향을 미치는지, 어떤 방법을 피해야 하는지를 몸소 경험했기 때문이다. NASA는 실패한 사람에게 문제 해결을 위한 자원과 환경을 제공하며, 인내심을 갖고 기다리면서 추가적인 도움을 적극적으로 제공한다. 우리에게 익숙한 반응은 실패한 사람이 모든 책임을 지고 사퇴하는 그림이다. 분노한 이해 관련자들을 달래기 위해 관련 담당자들을 해고하거나 처벌하는 일도 빈번하게 일어난다.

NASA가 실패를 바라보는 관점을 듣고 놀랐다. 대화 실패에 대해 꼭 가져야 한다고 생각했던 나의 관점과 매우 유사했기 때문이다. 실패한 사람을 그저 '패배자'로 볼 것인지, '실패'라는 과정까지 배운 '전문가'로 볼 것인지에 따라 큰 차이를 보인다.

실수·실패는 너무도 당연하다. 시도하는 과정에서 우리는 수많은 실수를 반복하고, 실패라는 한 지점을 맞이하면서 다음 지점으로 나아간다. 다만 단순히 실패를 많이 겪는다고 해서 성장하는 것은 아니다.

경험을 중요하게 생각했던 교육철학자 존 듀이는 말했다. "인간은 경험만으로 성장하지 않는다. 경험을 성찰함으로써 비로소 성장한다."

'실패'를 제대로 경험할 수 있는 마음가짐과 요령을 반드시 기억하자. 경험을 통한 성장, 실패가 성공의 어머니가 되는 조건, '충분히, 제대로 실수하고 실패하기'다.

① 대화 실패가 예상될 때, 끝까지 해보기

경험을 성장의 밑거름으로 만들기 위해서는 중간에 실수하거나 잘못했다는 판단이 들었을 때, 실패가 예견될 때에도 끝까지 해 봐야 한다. 중간에 좌절하고 포기해선 안 된다. 조금 실수했다고 중간에 포기해 버리면 제대로 배울 수 없다. 상처뿐인 실패 경험이 되어 버리는 것이다. 실패가 예견되면 오히려 정신을 똑바로 차리고, 부끄러워하지 말고 최선을 다해 실패를 향해 달려가야 한다. 실수한 상황에서도 끝까지 최선을 다했을 때 비로소 실수가 주는 영향을 확인할 수 있다. 또 어디까지 복구되는지, 같은 실수를 반복하지 않기 위해 무엇을 조정해야 하는지를 명확하게 알 수 있다.

예를 들어, 마음에 드는 낯선 상대에게 번호를 물어보다가 첫 인사부터 꼬인 상황에서 뒤도 안 돌아보고 도망치면 그 경험은 굴욕과 부끄러운 기억이 될 뿐 전혀 성장의 기반이 될 수 없다. 첫 인사가 좋지 않았지만 이후에는 끝까지 계획대로 진솔하게 대화를 시도해 보아야 실패하더라도 성장의 기반이 되는 경험이 되는 것이다.

② 실수를 숨기지 말고 인정하기

절대 실수를 숨겨선 안 된다. 과정에서 몇 가지 실수를 했다고 해서 반드시 최종 결과가 실패로 끝나는 것은 아니다. 운이 따르거나 실수의 영향이 미미할 수도 있기 때문이다. 하지만 과정에서 제대로 배우기 위해서는 스스로 제대로 인정하고 공개하면서 실수에 대해 돌아볼 필요가 있다. 왜 실수를 했는지, 그 영향이 어떠했는지, 그럼에도 좋은 결과로 이어질 수 있었던 원인은 무엇인지를 분석해야 하는 것이다.

③ 실수 · 실패에 대해 성찰하기

실패 후 반드시 시간을 내서 성찰해야 한다. 수치심과 후회에 사로잡힐 것이 아니라 개선할 점과 유지할 점을 분석하는 계기로 삼아야 한다. 이 과정에서 스스로를 격려하고 위로할 필요도 있다. 앞서 말했듯 실수와 실패는 성장과 성공으로 향하는 하나의 과정에 지나지 않는다. 멈추고 포기하는 순간, 아무것도 직시하지 않으려고 하는 순간이 진짜 좌절스러운 실패, 패배가 되는 것이다.

④ 개선을 위한 재시도하기

반드시 비슷한 상황에서 다시 시도해야 한다. 개선점의 효과를 직접 확인해야만 성장할 수 있다. 이 과정은 고될 수 있다. 과거의 실패가 떠올라 아픈 감정이 다시 느껴질 수 있다. 그럴 때 자신을 끊임없이 격려하고 확신을 불어 넣어야 한다. '나는 대화를 통해 상황과 관계를 개선할 수 있는 사람이야! 나아지는 사람이야!'라는 믿음을 가지고 적극적으로 도전해야 한다.

—

충분히 실패하고, 실수하고, 끝까지 시도하자. 지금의 실패와 실수가 대화를 시도할 수 있는 나를 만든다. 그렇게 쌓인 제대로 된 경험이 만족스러운 미래의 나를 만든다.

첫 대화에 임하는 마음가짐 : 모두의 처음을 위하여

나는 장교로 군복무를 했다. 장교의 역할은 일종의 담임 선생님과 비슷하다. 병사들의 적응, 안전, 건강, 훈련 등을 관리하는 것이다. 다만 학교와 달리 군대에서는 사람들이 더 빈번하게 바뀐다. 복무를 마치는 병사가 있는가 하면, 새로운 병사들이 계속 부대에 들어온다. 내가 복무한 해병대의 경우, 빠르면 격주로, 보통은 한두 달에 두세 명의 신병을 맞이했다

그 시절 키도, 얼굴도 비슷한 두 명의 신병을 맞이한 적이 있다. 특이한 점이 별로 없는, 대한민국 평균 수준이었던 둘을 보며 '무난히 적응하겠다'라는 생각을 했는데, 몇 개월 뒤 결과는 예상과 달랐다. 한 사병은 아주 잘 적응해서 선임들의 신임을 얻었지만, 다른 사병은 매사에 실수와 잘못을 밥먹듯 하여 병사들 사이에서 '폐급'(문제아)이라는 평가를 받게 되었다.

둘의 군 생활을 가른 아주 작은 차이가 첫날 드러났다. 적응 잘한 사병의 고향이 당시 실세였던 병장과 같았던 것이다. 그 병장은 크지 않은 지방 도시 출신이었는데, 소대 내에 동향 출신이 한 명도 없어서인지 같은 지역에서 온 막내 병사를 반갑게 여겼다. 그렇다고 병장이 특별히 챙겨준 것은 아니었다. 단지 첫날 이것저것 물어보고 힘든 일 생기면 말하라고 한 게 전부였다고 한다

그런데 다음날 신병 둘의 표정이 사뭇 달랐다. 동향 사람을 만난 친구의 표정은 꽤 편안해 보이는 반면, 다른 한 명은 동기가 찾은 여유 때문에 더 불안했는지 훨씬 더 경직되어 보였다. 그 친구는 쉽게 적응하지 못했다. 마치 눈덩이가 굴러갈수록 커지듯, 둘의 차이는 시간이 지날수록 점점 더 벌어졌다

둘의 성향적 차이도 있었겠지만, 옛말처럼 첫 단추의 중요함을 다시금 느낄 수 있었다. 사람은 안정감을 조금이라도 느낀다면 자신의 역량을 발휘할 수 있다. 반면 불안감으로 가득 찬 상태라면 스스로의 역량을 발휘하기 어렵게 된다.

그 이유는 앞서 언급한 편도체 때문이다(이 책 47쪽 참조). 인간의 뇌는 생존을 위해 부정적 기억을 저장하고 위험을 회피하도록 진화했다. 그러나 과도한 불안 상태에서는 이 메커니즘이 오히려 역효과를 낸다. 편도체가 과활성화되면 '싸우거나 도망가거나' 하는 원시적 반응이 우선되어, 이성적 사고를 담당하는 전전두엽이 제대로 기능할 기회를 갖지 못하게 되는 것이다

이후 나는 신병들이 오면 면담이라는 핑계로 아무도 들어올 수 없는 별도의 공간으로 데려갔다. 간식을 나눠 먹으며 두런두런 이야기를 나눴다. 딱히 인기를 끌려고 했던 일이 아니라 적어도 초반 첫 단추만 잘 끼웠으면 하는 마음에서였다. 나도 군 생활 첫 적응이 힘들었다. 실패가 반복되다 보면 환경을 탓하게 되고, 무기력해면

서 스스로를 의심하는 데까지 이를 수 있다는 걸 잘 알기 때문이었다. 직급 낮은 장교라 권한도 별로 없었지만 그나마 첫 문턱을 조금이라도 낮춰주고 싶은 마음이었다.

얼마 후 나는 상급 부대로 옮기게 되었다. 그때 함께했던 부하 병사들이 롤링 페이퍼처럼 만들어 준 앨범을 받았다. 적기 귀찮아 대충 적은 병사들도 많았지만, 한 병사의 편지가 큰 위로와 보람으로 다가왔다. 처음 부대에 와서 가장 겁에 질리고 무서웠을 때, 내가 편안하게 만들어 준 덕분에 가장 힘든 시기를 잘 넘길 수 있었다고, 그 기억을 잊을 수 없어서 감사하다고 적은 편지였다. 나와 함께 보낸 기간이 짧았던 병사의 편지라 오히려 더 진심으로 느껴졌다. 어려울 때 내밀어 주는 누군가의 손길의 온기는 더 따뜻하게 느껴지기 마련이라는 생각이 들었다.

대화의 처음을 앞둔 사람들, 적응이 필요한 사람들에게 꼭 해주고 싶은 요령들을 소개한다.

① **적응이 어려워 어색하다면, 약간의 친밀함을 얻기 위한 노력을 하자.** 밝게 인사하기, 어색해도 말 걸어보기, 리액션 잘하기 등 사소한 친밀감이 내 편도체를 안정시키고 나다운 장점을 발휘하는 기틀이 된다.

② **공간과 친숙해질 수 있도록 하자.** 자주 마주하게 되는 장소들을

내 방식으로 꾸며보거나 눈여겨보기 등 낯선 공간을 낯설지 않게 만드는 것은 생각보다 효과적이다. 실제로 발표나 강연을 앞둔 사람들에게 꼭 하는 조언이 바로 '먼저 공간에 익숙해지기'다. 익숙한 공간이 주는 안정감은 꽤 크다.

③ **나처럼 적응이 필요한 사람이 보이면 작은 말 한마디를 해 주자.** 스몰 토크, 괜한 농담 건네기, 작은 것들로 친근감 표현하기, 장점 관찰해서 칭찬하기 등 불안함에 빠진 상태에서 사소한 배려는 구원처럼 느껴진다. 당신을 통해 안정감을 얻은 사람은 당신에게도 안식처가 될 것이다.

누구에게나 처음은 있다. 처음이 성공적이라면 그 한 번의 성공이 미래를 무조건 보장하진 않겠지만, 최소한 자신답게 도전해 볼 발판이 되어 줄 것이다.

당신의 처음을 응원한다. 당신을 통해 도움을 받을 그들의 처음 또한.

작은 친밀함을 만드는 대화 요령 : 질문하기

낯선 사람이 약간 친밀한 관계의 사람으로 변하면 장소와 상황

등의 낯섦은 거의 문제가 되지 않게 된다. 두려운 입사 면접 장소에 어릴 때부터 친하게 지낸 옆집 아저씨가 면접관으로 앉아 있다면? 또는 해외 여행 중 길을 잃었을 때 같은 한국인 여행객을 만난다면? 약간의 친밀함이 주는 힘은 대단히 강력하다.

낯선 사람과 빠르게 친밀한 관계가 된다면 나의 능력을 발휘해 상황에 대처할 수 있다. 조금의 친밀함을 빠르게 만드는 대화법을 소개하고자 한다.

서로 모르는 것을 나누는 것이 관계 형성을 위한 대화의 기본이다. 서로 알지 못했던 점들을 공유하며 알아가는 것을 통해 우리는 관계가 진전됨을 알게 된다. 그래서 좋은 질문을 통해 대화가 원활해지곤 한다.

그런데 질문을 '답을 듣는 것'에만 목적을 두면 역효과를 불러일으킬 수 있다.

소개팅 자리에서 상대가 "영화 뭐 좋아하세요? 음식은요? 좋아하는 가수는? 형제 관계는? 부모님 직업은?" 식으로 꼬치꼬치 캐묻는다면 어떻게 느낄까? 이걸 대화라고 할 수 있을까? 이건 소개팅이 아니라 취조다.

취조만 하는 상대에게 호감이 가지 않는 것은 당연하다. 일방적으로 대답만 하는 것은 전혀 즐겁지 않기 때문이다. 유명인을 인터뷰하는 프로그램만 봐도 그렇다. 출연진들은 아주 유쾌한 목소리로 인사하며 즐겁게 인터뷰를 시작하지만, 끝날 때쯤 보면 퀭한 눈으로 마무리하는 경우가 많다. 애써 웃음 지으려 노력하지만 힘든 건 숨길 수가 없다.

하지만 질문하는 사람에 따라 전혀 다르게 진행되기도 한다. 유능한 진행자, 인터뷰어라면 대답하는 출연자들이 더 신난 상태로 프로그램이 진행된다. 평소 다른 방송에서는 전하지 않았던 이야기까지 꺼내놓기도 하면서 빠르게 안정감을 느끼는 모습을 볼 수 있다. 촬영이 정말 즐거웠는지 이후에도 친밀한 관계로 발전하기도 하는 등의 모습을 보이기도 한다. 어떤 점이 다른걸까?

작은 친밀함을 만드는 대화 요령 :
상대방이 대답하기 쉬운 질문의 법칙

대화에 서툰 사람들의 특징은 대부분의 질문이 단조롭다는 것이다. 질문에는 열린 질문, 닫힌 질문이 있다. 이를 상황에 맞게 사용해야 하며, 비율 또한 적절하게 배분해야 한다.

닫힌 질문, 즉 답이 한정된 질문에는 당연히 단답형으로 대답할 수밖에 없다. 외국인에게 "김치 좋아해요?"라고 묻는다면 "네", "아니오"만 나오게 된다. 닫힌 질문만 이어간다면 대화가 얕아지면서 쉽게 맥이 끊어지게 된다. 대화가 원활하게 이어지기 어려울 수밖에 없다.

하지만 닫힌 질문은 어색함을 해소하기 위해 아주 좋은 시작이 된다. 시작부터 너무 추상적인 열린 질문만 한다면 대답하기 어렵기 때문이다. "뭐 먹을까요?"라는 질문이 항상 어려운 것처럼 초반부터 지나치게 열린 질문을 하면 상대에게 부담을 줄 수 있다. 그래서 시작은 닫힌 질문으로, 이어서 열린 질문으로 연결하는 것이 좋다.

① 닫힌 질문으로 시작하기

닫힌 질문은 주로 '예' 또는 '아니오'로 대답할 수 있는 질문이다. 이러한 질문은 대화를 시작하는 데 유용하며, 대화 상대가 현재 상황에 어떻게 반응하는지를 빠르게 파악할 수 있도록 도와준다. 닫힌 질문은 특히 새로운 사람과 대화를 시작할 때, 서로에 대해 많이 알지 못하는 상황에서 유용하다.

|예| "오늘 날씨 참 좋지요?" "식사는 하셨어요?"(답변 = 예/아니오)

② 열린 질문으로 이어가기

닫힌 질문에 이어서 대화를 확장하고 상대방이 자신에 대해 더 많이 표현하도록 유도하는 열린 질문을 사용한다. 열린 질문은 대답하기 위해 더 많은 생각과 세부 정보가 필요하며, 이는 대화가 더 흥미롭고 상호적으로 변하도록 만든다.

|예| (이전 닫힌 질문에 이어) "어떤 날씨를 가장 좋아하세요?" "제일 좋아하는 음식이 어떤 건가요?"

③ 이전 질문에서 연결하기

열린 질문을 할 때는 이전의 닫힌 질문이나 상대방의 답변에서 요소를 가져와 연결시키는 것이 좋다. 이렇게 하면 대화가 더 자연스럽고 일관성 있게 흐르며, 상대방이 자신의 생각과 경험을 더 자세히 공유하도록 유도할 수 있다.

|예| "그렇다면, 좋아하는 날씨에는 주로 뭘 하세요?" "그 음식 잘 하는 맛집 추천해 주실 수 있나요?"

이런 방식으로 대화를 진행함으로써 당신은 상대방과의 관계를 점진적으로 발전시키고, 더 깊은 대화로 나아갈 수 있는 기회를 마련할 수 있다. 이 과정에서 중요한 것은 상대방의 답변에 대한 집중과 관심을 통해 대화를 계속 이어나가는 키워드를 찾아 나가는 것이다.

④ 구체적이고 상세하게 묻기

"주변에 보니 파스타 잘한다는 가게와 평점 좋은 한식집이 있는데 어느 쪽이 더 땡기세요?"라고 영역을 좁혀 주는 것이 좋다. 예전에 에릭남이라는 가수가 인터뷰어로 활동할 때 외국 셀럽에게 질문하는 것을 보고 감탄한 적이 있었는데, 예를 들어 이런 식이다. '한국어'에 대해 물어봐야 하는 대본이었는데, 일반적으로는 "한국말 중에 아는 말 있나요?"라고 묻는 경우가 많다. 하지만 에릭남은 "한국에 와서 새롭게 알게 된 말이 있나요? 아니면 신기한 발음이라 기억에 남은 말은?" 이런 방식으로 상대 입장에서 대답하기 좋게 질문하는 세심함을 가지고 있었다.

⑤ '내 이야기'로 질문 시작하기

화제를 질문을 통해 전환하는 것은 아주 좋지만 지나치게 질문 중심이라면 상대방이 오히려 취조 당하듯 부담을 느낄 수 있다. 내 이야기를 가볍게 던지면서 물어보는 것도 대답을 특정해 주면서 예시까지 들어주는 좋은 방법이다.

|예| "저는 최근에 요리 시작했는데 생각보다 재미있더라고요. 요리 좋아하세요? 음식은 어떤 음식 좋아하세요?" "저는 ○○같은 로맨틱 코미디 영화 좋아하는데, 어떤 영화 좋아하세요?"

—

어색함을 떨치고 적막감에서 벗어나게 만드는 질문하기의 핵심은 답에 집중하지 않고 상대방에게 집중하여 관심과 배려, 존중을 표현하는 것이다. 티가 좀 나도 좋다. 애쓴다는 느낌은 절대 불쾌하지 않게 느껴진다. 상대 또한 어색하고 싶지 않을 것이다.

작은 친밀함을 만드는 대화 요령 :
스몰 토크 활용하기

대화에서 스몰 토크Small Talk는 일상적이고 사교적인 대화를 말한다. 깊은 주제나 심각한 문제를 다루기보다는, 가벼운 주제를 중심으로 이뤄진다. 주로 대화를 시작하고 상호간의 관계를 형성하며, 편안한 분위기를 만들고 서로를 알아 가기 위해 사용된다. 어색함을 줄이고 친밀함을 만드는 데 유용하다.

① 긍정적이고 밝은 주제 선택

부담 없고 즐거운 분위기로 유지할 수 있는 주제를 선정하자. 강의 때 스몰 토크를 연습하는 상황에서 한 학습자가 창의적으로 주제를 정하려다 보니 "인생에서 가장 참담했던 순간이 언제였나요?"라는 질문을 한 적이 있었다. 그 학습자의 인생에서 가장 참담한 순간이 갱신되는 장면이었다. 가벼운 주제면 뭐든 괜찮지만 대체로 공감이 쉽게 될 만한 보편적 주제가 좋다. 취미, 관심사, 운동, 음악, 여행 등 긍정적이고 유쾌한 주제들이 있다. 개인의 가치관과 세계관을 다루는 대화는 분명 상대를 이해하는 데 도움이 될 수는 있지만 첫 만남, 첫 어색함을 타파하기에는 적절하지 않다. 정치 성향, 인생의 고통스러운 경험 등을 처음에 꺼내면 안 되는 이유다.

② 관심 표현하기

상대의 말에 귀 기울이고, 질문으로 그들의 이야기에 관심을 보여줘야 한다. 스몰 토크 상황은 서로간의 친밀감이 가장 낮은 상황일 수 있다. 상대의 안정감을 위하여 최선을 다해 반응하자. 아래는 관심을 표현하는 반응, 'SENSE원칙'이다.

S - Square up(몸의 방향을 맞추기): 대화 중 상대방에게 전적인 주의를 기울이고 존중을 표시하기 위해 몸을 정면으로 돌린다.

E - Engage(참여하기): 대화에 몸과 마음으로 완전히 참여하고 있음을 동작으로 나타낸다. 딴짓하지 않고 몸을 상대 방향으로 기울이는 등 대화에 적극적으로 참여하고 집중하는 태도를 말한다.

N - Nod(고개 끄덕임): 경청하며 이해하고 있다는 표시로 고개를

틈틈이 끄덕인다. 듣는 사람의 긍정적 반응을 통해 말하는 사람은 대화에 대한 지속적 동기를 얻게 된다.

S - Smile(미소): 긍정적인 분위기를 조성하고 친근감을 표현하기 위해 자연스럽게 미소짓는 것이다. 듣는 사람의 밝은 표정이 만드는 좋은 분위기는 상대에게 안정감을 준다.

E - Eye contact(눈맞춤): 상대방과의 연결감을 강화하고 집중을 보여주기 위해 적절한 눈맞춤을 유지한다. 특히 눈을 맞춤으로써 듣는 사람은 집중력을 유지할 수 있게 되며, 자연스러운 호감을 줄 수 있게 된다.

③ 좋은점 찾기

상대가 가진 긍정적인 부분을 대화 중에 발견한 후 대화가 살짝 멈춰진 상황에서 공유하는 것이다. 이 때 가장 중요한 것은 상대가 인정할 만한 칭찬이어야 한다는 것이다. 전혀 공감할 수 없는 칭찬은 오히려 모욕감을 주거나 진솔함을 해치게 된다.

|예| "최고예요!"(무엇이 최고인지 명확하지 않음)

"정말 멋지세요."(상황이나 요소를 특정하지 않음)

구체적이면서 맞춤형 칭찬이 좋다. 이를 위해 상대만의 특별한 점을 찾아서 긍정적으로 해석해 주면 효과적이다.

|예| "말씀하실 때 짓는 미소가 정말 편안하시네요."

"목소리가 힘이 있으면서도 부드러워서 듣기 참 좋네요."

"말씀을 참 조리있게 잘 하시네요."

"묘사를 잘 하셔서 느낌이 확 와닿아요."

④ 공통점 찾고 맞장구치기

함께 나눌 만한 경험 또는 공통의 관심사를 발견하면 대화가 더 쉽게 이어진다. 완전히 일치되지 않더라도 최소한의 접점을 만드는 것이 핵심이다. 상대의 이야기에서 접점을 만들 수 있는 키워드를 찾는 것이 중요하다. 단순히 접점만 만드는 것이 아니라 말을 통한 호응, 즉 맞장구를 치고 질문으로 이어가면 좋다.

|예| (여행 이야기를 나누다가 최근 스위스에 다녀왔다는 상대에게)

- 만약 가 봤다면 = "저도 스위스 간 적이 있었는데 진짜 멋지지 않았나요? 어떤게 가장 인상적이셨어요?"
- 간 적이 없다면 = "와, 저도 스위스 가보고 싶었는데… 추천해 주고 싶은 곳이 있나요?"

핵심은 상대가 해당 주제에 대해 더 공유하도록 고무시켜 대화를 이끄는 것이다.

작은 친밀함을 만드는 마음가짐 :
연습만이 살 길이다

대화는 아무리 미리 준비한다고 해서 잘할 수 있는 것이 아니다. 실시간으로 주고받는 동안 어디로 튈지, 어떤 변수가 생길지 미리 알 수 없다. 결국 상대의 반응을 끊임없이 살펴야 대응할 수 있다. 특히 낯선 사람과의 대화는 서로 경계심이 가장 높은 상황이다. 가벼운 주제라고 해서 쉬운 대화가 될 것이라는 기대는 버리자. 많은 연습이 필요하다. 앞서 대화의 비율에 대해 이야기하며 언급했듯이 관심 없는 주제를 다짜고짜 꺼내어 주구장창 이어가는 경우 최악의 대화 상대로 낙인찍힌다.

다음 대화를 보자.

A: B씨는 취미가 뭔가요?

B: 저는 독서를 좋아해요.

A: 저는 운동이에요. 몸 만드는 것도 좋아하고 주말이면 친구들과 축구를 하는데요. 제가 실력이 엄청납니다. 한 지는 10년 정도 되었고요.

B: 우와 10년이나요? 대단하시네요. 저는 운동을 별로 안 좋아해서….

A: 저번에는 대회도 나가서 8강까지 갔는데, 제가 레프트 윙백

이거든요? 근데 오버래핑이 진짜 좋은 스타일이라 골도 넣고 했는데, 후반전에 상대팀이 태클을 깊게 한다 싶더니만, 대놓고 파울을 하는 거예요. 그래서 제가 제대로 보여줘야겠다 싶어서 아예 포지션을 바꿔서….

과장스러운 예시로 보이지만, 대화 중에 실제로 자주 나타나는 유형이다. 상대의 말에 대한 화답, 의도 파악, 상대 편안하게 만들기 위한 노력 등이 전혀 이뤄지지 않은 모습이다.

좀더 구체적으로 분석해 보자.

A : B씨는 취미가 뭔가요?

B : 저는 독서를 좋아해요.

☞ 여기서 상대가 준 "독서"라는 키워드를 활용해서 대화를 이어가야 한다. 자신이 가진 경험과 지식 등과 최대한 연결해야 한다. 어떤 책을 좋아하는지, 나는 ○○작가를 좋아한다든지, 최소한 가볍게 칭찬이라도 하면서 호응해야 한다.

A : 저는 운동이에요. 몸 만드는 것도 좋아하고 주말이면 친구들과 축구를 하는데요. 제가 실력이 엄청납니다. 한 지는 10년 정도 되었고요.

B : 우와 10년이나요? 대단하시네요. 저는 운동을 별로 안 좋아해서….

☞ 다른 주제로 넘어가야 하는 신호이거나, 상대 중심으로 질문하면서 이어가야 한다. 운동을 안 좋아하는 이유를 '가볍게' 묻거나 직접 하는 운동 대신 스포츠 관람은 어떤지 등 '안 좋아한다'는 발언에 대한 반응을 해야 한다.

스몰 토크는 반드시 '1절'만 하면서 상대의 반응을 살펴야 한다. 대화 주제를 아주 살짝만 공개하면서 '혹시… 이게 맞나요?'라며 상대의 반응을 살피는 작업이 필요한 것이다. 아니면 빠르게 다른 주제로 넘어가면 된다. 주제가 떠오르지 않아서 부담을 느낄 수도 있지만 괜찮다. 서로 잘 맞는 부분을 탐색하고 맞춰 나가는 것이 대화다.

당신의 노력은 부담스러운 의무가 아니라 상대에 대한 배려다. 대화를 위해 좀 더 애쓰는 사람이 더 사려 깊고 성숙한 사람인 것이다.

작은 친밀함을 만드는 마음가짐:
적막감이 어렵게 다가온 이유

낯선 대상과 어색한 것은 자연스러운 일이다. 그런데 대화에서 찾아오는 적막을 견디지 못하고 실언을 하거나, 스스로 위축되는 경우가 많다. 나 또한 그랬다.

미숙했던 어린 시절, 상대와 대화가 끊어질 때의 적막감이 참 견디기 어려웠다.

오랜만에 만난 친구와 대화하면서 근황 이야기 등을 나누다 보면 할말이 없어지는 경우, 그 적막감이 숨막히게 불편해서 쓸데없는 주제들을 마구 남발하기도 했었다. 진땀을 흘리며 대화를 위태롭게 이어가다가 헤어지고 나면 '아 이 친구랑 나는 잘 안 맞는가 보다. 생각보다 덜 친한가 보다'라고 판단하거나 '역시 나는 대화가 좀 서툰가 보다'라며 자책도 했다.

돌아보니 적막을 견디기 어려웠던 것은 낮은 자존감과 인정 욕 때문이었다. 나와의 대화가 지루하지 않아야 내가 지루하지 않은 사람이 된다고 여겼고, 상대의 대화 만족도가 내 가치를 결정하는 요인이라고 여겼다. 그런 마음가짐 때문에 대화에서 상대는 갑이고, 나는 을이었다. 갑, 을 관계가 정해진 대화가 즐겁지 않은 것은 어쩌면 당연한 일이었다.

어쩌면 이 책을 읽는 독자들도 비슷한 경험이 많을 수도 있겠다는 생각이 든다. 소통과 대화에 관심이 있다는 것은 그 과정에서 어려움을 겪은 사람이라는 뜻일 수도 있으니. 그런 사람들을 위해 꼭 해주고 싶은 말이 있다.

"대화하다 적막이 흘러도 괜찮습니다. 여러분만의 책임이 아닙니다. 상대도 당신과 같은 책임이 있습니다. 게다가 화제가 제한되는 불편함이 있는 것이 당연합니다. 오랜만에 만난 친구, 낯선 소개팅 상대 등 서로가 공유할 수 있는 것이 없는 사람들과의 대화에서 적막은 자연스러운 현상이에요. 조금씩 애써서 줄이면 됩니다. 상대의 이야기를 끌어내는 연습 기회라 생각하세요."

상대에게 매달릴수록 적막감이 다 내 탓처럼 느껴진다. 인정 받으려 애쓰지 말자.

어색한 침묵이 흐르는 상황이 오면 좋은 기회가 왔다고 생각하고, 간단한 팁들을 시도해 보자. 실패해도 괜찮다. 시도를 했다는 것만으로도 나아가고 있다는 증거다. 용기를 내는 것은 처음이 가장 어렵다. 두 번째는 어려움이 절반으로, 세 번째는 그 절반으로 줄어든다.

① 적막을 두려워하지 말자. 원래 대화는 어지간해서는 어색한 법이다.

② 조바심을 버리자. 당신만의 책임이 아니다. 서로 노력해야 하는 것이다.

③ 어색한 적막이 찾아오면 좋은 연습 무대가 찾아왔다고 생각하자.

대화의 신호 이해하기:
비언어적 표현 이해하기

대화에서 가장 중요한 것은 내용, 즉 메시지다. 하지만 그조차 하나의 수단에 불과하다. 대화의 궁극적 목적이 내용 전달에만 있는 것이 아니기 때문에, 우리는 언어를 활용한 좋은 구성도 신경 써야 하지만 그밖의 요소들도 고려해야 한다. 목소리, 발음, 표정, 동작, 자세 등 비언어적 요소들 말이다.

다만 '비언어적 표현 요소들이 언어적 요소보다 중요하다'라는 잘못 알려진 속설에 대해 제대로 이해할 필요가 있다. 항간에는 매러비언 교수의 실험을 토대로 비언어적 요소가 더 중요하다고 하는 말들이 있지만, 실험 자체를 오해하거나 의도적으로 오용하고 있는 경우가 대부분이다. 커뮤니케이션 전반을 다루는 실험이 아니었고, 오직 녹음된 음성과 사진을 보며 진행한 '호감도' 측정 실험이었다.

비언어적 요소가 메시지와 일치해야 전달 효과가 증가한다는 법칙이 어쩌다 비언어적 요소가 메시지보다 중요하다고 변질되었는지 모르지만 굳이 비교하자면 분명히 언어적 요소, 메시지가 더 중요하다. 다만 메시지를 강화시키고 전달을 잘할 수 있게 도와주면서 호감과 친밀함을 더할 수 있는 좋은 요소들이기 때문에 잘 이해하고 활용할 필요가 있다. 뿐만 아니라 상대의 비언어적 메시지를 감지하고 반응하여 적용하면 더 좋은 대화를 이어갈 수 있을 것이다.

① 목소리

자신의 타고난 음성이 좋지 않다고 느끼는 경우가 많은데, 이는 잘못된 발음, 발성에 관한 습관 때문일 가능성이 높다. 발성, 즉 소리내기는 호흡의 영향을 많이 받는다. 호흡이 안정적이고 양이 충분해야 좋은 발성이 가능하다. 호흡이 약한 경우 염소처럼 떨리거나 끝이 불확실해져서 자신감이 없어 보이고, 과잉한 경우 거친 소리가 나게 된다. 호흡 안정성이 떨어지면 불안해 보이기도 한다.

호흡을 일정하고 안정적으로 조절하기 위해 복식호흡을 추천하기도 하는데, 복강의 조절을 통해서 횡경막을 움직이는 호흡법이다. 쉽게 말하자면 배를 볼록하게 만들었다가 움푹 들어가게 하는 근육을 통해 폐를 아래쪽으로 팽창시키는 방법이다.

이 호흡은 누구나 하고 있는 자연스러운 호흡법이지만, 워낙 긴장을 많이 하고 사는 현대인이다 보니 복부 코어가 경직되어 복식호흡을 하지 못하곤 한다. 아래로 팽창해야 하는데 딱딱하게 힘을 주고 있으니 갈비뼈와 어깨 쪽으로 부풀리는 호흡이 이뤄지는 것이다. 훨씬 호흡량도 적고 조절도 어렵기 때문에 불안정할 수밖에 없다.

결국 호흡을 잘 하여 좋은 발성의 기초를 닦기 위해서도 몸과 마음의 안정이 필요하다. 다행히 물리적인 훈련과 연습을 통해 개선이 가능하다. 바닥에 등을 대고 누워서 편히 호흡하면 자연스럽게 복강이 부풀어 오르는 느낌을 이해할 수 있다. 만화에서 배가 볼록거리며 자는 모습을 과장되게 표현하기도 하는데, 정확히 그 호흡이다. 다양한 복식호흡 훈련법이 있지만 대화에 적용하는 수준만 필요하니 어려운 훈련을 하기보다는 느낌을 이해하고 의식적으로 시도해 보는 정도만으로도 개선이 된다. 복식호흡이 익숙해졌다면 입을 오므리고 숨을 균등하게 '프~' 하고 길게 뱉는 연습을 하면서 호흡량을 조절해 보는 연습을 해보길 권한다.

듣는 입장에서는 목소리에 감정이 많이 드러나게 된다는 것을 염두에 두고 신경써 보자. 특히 '음량'과 '높낮이'에 집중해 보면 상대방의 감정 상태를 많이 확인할 수 있다.

② 발음

좋은 발음을 가진 사람은 내용이 잘 전달되는 것과 함께 단정하고 명확하다는 인상을 주게 된다. 뿐만 아니라 신뢰감이 생겨 설득력까지 갖추게 된다. 나 또한 스피치에 대해 가르치면서 발음의 중요성을 강조한다. 발음은 특히 평소 연습이 가장 중요하다.

'간장공장공장장' 등 발음 연습을 위한 훈련법이 많이 소개가 되어 있다. 또 펜을 무는 게 도움이 되냐 안 되냐 등 다양한 훈련 방식들에 대한 갑론을박도 있다. '그런 발음 일상에서 얼마나 쓰냐', '펜 물어봤자 침만 질질 흘린다'며 훈련 자체를 비웃는 사람들도 있는 모양이지만, 나는 동의하지 않는다. 말하며 입술과 혀 등 구강에 대해 의식하는 사람이 얼마나 되는가? 말하기라는 것은 의식하지 않고도 사용하는 구강 근육과 관련된 동작이다 보니 아무래도 세밀한 활용이 익숙치 않다. 그래서 의식적으로 어려운 발음을 연습한다든지, 펜을 물고 입을 더 불편하게 하면서 안 쓰던 근육에 신경을 쓴다든지 하는 일련의 모든 과정은 매우 큰 효과가 있다. 펜을 무는 훈련은 입술 양 끝을 이완시키는 효과도 있으니 발음에 큰 도움이 된다.

확실한 것은 발음을 연습한다는 개념 자체만으로도 큰 개선이 된다는 것이다. 의도적으로 정확한 입 모양을 하려고 의식하고 노력하며 발음하는 습관을 들인다면 빠르게 발전할 수 있다.

③ 표정

대화하면서 우리는 상대의 표정에 강한 영향을 받곤 한다. 인간미가 없다거나 차갑다는 오해를 받는 사람들이 가진 공통점이 대화 중 표정 표현이 적다는 것이다. 주변에 다정하고 인간미가 넘친다는 사람을 떠올려보면 그 표정이 생각나게 된다. 그만큼 표정이 주는 시각적 효과가 굉장히 크다. 특히 표정 표현을 잘 활용하는 사람은 메시지를 전달하는 화자일 때뿐 아니라 청자일 경우 또는 침묵 상황에서도 지속적으로 표정을 활용한다.

표정 활용을 위한 팁은 내면의 반응을 극대화시킨다고 생각하면 된다. 표현이 크지 않은 사람은 어지간해서는 감정이 자연스럽게 드러나지 않는데, 그렇기 때문에 극대화시켜서 일부러 표정으로 드러내고자 노력하면서 해당 감정의 전형적인 표정들을 묘사하는 연습을 하면 좋다. 특히 눈 주변 근육을 많이 활용하면 효과적이다. 슬플 때는 눈썹을 모은다거나 놀랐을 때 크게 눈을 뜨면서 눈썹을 올린다든지, 좋지 않은 상황에 대한 이야기에는 눈살을 찌푸린다든지, 눈과 눈썹 등 눈 주변을 의식하면서 표정을 지어본다면 다채로운 표현이 가능해진다.

상대의 표정 변화에 주목하는 연습을 해보자. 감정과 표정은 기능적으로 연결되어 있지는 않다고 하지만 습관적으로 감정 상태에 따른 표정이 나타나게 된다. 지나친 추론은 하지 않되, 의도된 표정을 통해서 보내는 메시지를 감지하는 연습은 상대를 깊게 이해하는 데 도움이 된다.

④ 포스처

포즈와 제스처를 결합한 말이다. 당연히 존중 없는 잘못된 포즈나 제스처들은 지양해야 할 것이다. 전문적 발표 등의 목적이 아닌

한 과도하게 포즈와 제스처에 대해 의식할 필요는 없다. 다만 인지적 행동의 방아쇠 역할을 위해서 일부러 사용해 보는 용도로 활용하면 자세나 동작이 가진 표현 효과까지 얻게 되니 일석이조다.

말할 때는 손동작을 많이 사용해 보는 것을 추천한다. 손동작이 주는 전달력은 생각보다 강하다. 수화가 입술을 통해 의미를 유추하는 독순보다 압도적으로 효과적인 것만 보더라도 알 수 있다. 손은 수화나 수신호처럼 약속된 언어로서의 표현뿐 아니라 감정을 드러내거나 주의를 집중하게 만드는 효과를 가지고 있다. 같은 메시지라도 손을 활용할 경우 훨씬 더 강력한 효과를 줄 수 있으며 학자들이 정의한 의도성 짙은 동작들, 예를 들어 하늘을 손가락으로 가리키는 버락 오바마의 동작처럼 그 자체로도 강력한 메시지를 동반하는 동작까지 있다.

일상의 대화에서 활용할 때는 과도하게 일정 동작을 표현할 필요까지는 없다. 일단 손을 살짝 들어올리고 말을 해 보면서 자연스럽게 움직여보자. 처음에는 많이 어색할 수 있으니 너무 높이 들거나 크게 움직이지 말고 명치 앞쪽 가까이에 두고 적은 움직임을 가져가면서 익숙해질 필요가 있다. 문단에 힘주어 말할 때 단호한 목소리와 함께 손 역시 아래로 짚어가면서 강조해 보자. 대화를 편안히 풀어갈 때는 두 손을 안에서 바깥으로 실타래를 돌리듯 돌려가면서 이야기해 보자. 꼭 특정한 메시지를 담은 동작 언어를 구사하지 않더라도 표현을 강화시키는 역할을 저절로 잘 수행할 수 있을 것이다. 다만 무조건 익숙해질 필요가 있으니 편안한 상대와의 대화에서 자주 사용해 보자. 안 하면 늘지 않는다. 해 봐야 할 수 있다.

대화 상대의 긴장 정도를 파악할 때 포스처를 살피는 것이 도움이 되는 경우가 많다. 특히 팔짱을 끼고 움츠러든 자세를 취하는 경우, 손을 숨기거나 강하게 깍지를 끼는 경우는 긴장과 스트레스를 나타내는 대표적 동작으로 꼽힌다. 또 입술을 안으로 크게 끌어당기거나 눈동자를 과도하게 움직이는 것, 아래쪽으로 시선을 떨어뜨리는 것은 대표적인 불안 반응이다. 이러한 행동을 통해 위로나 안정이 필요한 상대에게 적절한 말을 건넬 수도 있고, 자신이 이러한 행동을 하고 있다는 것을 인지함으로써 본인의 상태를 이해하는 것도 좋다.

비언어적 요소는 감정을 나타내는 신호이기도 하고, 메시지를 강화시키는 양념이 되기도 한다. 친화력이 좋은 사람들이 가진 특징, 비언어적 요소를 적재적소에 잘 활용하면서 상대의 신호도 잘 감지한다는 것이다. 즉 내용에만 집중하는 것이 아니라 그 외의 반응과 표현들에도 관심이 많다는 것이다. 대화를 위해 나와 상대방 모두에게 주의 깊은 관찰과 노력이 필요하다.

대화의 멈춤과 재개

대화에도 때로는 멈춤이 필요하다

우리 부부는 서로 대화 성향이 잘 맞아서 연애 시절부터 함께 한 13년의 시간 동안 거의 다툰 적이 없었다. 배려심 많고 수용적인 아내와 주도적이고 세심한 나, 만만치 않은 상황에서도 우리의 대화는 대체로 갈등 없이 순조롭게 이뤄졌다. 하지만 아예 다툼이 없었던 것은 아니다. '정말 큰일이 났구나' 싶을 정도로 심각하게 싸운 일이 지금까지 두세 번 있었다. 다툰 상황들을 떠올려 보면 공통점이 있었다. 두 사람 모두 몹시 피곤하고 지쳐 있던 상황이라는 것이다.

최근의 다툼도 똑같았다. 큰 사고를 당하신 장모님을 돌보기 위해 밤샘 간병을 다니던 중인 아내. 새벽에도 잠 한숨 제대로 이룰 수 없는 고된 간병이라 아내는 간병을 마치고 집에 오면 거의 쓰러지기 직전이었다. 아내가 자리를 비우면 대신 아들의 식사를 챙기고 등·하교와 학원 마중을 하는 일은 내 몫이었다. 하필 아내가 없는 그날, 장염에 걸렸는지 밤새 화장실을 들락거리고 온몸이 쑤셨고 통풍 발작까지 도져서 발가락도 부어있었다.

힘든 하루를 겨우 마치고 피곤한 두 사람이 대화를 하다가 아주 사소한 오해가 생겼다. 서로의 표정이나 태도가 이전과 달라서 일어난 작은 오해였고, 평소라면 한 쪽이 얼마든지 보듬어줄 법한 일이었다. 하지만 여유가 없었던 둘은 서로가 싫어하는 표현, 기분 나빠할 행동을 계속 보이며 서로 화내기 시작했다. 결국 각자가 가장 약한 부분들이 맞닿아 터져버렸고, 큰 상처를 남기고 한참이 지나서야 겨우 대화할 수 있었다.

인간 관계에서 가장 중요한 수단인 대화지만, 때론 멈춰야 할 순간도 있다. 아무리 서로를 소중히 여기고 잘 통하는 상대라 할지라도 언제나 원활한 대화가 이뤄질 것이라 장담할 수는 없다. 오히려 대화가 잘 통했던 과거의 경험, 신뢰 때문에 더 큰 상처와 실망을 주고받는 경우마저 있다.

마음의 여유가 없는 상황, 자극 공간이 가득 차 감정 조절이 어려운 상황이 어쩌다 서로 겹치면 그 누구도 온전히 대화하기 어렵다. 심지어 대화 구성원 모두의 자극 공간이 가득 차게 되는 상황을 생각보다 자주 겪게 된다. 그 이유는 가까운 사이일수록 자극 공간에 영향을 주는 사건들을 함께 겪을 가능성이 많기 때문이다. 육아를 함께 하는 부부, 아픈 부모를 봉양하는 형제 관계 등 동일한 인물, 사건의 영향 아래 놓인 경우가 수없이 많아서다.

평소의 깊은 신뢰, 높은 애정을 통해 한 쪽이 양보하고 배려하면서 찾아온 위기를 극복할 수도 있지만, 여유가 전혀 없을 때에도 상대를 위해 물러선다는 것은 말처럼 쉽지 않다.

자극 공간이 가득 차 버린 대화 구성원들은 크고 작은 의견 차이와 오해를 바탕으로 갈등을 겪게 된다. 대화는 갈등을 푸는 최고의 수단이지만, 때론 멈출 필요가 있다.

우리 부부의 다툼처럼, 서로 배려할 신체적 여유가 없을 때를 포함하여 대화를 멈추거나 삼가야 하는 상황, 주제들이 있다. 부부, 연인뿐만 아니라 친구, 동료, 부모, 자녀 등 어떠한 관계라도 대화를 멈춰야 할 상황과 주제가 무엇인지 알아둘 필요가 있다.

① 서로를 이해하고 배려할 신체적 · 정신적 여유가 없을 때

대화를 나눌 신체적·정신적 여유가 없는 경우가 있다. 신체적 피로도가 높은 상황은 대표적인 감정을 오해하게 되는 상황이다. 자신의 컨디션이 매우 좋지 않다고 판단되면 대화를 잠시 멈추는 것을 제안하는 것이 좋다. 상대의 컨디션이 좋아 보이지 않을 경우에도 반드시 대화를 나눌 수 있는 상황인지를 확인하고, 가급적 휴식 이후 대화를 제안하는 것이 좋다. 핵심은 서로가 대화를 나눌 만한 상태인지를 잘 판단하는 것이다.

② 상대가 극심한 스트레스, 불안 상황인 경우

질병이나 큰 사건, 사고를 당한 경우 등 일반적이지 않은 큰 불안을 겪는 상황에는 어지간히 긴급한 이야기가 아니라면 대화를 멈출 필요가 있다. 상대방이 정서적으로 불안정하거나 큰 스트레스를 받는 상황일 때에는 아무리 올바른 표현을 한다고 할지라도 상대에게 제대로 전달되지 않을 수 있다. 상대가 들을 수 있는 상황이 아님에도 자신의 말하고자 하는 욕구를 따라 계속 대화를 시도한다는 것은 일종의 폭력이 될 수도 있음을 유의하자.

③ 상대방에게 치명적이거나 힘들 수 있는 주제일 경우

옳은 말이라도 상대가 받아들이기 어려운 내용도 있다. 큰 상처를 후벼파는 것처럼 상대의 아픈 기억을 다루는 주제는 경솔하게 선택해서는 안 된다. 도움을 주고 싶은 욕구가 있더라도 상대가 먼저 이야기를 하지 않는 한 상처가 남아있을 수 있는 주제는 다루지 않도록 하자. 특히 정신적 외상은 비전문가가 함부로 다뤄선 안 된다. 심각한 정신적 상처로 인해 고통받는 상대에게는 관련된 주제의 깊은 대화 대신 정신의학 전문가를 찾아가 도움을 받도록 이끄는 것이 좋다.

대화를 멈추는 방법

—

대화를 어떻게 멈춰야 할까? 특히 감정 조절이 되지 않거나 통제력을 잃어 폭발 직전인 경우, 반드시 대화를 멈추고 감정을 가다듬을 시간을 가져야 한다. 이때 자신의 패턴을 잘 아는 것이 중요하다. 가장 효과적인 방법은 자리를 잠시 피하는 것이다

참을 인忍 세 번이면 살인도 면한다고 한다.

오죽하면 차에서 내려 싸움이 일어나는 경우가 하도 많아서, 싸움을 피하기 위해 신발과 바지를 벗은 채 운전하라는 농담도 있을 정도다. 멱살 잡으러 문 열고 나가려다가도 '아 잠깐 신발 어딨어! 에구구, 아 맞다 바지! 바지도 좀 올려야지. 읏차!' 이렇게 챙겨 입다 보면 감정 조절할 틈을 만들 수 있다는 말이다. 그만큼 잠깐의 틈만 있어도 우리는 감정을 잘 조절해낼 수 있다.

대화로 갈등이 고조되어 감정 조절이 어려워진 경우도 마찬가지다. 계속해서 대화를 이어가면 강한 자극을 수용할 수 없게 되어 감정 조절이 계속 어려워지고 격한 반응만 나오게 된다. 따라서 이럴 때에도 조절할 수 있는 시간을 확보해야 한다. 가장 좋은 것은 자리를 이탈하는 것이다. 물론 상대방에게 알려야 한다. 아주 잠깐의 멈춤 시간을 갖도록 요청하는 것이다.

① 상대에게 명확히 표현하기

상대방에게 제안을 직접적이고 솔직하게 전달하자. 이때는 평소와 달리 다른 설명이나 구체적인 묘사는 어렵다. 그저 "잠깐만, 나

시간이 조금 필요해. 조금만 있다가 얘기하자"라고 말하는 것만으로도 충분하다.

② 긍정적 의도 강조하기

대화를 멈추고자 하는 것이 상대방을 비난하거나 피하기 위한 것, 대화를 아예 거부하려는 목적이 아님을 분명히 하자. 더 의미있고 생산적인, 긍정적인 결과를 위한 것임을 밝혀야 한다. "기분 나쁘게 하려고 하거나 피하려는 게 아니라, 정리할 시간이 필요해서 그래. 더 좋은 대화를 위해서야."

③ 구체적인 약속 제안

기약 없는 '나중'이어선 안 된다. 대화를 이어갈 구체적인 시간, 계획을 제안하자. 이를 통해 회피가 아닌 해결을 원하는 입장임을 분명히 할 수 있다. 추천하는 시간은 3분~30분 정도다.

④ 감사 표현

아무리 격한 갈등 상황이라도 요청을 이해하고 받아들여준 상대에게 감사를 표현하자. 이는 궁극적인 대화의 목적을 구상할 때 확인할 수 있듯, 대부분의 대화 상대는 적이 아닌 협력 대상이기 때문이다. "요청을 이해해줘서 고마워."

⑤ 감정 조절법 - 구체적 정의 내리기

시간을 확보했다면 감정을 구체적으로 정의해 보자. 감정을 정의하는 행위 자체가 이미 정리와 객관화의 시작이다. 이를 통해 감정 조절이 가능해진다. '화가 난다', '짜증이 난다'와 같은 단순한 표현 대신, 감정을 명확하고 세밀하게 들여다보고 그 원인과 욕구를 찾아 정의해 보자

—

물론 조절이 어려워진 자신의 상태를 스스로 인지하고, 시간을 가질 수 있도록 상대에게 요청하는 것은 쉬운 일이 아니다. 인지조차 안 되고, 인지하더라도 격정적인 상황에서 상대에게 제안하는 것이 엄두조차 안 나는 것도 당연하다. 원래 어려운 일이다.

배우고 훈련하지도 않았는데 올림픽에 나가서 금메달을 목에 걸 수 없는 것처럼, 예술의전당에서 감동적인 악기 연주를 할 수 없는 것처럼 대화도 똑같다. 배우고, 익히고, 자주 경험해야 겨우 조금씩 나아지는 것을 느낄 수 있는 것이다. 걱정할 필요는 없다. 우리가 걸음마를 걸을 때처럼 많이 넘어지겠지만, 결국에는 잘 해낼 수 있다. 포기만 하지 않는다면 말이다. 금메달보다, 박수갈채보다 더 큰 만족이 있을 것이라 확신한다. 대화를 잘 하고, 잘 멈춘다는 것은 인간관계의 위기를 극복할 수 있는 놀라운 능력이기 때문이다.

대화도 때론 멈춤이 필요하다. 다만 그 멈춤은 마침표가 아니라

쉼표여야 한다.

단절이 아닌 연결을 위해, 대화도 때론 멈춤이 필요하다.

대화의 재개

—

주어진 시간 동안 자신의 감정을 잘 조절하게 되었다면 이제 다시 대화할 시간이다. 당사자 모두가 다시 대화할 준비가 되었는지를 확인하는 것이 필요하다. 준비가 되지 않은 상황이라면 더 기다려야 한다는 것이다.

대화를 재개할 때는 이전의 갈등이나 오해를 해결하는 데 초점을 맞춰야 한다. 이전에 중단된 대화의 주제를 다시 논의하되, 상대방의 감정을 더 세심하게 관찰하고 배려하는 태도를 유지해야 한다. 대화를 중단해야 했던 이유 또한 잘 정리해서 명확히 밝히는 것이 도움이 된다.

상호 간 소통에서 발생한 문제의 범인을 찾는 것이 중요한 것이 아니다. 중요한 것은 해결책을 찾는 문제 해결 협력자로서의 관점을 갖는 것이다. 이를 위해서는 상대의 입장을 이해하려는 적극적인 공감이 필요하다. 또 상호 이해를 증진시키기 위해, 각자의 기대, 필요, 당시의 감정 등을 공격적이지 않게 표현하는 것도 도움이 된다. 적절한 해결책을 찾았다면, 실행에 옮기기 위한 구체적 단계를 계획하고 합의하면 좋다.

우리 부부의 상황을 통해 예를 들어 보자.

아내는 대화 중 내가 무의식적으로 짓는 표정으로부터 자신이 무시당한다고 느꼈다. 이로 인해 아내는 평소보다 예민하게 반응하고, 이에 대해 나는 억울함을 느끼며 화를 냈다. 감정적 대응이 격렬해지고 상처를 주고받던 중 두 사람 모두 대화를 멈춰야겠다는 판단을 하게 되었다. 평소보다 큰 신체적 피로감과 정서적 예민함을 느낀 두 사람은 대화가 온전히 이뤄지지 못할 상황임을 인지하고, 잠시 대화를 멈추는 것에 합의한 것이다. 잠깐의 시간이 흐른 후, 두 사람은 정리된 생각과 조절된 감정 상태로 만나 대화를 재개했다.

① 갈등 원인 파악

두 사람은 이전에 발생한 문제에 대해 이야기하기 시작한다. 아내는 나의 특정 표정이 자신을 무시하는 것으로 느껴져서 이로 인해 상처를 받는다고 설명한다. 나는 자신도 모르는 사이에 그런 표정을 짓고 있었으며, 자신의 의도가 오해를 받았다고 느껴서 억울함에 화를 냈다고 말한다.

② 해결책 모색

우리 부부는 각자의 입장을 이해하려고 노력하며, 서로의 느낌과 반응에 대해 더 깊이 이해하는 계기로 삼기로 했다. 아내는 내가 무의식적으로 짓는 표정이 자신을 비하하려는 의도가 아니라는 것을 알게 되었다. 나는 아내가 어떤 표정이나 행동에 민감하게 반응하는지 배웠다. 두 사람은 해당 경험을 토대로 이후에 문제가 다시 발생하지 않도록 해결책을 함께 논의하기 시작했다.

③ 구체적 단계 계획과 합의

표정 인식과 수정: 나는 자신의 무의식적인 표정에 더 주의를 기울이기로 했다. 또한 대화 중에 부정적인 표정을 지은 것을 인지하면 곧장 긍정적인, 최소한 중립적인 표정으로 바꾸려고 노력하기로 약속했다.

피드백 : 아내는 나의 표정으로 불편함을 느낄 때, 감정적으로 반응하지 않고 비공격적인 표현으로 피드백 하기로 약속했다. 특히 표정을 통해 감정을 추론하지 않도록 주의하겠다는 다짐을 했다.

당연히 대화의 멈춤과 재개가 쉽게 이뤄지지는 않는다. 누군가는 이렇게 교과서적인 대화가 실제로 이뤄질 수 있겠냐고 생각할지도 모르겠다. 맞다. 어렵다. 절대 쉽지 않다. 잘 안다. 나와 아내의 사례 또한 글로 적어서 쉬워 보일 뿐, 그 과정은 정말 힘들고 고된 시간이었다. 감정을 조절하지 못해 서로에게 주고 받은 상처는 여전히 후회스럽고 아프다. 하지만 서로에 대한 존중과 이해를 바탕으로, 대화에 대한 믿음과 의지만 있다면 충분히 대화가 가능하다. 우리 부부는 예전보다 서로를 더 깊게 이해하게 되었고, 각자의 약한 부분을 더 보듬어줄 수 있게 되었다.

우리는 미숙하기 때문에 실패하지만, 실패 덕분에 우리는 한층 더 성숙해질 수 있다. 포기하지만 않는다면.

대화 중단과 재개를 위한 체크리스트

이 체크리스트와 가이드라인을 따르면, 부적절한 시기에 발생한 대화를 효과적으로 중단하고, 양측이 준비됐을 때 건설적인 대화를 재개하는 데 도움이 될 것이다.

| 대화 중단 결정하기 |

1. 신체적/정신적 상태 체크:

- [ ] 나는 현재 신체적으로 어떠한 상태인가? 1~10점 (평소 5점 기준)
- [ ] 나는 현재 감정적으로 어떠한 상태인가? 1~10점 (평소 5점 기준)
- [ ] 상대방의 신체적 · 정신적 점수는 몇 점으로 보이는가? 1~10점 (평소 5점 기준)

2. 대화의 질 평가:

- [ ] 대화가 건설적인 방향으로 진행되고 있는가?

- [ ] 오해나 갈등이 증가하는 경향이 있는가?
- [ ] 서로의 말을 잘 듣고 이해하고 있는가?

3. 상황의 적절성 평가:

- [ ] 현재 대화하는 환경이 적절한가? (시간, 장소, 주변 상황)
- [ ] 대화 주제가 현재 상황에 적합한가?
- [ ] 이 문제를 지금 해결할 필요가 있는가, 아니면 나중에 논의해도 되는가?

| 대화 중단 표현하기 |

1. 명확한 의사 표현:

- [ ] 나는 내 필요를 명확하게 표현했는가? ("잠깐 멈춰야 할 필요가 있다고 생각해.")
- [ ] 상대방이 내 메시지를 이해했는지 확인했는가?

2. 긍정적 의도 강조:

- [ ] 나는 대화 중단의 긍정적인 측면을 강조했는가? ("더 나은 대화를 위해 시간이 필요해.")
- [ ] 대화 중단이 상대방을 비난하거나 멀어지기 위한 것이 아니라는 점을 명확히 했는가?

3. 구체적인 약속 제안:

- [ ] 나는 대화를 재개할 구체적인 시간을 제안했는가? ("한 시간 뒤에

다시 이야기하자.")

- [ ] 대화 재개 계획에 대한 상대방의 동의를 얻었는가?

4. 감사의 표현:

- [ ] 상대방이 내 요청을 이해하고 수용해준 것에 대해 감사를 표현했는가? ("이해해 줘서 고마워.")

| 대화 재개 준비 |

1. 감정 상태 점검:

- [ ] 나는 충분히 휴식을 취했는가?
- [ ] 나의 감정 상태가 안정되었는가?
- [ ] 상대방도 대화를 재개할 준비가 되어 있는가?

2. 해결책 모색 준비:

- [ ] 나는 갈등이나 문제를 해결하기 위한 구체적인 아이디어를 가지고 있는가?
- [ ] 서로의 관점과 필요를 고려한 해결책을 제안할 준비가 되어 있는가?

나를 지키기 위한 마음가짐

부정적 의사 표현 : 누구나 자신만의 영역을 지켜야 한다.

—

모든 사람에게는 감정에 큰 영향을 주는 자기만의 특정한 내면의 경계, 일종의 '영역'이 존재한다. 우리는 수많은 사람들과 대화하며 서로 다양한 자극을 주고받는다. 대화 중 우리는 상대 영역을 유추하여 경계를 지켜주거나, 의도치 않게 영역을 넘어서면 빠르게 사과하고 물러남으로써 서로의 영역을 존중하며 산다. 우리는 그것을 '예의'와 '배려'라고 한다.

때로는 일정 선을 넘어 불쾌하게 생각하는 영역까지 들어오는 사람들도 만나게 된다. 무신경한 나머지 영역을 침범한 것을 모르거나 또는 상대방의 영역에 일부러 침입하는 무례한 사람들이다. 그들은 영역을 무단으로 침입하는 행동으로 자신의 존재감을 과시하고, 상대에게 우월감을 느끼려고 한다. 자신의 무례에 대응하지 못하는 상대를 보며 우쭐함을 느끼는 야만적이고 미성숙한 사람들인 것이다.

타인의 영역을 침범하며 자존감을 채우는 사람들은 대체로 정서지능과 도덕성이 부족하다. 이런 유형은 가능한 한 멀리하는 것이 좋지만, 안타깝게도 현실에서 우리는 항상 원하는 사람들만 만날 수는 없다. 그래서 자신의 영역을 용기내어 지켜야만 한다.

원치 않는 대화에 대해 분명한 부정 의사를 밝히고 멈추는 것은 마치 빨간불이 들어올 때 정지하는 것처럼 너무도 당연히 해야 할 일이다. 다만 대한민국 문화에서는 거절이나 거부, 부정적 의사 표현은 가급적이면 하지 않는 것이 좋다고 여겨져 왔다. 상대에 대한 배려라는 이름으로 말이다. 더불어 상대가 받을 영향이 신경 쓰이기 때문에 거부 의사를 제대로 표현하지 않고 속에서 삭히는 경우가 많다. 하지만 정확하고 명확하게 표현하지 않는다면 절대로 문제는 저절로 해결되지 않는다. 자신과 상대 모두를 지킬 수 없다.

상황 1 : 상대가 대화하기 곤란한 주제를 계속해서 끄집어내는 경우

—

'명절공포증'이라는 표현이 생겼다. 설, 추석 등의 명절이나 어버이날 등 가족과 함께 보내게 되는 특별한 날에 부모님 댁이나 친척들 모임에 가지 않는 동료나 친구들도 많이 생겼다. 가서 괜한 소리 듣기 싫다는 것이다. 참석하는 사람들도 사정은 크게 다르지 않다. 가벼워야 할 고향길 발걸음이 천근만근 무거워지는 이유는 바로 대화다. 원래는 즐거워야 할 사랑하는 가족들, 친밀한 친척들과의 대화가 고통스럽고 두려워졌기 때문이다.

대화와 화제의 주도권을 가진 연장자들은 대부분 상대방에 대한 근황으로 이야기를 시작하는 경우가 많다. 그 자체는 전혀 문제가 없지만, 당사자의 입장에 대한 고려, 공감 또는 감정이입 없이 대화 주제를 강행하는 것이 문제다. 취업이 되지 않아서 속상해 하는 경우, 연애나 결혼 상대와 불화를 겪는 경우, 외모에 대한 스트레스 등등… 대부분 연장자들의 '걱정'과 '조언'이 나오는 주제는 당사자 입장에서는 떠올리기조차 싫은 주제인 경우가 많다. 누군가에 대한 걱정을 입 밖으로 내고 조언을 한다는 것은 애정이 담겼지만 엄연한 '불신'의 표현이기 때문에 그것만으로 마냥 즐겁지 않다. 게다가 당사자는 매일 해당 문제에 대해 고민과 고통을 받고 있는 상황인 것이다. 평소에는 실질적인 도움도 주지 않는 상대, 아주 오랜만에 만난 상대가 이것저것 조언과 참견을 한다면 얼마나 불쾌하고 속상하겠는가? 물론 위하는 마음에서 하는 애정어린 말이라는 것을 알고 있지만 말이다.

우리는 대화 중에 바라지 않는 주제가 상대 입에서 나오면 다양한 비언어적 표현으로 충분히 신호를 보냈다고 생각하는 경우가 많다. 소위 '눈치'를 주는 것이다. 얼굴을 찌푸리거나 목소리 톤, 어투, 자세 등으로 주제를 전환하고자 하는 욕구를 표현한다.

하지만 상대가 눈치껏 알아채지 못하는 경우가 허다하다. 원인은 역시 자기 인지가 어렵기 때문이다. 누구든 말하고자 하는 욕구가 강한 상태로 특정 주제에 '꽂히면', 시야가 좁아져서 상대의 신호를 감지할 수 없게 된다. 심지어 상대방이 나보다 권한이 약한 사람이라면 더더욱 그렇다.

가벼운 신호를 알아채지 못하는 상대에게는 조금 더 강하게 신호를 증폭시키면서 부정적 의사를 표현하곤 한다. 볼멘소리로 대답한다든지, 침묵으로 일관한다든지. 하지만 비언어적 표현만으로는 대체로 전달되지 않은 채 오해만 불러 일으키는 경우가 많다. 비언어적 표현을 눈치채지 못하는 상대에게는 언어적 표현 없이는 정확한 의사 전달이 어렵다. 나의 감정과 반응에 대한 고려가 부족하다는 하나의 방증이기 때문이다.

분명한 거부를 표현할 필요가 있다.

비언어적 표현으로 눈치를 줘도 알아채지 못하는 대상에게는 반드시 언어를 사용하여 분명하고 구체적으로 거부 의사를 표현해야 한다. 이 때 주의할 것이 있다. 불쾌함이나 난처함 등 감정을 표현해서는 안 된다. 대화에서 '거부', '거절', '중단 요청' 등의 부정적 의사 표현은 자칫 감정이 들어가면 메시지의 의도를 오해하게 만들 수 있다. 화를 표현하는 것은 매우 원시적인 시기의 '주도권 획득'을 위한 방식이며, 현대 사회에서는 의도와 정반대의 효과, 즉 관계 악화, 이미지 추락 등을 통한 '주도권 상실'을 가져오게 된다. 평소보다 더 안정된 감정 상태로 표현해야 하는, 사전 준비가 반드시 필요한 것이 바로 부정적 의사 표현이다.

부정적 의사를 표현하는 것이 어려운 이유는 '대상과의 관계에 끼칠 악영향'에 대한 우려다. 실제로 부정당하는 순간 우리의 머릿속은 '쿵' 하는 듯한 멈춤을 경험하게 된다. 부정적 의사 표현을 겪으면 자칫 나의 존재에 대한 부정, 거부로 느껴지기도 한다. 본능적으로 존재에 대한 위협으로 다가오기 때문에 오해와 갈등이 생기기 쉬운 것이다.

이러한 이유 때문에 반드시 상대에게 부정적 의사를 표현하기 위해서는 '감정을 조절한 상태'로 '정확하고 분명한 표현'이 중요하다.

정확하고 분명한 표현은 네 가지 요소가 포함되어야 한다.

① 걱정이나 제안, 질문, 주제 선정에 대한 인정 또는 감사 표현
② 해당 주제가 자신에 주는 영향
③ 이후에 대한 약속
④ 상대에 대한 정확한 행동 요청

|예| "① 걱정해 주셔서 감사해요.
② 그 주제는 제가 최선을 다하고 있지만 쉽지 않네요. 해당 주제에 대해 생각만 해도 마음이 편치 않습니다.
③ 스스로 잘 해결해 보고 도움이나 조언이 필요하면 말씀

드릴 테니

④ 더 이상 그 이야기는 하지 않았으면 좋겠습니다."

예시에서는 분명하고 명확하게 ② '해당 주제가 자신에게 주는 영향', ③ '상대에 대한 행동 요청'을 포함하여 ① '걱정에 대한 감사', ③ '이후에 대한 약속' 등을 표현했다. 하지만 실제로 전달할 때 위와 같이 하기 어려울 수 있다. 꼭 남겨야 할 요소라면 ② 해당 주제가 주는 영향과 ④ 상대에 대한 행동 요청이다.

|예| "주제에 대해 생각만 해도 마음이 편치 않습니다. 더 이상 그 이야기는 하지 않았으면 좋겠습니다."

부정적 의사를 표현하는 것은 큰 용기가 필요한 일이다. 자신을 지키기 위해서, 상대를 지키기 위해서 우리는 용기를 내야 할 필요가 있다.

애써 표현을 해도 상대가 무시한 채 지속적으로 주제를 언급하는 경우가 있는데, 그때는 화제를 전환하거나 침묵을 선택해도 된다.

대화를 위해 용기를 내어 표현했는데도 상대가 무시한다면, 나에 대한 존중이 없다는 증거다. 자신을 존중하지 않는 상대와의 관계에 목을 매지 말고, 분명하게 알려야 한다.

일방적으로 인내하며 참고 받아준다고 긍정적으로 관계가 유지되는 것은 아니다. 오히려 정확하게 표현할수록 관계를 지킬 수 있다.

이 주제와 관련된 예시 하나를 소개한다.

형제처럼 매우 가까운 관계가 되어 많은 것을 함께 했던 옛 동료 A는 기호도, 취미도 잘 맞는다. 함께 공유한 추억도 많다. 하지만 다른 동료인 B와의 갈등이 해결되지 않은 채 퇴사하게 되어서 그런지 여전히 악감정을 드러냈다. 그들의 갈등 해결을 위해 정말 긴 기간 동안 수없이 노력했던 나는 평행선을 달리다 못해 서로 파멸로 다가서는 과정에서 벗어나고 싶었다. 그래서 A와 만날 때 회사와 B에 대한 이야기는 아예 꺼내고 싶지 않았다.

A의 입장에서는 여전히 많은 것이 궁금한지, 또 분노와 원망이 남아있는지 개인적으로 만나는 자리에서 꾸준히 회사와 B에 대한 이야기를 꺼냈다. A를 형제처럼 아끼는 만큼 모처럼 함께하는 자리에서 부정적인 방향으로 흘러갈 주제를 다루고 싶지 않았다. 하지만 아쉬움과 서러움이 있을 법한 A의 마음을 충분히 이해하기 때문에, 나는 간략하게 답을 하며 화제를 전환하곤 했다. 그러면서 해당 주제에 대해 이야기하고 싶지 않다고 분명하게 표현했다.

그럼에도 그는 회사 이야기가 서로 공유할 수 있는 공통의 화제라고 생각했는지 이후에도 번번히 해당 주제를 꺼내곤 했다. 더 이상 해당 주제에 대해 이야기를 나누는 것은 우리 둘의 관계마저 해치는 부정적 결과로 이어질 것이란 판단이 들었다.

나는 A에게 정확하게 부정적 의사 표현을 했다. "나는 여전히 B와 함께 일하고 있어. 내가 A를 좋아하고 존중하듯, B를 좋아하고 존중해. 그러니 앞으로 우리 사이에서 회사와 B 이야기는 꺼내지 말자"고 분명히 선을 그었다. 이후 그가 자신도 모르게 B의 이야기를 꺼내는 경우 나는 아예 대화를 멈추고 전혀 다른 주제로 넘어가거나 의도적으로 침묵했다. 몇 번의 전환과 침묵을 경험한 그는 더는 해당 주제를 꺼내지 않는다. 우리는 여전히 좋은 지인으로 서로를 아끼고 잘 대화하며 지낸다.

상황 2 : 영역을 침범받은 경험을 통해 배운 것

—

자신만의 영역을 침범받는 경험을 하면 그 상처는 굉장히 오래 남는다. 군 시절, 훈련소에서 얻은 다리의 부상으로 곤욕을 치렀다. 부상 회복 이후에도 잦은 경련이 일어나 극심한 통증으로 고생했는데, 가끔은 참기 힘든 수준의 통증이 생겨 바닥에 쓰러져 다리를 부여잡곤 했다. 공감 능력이 떨어지는 데다 배려나 예의라곤 찾아보기 힘들었던 당시 부대 간부들은 그 모습을 보고 부실한 장교라고 조롱, 비난, 타박만 했다. 누구 하나 감싸주거나 위로해 주기는커녕 나서서 한 소리씩 비난을 했고, 그러다 보니 은연중에 나를 깔보고 무시하는 사람들도 생겼다.

회식을 하던 때, 나이가 50대인 부사관(계급상 나보다 아래인) 한 명이 다가와 나를 격려하는 척하며 조롱을 했다. 운동을 못 하는데 전종목이란 이름이 잘 안 맞으니 곤란하지 않냐면서 개명을 하는 게 좋겠다는, 조언을 가장한 조롱이었다. 참 어처구니없는 일이었다. 자기 나이의 절반 밖에 안 되는, 경험 없이 갓 부임한 청년에게, 안 그래도 곤욕을 치르는 사람에게 조롱이나 하다니… 그 수준을 알 만했다. 나는 억지로 웃으며 "잘 모르셔서 그런데, 다리가 불편하긴 하지만 저도 잘 하는 게 참 많습니다"라고 넘겼지만, 서럽고 화가 났던 기억이 아직도 생생하다.

좀 더 정색하고 부정적 의사를 표현할 걸 그랬나 싶기도 했지만, 그럴 때는 타이밍을 맞추기 참 어렵다. 대부분 나와 비슷하거나 더 심하게 타이밍을 놓치고 대응하지 못하게 된다. 지나고 나서 이불킥하며 '그때 이렇게 말했어야 하는데!'라고 가슴을 치게 된다.

타이밍은 맞출 수 없다. 당신의 책임이 아니다.

지나 보니 타이밍을 못 맞춘 이유를 알게 되었다. 존중 없는 말을 들으면 편도체가 불안해져서 사고가 멈추기 때문이다. 동물들도 위기의 순간을 감지하면 굳어버리듯, 나를 깎아내리고 폄하하는 메시지는 내 존재의 안위를 위협하는 강력한 신호가 되어 사고를 마비시키는 것이다. 당신의 순발력이 떨어져서가 아니다. 그냥 기습적인 폭력을 당한 것이다. 그러니 자책할 필요는 없다.

다만 지속적인 반복이 이뤄지는 것은 막아야 한다. 대응하지 않으면 점점 더 선을 넘게 된다.

앞서 이야기한 부사관은 그 이후로 내 앞에서 조롱하진 않았다. 나이가 어려도 상급자는 상급자였으니 말이다.

문제는 선배 장교들이었다. 직급도 높고 경험도 많고, 주변에 우호적 관계도 많은 그들. 그들은 나보다 강자였다. 경직된 군대 문화 속에서 약자는 강자에게 제대로 내색조차 할 수 없었다. 그들은 몸이 아픈 나를 꾀병 취급하거나 자기 관리도 못하는 존재로 취급하면서 무시와 혐오를 자주 드러냈다. 억울하고 외로운 시간들이었다. 상급자, 선배라는 존재들의 무례에 제대로 대응하지 못했고, 부대를 옮긴 후에서야 그나마 안정감을 찾을 수 있었다. 하지만 그곳에서도 다리가 아파 힘이 들 때엔 자연스럽게 조롱과 멸시를 받곤 했다. 여전히 나는 제대로 표현하지 못한 채 당할 수밖에 없었다. 도망친 곳에 낙원은 없었던 것이다.

지난 시절의 나를 돌아보면서, 비슷한 고통을 겪는 사람들, 자신의 영역을 침범받은 사람들에게 해줄 수 있는 조언이 뭐가 있을지 생각해 봤다. 아주 어려운, 어쩌면 비현실적인 조언일 수도 있지만 내가 찾은 답은 단 하나였다.

자신의 영역은 스스로 지켜야 한다. 쉽지 않지만, 명확하게 표현해야 한다. 대응하지 않으면 점점 더 지키기 어려워진다.

무례와 조롱 앞에서 누군가 나를 지켜줄 사람이 나타나길 바랄 수는 없다. 결국 스스로 마주해야 한다. 자신의 영역을 지키고 무례함과 맞선다는 것이 반드시 극단적으로 분노를 표현하고 행동으로 대응하는 것만을 뜻하지 않는다. 모든 걸 잃을 각오로 '너 죽고 나 죽자'식의 대응은 마지막 수단으로 아껴두자. 최후의 저항선을 지키지 못할 것 같은 순간에 사용해도 늦지 않다.

먼저 무례에 대응하는 영역을 여러 단계로 구분하여, 순서에 맞게 대응하는 준비가 필요하다. 이와 같은 3단계 대응법이 통하지 않는다면 그때는 배수의 진을 칠 때다. 고발, 고소, 퇴사 등 스스로가 생각하는 가장 강한 대응법을 사용하자.

처음 영역을 침범당하면 사고가 마비되기 때문에 즉각 대응은 어렵다. 하지만 해당 경험에 대해 곱씹고 준비를 해서 두 번째 침범에는 반드시 대응해야 한다. 처음 경험을 회피하고 외면하면 두 번째도 똑같이 사고가 마비된다. 명심하자. 두 번째는 반드시 대응해야 하니, 영역을 침범받았다면 각오를 단단히 하고 준비하자.

1단계 대응 규칙 : 웃으며 가볍게 말하기

앞서 부사관에게 했던 내 대응처럼 말이다.

외모를 비하하고 조롱하는 것도 여전히 발생하는 무례한 선넘기다. '○○씨 요새 식욕이 당기나? 배가 장난이 아닌데?'라고 하는 농담을 가장한 조롱을 당한 상황이라면 웃으면서 분명히 말하는 것이다. "그런 말 하지 마세요. 안 그래도 속상해요."

정말 큰 악의 없이 영역을 침범했던 유형이라면 이 정도 신호만으로도 본인의 잘못을 인지하고 선을 지킨다. 다만 빌런은 다르다. 웃으면서 가볍게 얘기하면 못 알아 듣는다. 악의가 있는 빌런에게는 2단계 대응이 필요하다.

여기서 주의할 점. 절대 감정적으로 화를 내며 대응해선 안 된다. 상대의 악의를 느끼고 발끈하면서 화를 내는 경우, 나만 이상한 사람이 되기도 한다. "농담이었어", "무슨 자격지심 있어요?", "왜 혼자 급발진해서 분위기 망치고 그래" 등 무례한 사람들은 나름의 대비책을 지니고 있는 경우가 많다. 심지어 잦은 경험을 통해 훈련도 잘 되어 있다. 그 앞에서 화를 내는 등의 감정적 반응은 상대에게 빌미를 제공하는 일이다.

화 내지 않으면서도 상대에게 내 감정을 인지시키고, 행동을 멈출 수 있으려면 어떻게 해야 할까? 확실하고 간단한 방법이 있다. 물론 이 방법도 스스로의 상태를 정리하고 감정을 조절해야 올바르게 사용할 수 있다. 첫 신호와 1단계를 거치면서 미리 준비해야 하는 이유다. 적절한 상황에 대응할 수 있게 만드는 능력은 순발력이 아니다. 인지력과 경험이다. 대응할 타이밍이라는 것을 미리 인지하고, 적절한 대응을 한 경험이 누적될수록 더 빠르게 얼음 상태에서 스스로 땡을 외칠 수 있는 것이다. 그리고 무엇보다 용기를 내야 한다.

내 안에서 상대의 발언으로 인한 신체 반응을 감지하고 감정으로 정의가 내려지면, 곧장 빠르게 반응해야 한다. 정신을 바짝 차려야 하는 타이밍이라는 것이다. 그렇게 정신 집중한 상태로 상대에게 질문해야 한다. 화를 내지 않으면서 담담하게, 하지만 명확하게 이야기 하자.

2단계 대응 규칙 : 상대의 말을 그대로 들려주고, 의도 질문하기

"방금 ○○○○하고 ○○○○하다고 한 말, 무슨 의도인가요?"

상대의 말을 정리해서 그대로 들려준 후 그 말의 의도를 묻는다.

만약 내게 무례를 저지른 부사관이 다시 한번 선을 넘으면 2단계 대응을 하는 것이다.

"지금 제게 이름을 바꾸라고 말 하셨잖아요? 그렇게까지 말씀하시는 의도가 뭔가요?"

배가 장난이 아니라는 표현을 하는 대상에게도 "방금 저한테 제배가 장난 아니라고 말씀하셨죠? 그 말의 의도가 뭔가요?"라고 묻는 것이다.

모든 말에는 의도가 있기 때문에 대답할 수밖에 없다. 다만 의도가 불순하다 보니 절대 제대로 드러낼 수 없다. 결국 변명과 거짓말을 하며 무마하려고 할 가능성이 크다. "별 의도 없어요."

그럼 이렇게 대화를 마치자.

"의도가 없으셨다면 그런 말 하지 마세요. 유쾌하지 않네요."

의도가 없다고 인정했기 때문에 명분 또한 사라지게 된 것이다.

다른 변명을 대는 경우도 있다. 소위 조언, 걱정 등 말도 안 되는 소리를 한다. 그러면 거기서 조언이나 걱정에 대한 거부를 하면 된다. 대신 감사하다는 의례적인 말을 끼워서.

"아니, 건강이 염려되서 그러지"라고 한다면 "걱정해 주셔서 감사해요. 근데 걱정하지 마세요"라고 종결하면 된다.

말은 의도를 담아내는 그릇이다. 의도를 확인하고 거부하면 더는 같은 그릇을 사용하지 못한다.

농담인데 뭘 그렇게 물어보냐고 되묻는 경우 "나한테는 그 말이 재미가 없어서 농담인 줄 몰랐다"고 하면 된다. 농담이라는 핑계는 결국 모두가 즐겁자는 의도였다는 말이니, 그걸 부정해 주기만 하면 된다. 즐거울 모두 안에 나는 절대 포함되지 않는다는 것을 분명히 밝히자.

3단계가 필요한 시기, 부끄럼을 모르는 악인들

이 정도면 대부분 만만치 않다는 생각을 하면서 껄끄러워서라도 무례를 반복하지 않는다. 하지만 스스로 느낀 수치심을 '모욕'당했다고 생각하면서 더 시비를 걸어올 수도 있다. 앞서 말했듯 타인의 영역을 존중하지 않는 빌런들은 도덕성이 낮고 인성이 나쁜 경우가 많기 때문이다.

오히려 명확한 거부를 빌미로 시비를 걸어온다면 더는 분위기를 위해 미소를 짓거나 표정을 신경 쓸 필요가 없다. 최후의 저항선이기 때문이다.

웃음을 지우고 반드시 의사를 분명히 표현해야 한다.

"저는 당신의 표현이 불쾌합니다. 하지 마세요."

이렇게 표현했는데도 반복하거나, 이를 문제 삼아 피해를 주는 경우, 그때는 당신이 가진 가장 강한 대응책을 선보일 때다. 퇴사, 고발, 고소 등 상대에게도 가장 큰 피해가 될 수 있는 카드를 손에 들어야 하는 시점이 온 것이다. 우리가 할 수 있는 최대한의 대응을 하자. 더는 저 빌런과 함께 하는 미래를 생각할 필요가 없다. 막상 최후의 대응을 한다고 해서 인생에 별 큰일 나는 것도 아니다. 나를 지키는 것이 더 중요한 시점이다. 당신은 할 만큼 했다.

결국 이렇게 될 것을 무엇하러 3단계까지 노력하냐고 물을 수도 있다. 바로 들이받아 버리면 속 시원하지 않느냐고.

나는 그렇게 생각하지 않는다. 그건 나만 손해 보는 방법이다.

의사 표현을 해 나가면서 마지막에 최후의 대응을 하는 것과, 작은 침범에 다짜고짜 끝장 대응을 하는 것은 주변 여론, 최후 대응의 효과, 결과 등 모든 것이 완전히 다르게 나타난다. 증거와 증인 확보를 위해서라도, 명분 확보를 위해서라도 단계별로 대응하는 것이 훨씬 현명하고 이롭다.

두려워서 용기를 내지 못할 수도 있다. 이해한다. 무례를 일삼는 빌런들은 대체로 권한과 직급, 인간 관계 등 강자의 위치를 악용하기 때문이다. 그렇지만 그들이 가진 강점에 굽히고 들어가는 순간 당신은 저항할 힘도, 빠져나올 명분도 스스로 잃어버리게 된다. 그들이 가진 강점이 내게 혜택이 되는 순간, 당신은 그와 '거래'한 것이다. 거래는 점점 불합리적으로 변하게 되고, 나중에는 아무런 혜택도, 대가도 없이 조롱만 당하는 자신을 마주하게 될 것이다.

굽히고 들어간 굴에서 허리를 펼 수 있을 거라는 기대는 말라.

친구 관계에서의 무례도 마찬가지다. 친구들을 은근하게 무시하고 조롱하며 우월감을 느끼는 빌런 대부분의 특징은 자신이 관계의 중심에 서서 사람들을 모으는 경우가 많다. 관계를 볼모 삼는 것이다. 그럴 땐 차라리 혼자 되는 걸 각오해라.

우정은 존중을 바탕으로 생긴다. 자신이 우스갯거리가 되는 집단이라면 그 안에서 어떠한 안정감과 행복감을 느낄 수 있겠는가.

어차피 삶이란 외로움을 감당하고 마주하는 기회를 꼭 가져야 한다. 그게 지금일 수도 있다는 마음가짐으로 당당하게 맞서라.

성숙을 위해서 때론 외로움도 감수해야 한다.

—

참고로 3단계 대응법은 가급적 공개된 자리에서 진행해야 한다. 대응을 준비하면서 미리 주변의 도움을 청하며 여론을 우호적으로 만들어 두는 것도 도움이 된다. 정치적인 행동을 하는 것과 다르다. 당신이 처한 곤경에 대해 말하며, 상대의 행동을 멈출 수 있도록 힘을 모아달라는 구조 요청이기 때문이다. 그것이 영역을 침범하는 사람에게도, 주변 사람에게도 결과적으로 도움 되는 일이다.

—

내가 대상이 아니라도 누군가를 무시하거나 조롱하는 일을 내버려두지 마라.

누군가가 악한 행동을 하는 것을 동조하거나 못 본 척한다면 언젠가 그 대상이 당신이 될 수도 있다. 자신의 무례한 행동이 집단 내에서 허용된다는 메시지를 받기 때문에 빌런이 되는 것이다.

알려줘야 한다. 그 행동이 얼마나 나쁜 것인지를. 용기를 내 표현해 주어야 한다. 적당한 시점에 표현한다면 빌런이 되는 것을 막을 수도 있다.

방법은 동일하다. 단계별 대응을 해야 하는 것이다.

1단계, "그 말은 좀 그렇네요", "그만 하시죠"라고 웃으며 만류해 주어야 한다.

2단계, "그런 말씀 하시는 의도가 뭔가요?"라고 물어봐 주고,

3단계, "그 말 당사자가 불쾌해하는 것 같고 저도 불쾌하니 그만 하세요"라고 표현해야 한다.

괜히 나서서 덤터기쓴다고 생각할 일이 아니다. 스스로 주변의 언어 표현을 돌보지 않으면 누구든 빌런이 될 수도, 피해자가 될 수도 있다.

남의 집에 난 불이 내 집으로 옮겨 붙는 것은 눈 깜짝할 사이에 일어난다.

나를 지키기 위한 마음가짐 : 무분별한 비난에 수긍하지 않기

—

올바르게 대화에 임하기 위한 정신 건강을 유지하기 어려운 세상이다. 아닌 척하며 서로를 헐뜯는 문화가 팽배해서다. 조금이라도 '표준'에서 벗어나면 가차없이 공격한다.

대놓고 하는 비난만 비난이 아니다. 감상적인 표현을 하는 사람에게 손을 말아쥐며 '오글거린다'는 프레임을 씌우고 낄낄거린다. "농담이에요. 웃자고 한 말이에요"라고 포장하지만 실체는 조롱이다. 당사자가 받는 영향은 수치스러움 때문에 다시는 그런 표현을

하지 않게 된다. 개인적인 특성 중 하나인 감성이 단죄되어 버리는 것이다. 매사에 진중하고 깊게 고민하여 진솔하게 말하는 사람에게 '진지충'이라는 말로 매도해 버리는 것도 예삿일이다.

뿐만 아니라 세월에서 얻은 지혜를 나눌 기회도 꼰대라는 표현 때문에 스스로를 경계하고 검열하게 되었다. 당차고 소신있는 당당함을 'MZ'라는 프레임에 섞어 도를 넘는 '무례함'으로 몰아간다. '나댄다'라는 말에 용기를 잃고, '비현실적'이라는 말에 이상을 잃는다. '오지랖'이라는 말에 연민을 잃고, '찌질함'이란 말에 섬세함을 잃는다.

함부로 타인을 평가하는 문화, 예전에는 뒤에서도 차마 할까 말까 고민했던 비난 표현들이 상황과 무관하게 난무하고 조롱에 활용되면서 우리는 눈치를 보게 되었다. 개성에 대한 비난이 쉽게 허용되어 버린 분위기 속에서 자기다움을 잃어가는 중이다.

스스로를 지키기 위해 반드시 필요한 마음가짐이 있다. 비난에 절대로 수긍하지 마라. 당신을 누군가의 틀에 가두려는 의도적 행동과 참견을 그냥 두지 말고, 당당히 거부하며 스스로를 지켜라. 예의와 배려, 존중을 바탕으로 자유로운 행동, 자기다운 표현을 하는 것은 결코 문제되지 않는다. 너무 쉽게 비난의 대상이 되어서도 안 되고, 그 말에 나도 모르게 수긍하면서 스스로를 눈치보게 만들지 마라.

자기다움을 지키는 일은 어렵다. 사회적 시계 속에서 자기만의 흐름을 유지하는 일, 무례가 몸에 밴 상대 앞에서도 존중을 실천하는 일처럼, 비난과 조롱이 난무하는 시대에 자기다움을 유지하는 일은 몹시 힘든 일이다. 그럼에도 불구하고 우리는 스스로를 지켜야 한다.

내게 과잉되어 있는 무언가는, 내가 더 많이 가진 그 무엇은 바로 나를 발견하는 가장 중요한 단서다. 나의 고유성을 확인하는 길이다. 스스로를 이해할 수 있는 단서를 남들 말만 듣고 잘라내서는 안 된다. 이것저것 다 잘라내고 나면 모자란 부분만 가득하게 된다. 매력도 없는데 기준에도 못 미치는 불량품이 되고 마는 것이다.

타당한 피드백은 분명 고마운 일이다. 성장을 위해 무엇보다 필요한 요소다. 하지만 무분별한 비난, 눈치 주기, 냉소적 시선에 의한 비아냥에 당신을 맞추지 마라.

스스로에 대해 확신을 가져야 한다. "나는 존중받아 마땅한 존재다"라는 마음으로 생각하고 자기답게 살아가야 한다. 그래야 자신을 지킬 수 있다.

절대로, 세상의 비난에 수긍하지 마라.

부하 직원을 위한 마음가짐 : 상급자 대하기

사람을 참고 견디면 소위 '맷집'이 단련된다는 위로들을 한다. 나는 맷집론에 다소 회의적이다. 상처에 익숙해지면 저절로 덜 아파진다고 착각할 수 있지만 마음의 상처는 대부분 내버려두면 곪는다. 게다가 체력 자체가 줄어들면서 면역력이 약해지고, 결국 온갖 부위가 아파서 시름시름 앓다가 한순간에 무너진다.

더 무서운 사실이 있다. 애써 익숙해진 상급자가 바뀌는 경우도 많다는 점이다. 사람마다 워낙 다양한 특성을 가지고 있어서 소위 '찌르는 곳'이 다 다르다. 복부를 자주 때리는 상대 덕에 강철 같은 복근이 생겼다고 안심했더니, 다음 상대는 머리만 때리는 사람일 수 있다. 운이 좋으면 같은 부위를 공격하는 사람을 만나서 튼튼해진 맷집이 도움 될 수 있지만, 운에 맡기기에는 나는 너무도 소중하다. 결국은 관점을 바꿔서 능동적으로 소통을 시도해야 한다.

능동적으로 직장 동료 및 상사들, 특히 영향력이 큰 상급자와 소통하기 위해 기억해야 할 것이 있다.

① 각오 단단히 하자. 어줍잖은 마음가짐으로는 안 된다.

우리 문화는 아무리 탈권위적이려 애쓴다 할지라도 사회적 위계에 익숙하다. 공동체 중심의 사회였기에 자연스럽게 기득권 중심,

연장자 중심의 의사 소통 문화 안에서 성장했다. 능동적으로 소통을 시도하는 하급자를 낯설게 느끼는 것이 당연하다.

② 절대적 좋은 사람, 나쁜 사람은 없다.

특별한 몇몇을 제외하면 사람은 누구나 다양한 면이 있다. 특히 상황과 대상에 따라 전혀 다른 모습을 보이기도 한다. 나한테는 지독하고 형편없는 상사가 누군가에겐 가장 자상하고 훌륭한 리더일 수도 있다. 물론 대체로 부정적인 평가를 받는 사람들은 그만한 이유가 있다. 하지만 다른 직원들과 전부 좋지 않은 관계인 사람이라도 나와의 관계가 유독 좋을 수도 있다는 것을 기억할 필요가 있다.

③ 상급자와의 관계 개선은 내 삶의 만족도에 큰 영향을 준다.

일을 어렵게 만드는 것은 일 자체보다 일에 관련된 사람이다. 특히 나보다 강자인 상사와 관계가 좋아진다면 삶의 만족도가 엄청나게 향상된다. 우리가 가장 많은 시간과 에너지를 쓰는 일터에서, 가장 영향을 많이 주는 핵심 인물인 상급자와 관계가 좋아진다면, 일 이외의 영역에서 아무리 노력해도 얻지 못할 정도의 만족도 향상을 맛보게 될 것이다.

④ 일방적으로 맞추기만 한다고 호감을 얻을 수는 없다.

특히 나를 지키지 못할 정도로 상대에게 맞추다 보면 반드시 그 끝은 좋지 않다. 존중을 주고 받는 관계를 위해서라도 표현해야 할 것은 회피하지 말고 용기내어 표현해야 한다. 굽히고 들어간 굴에서 허리를 펼 기대를 하지 마라.

⑤ 말하지 않으면 절대로 알 수 없다.

자기 표현은 어렵지만 가장 중요한 소통 키워드다. 표정이나 태도로 드러내기 전에 말로 표현하는 연습을 해야 한다. 특히 비언어적 메시지는 왜곡되거나 확대 해석될 수 있다는 것을 기억하자.

⑥ 대화의 힘을 믿자.

아무리 상대가 부정적인 소통 스타일을 가진 사람이라도 제대로 된 대화가 이뤄질 수 있다는 믿음을 버려서는 안 된다. '이전까지 안 됐으니 앞으로도 안 될 거야'라는 냉소주의는 인간 관계, 대화에 아무런 도움이 되지 않는다.

대화 중에서도 특히 어려운 것이 상급자와의 대화다. 하지만 노력은 분명히 결실을 맺는다. 냉소와 포기만큼 상황을 악화시키는 것은 없다. 모두가 안 될 거라고 하더라도 최선을 다해 노력해 보는 경험이 자신을 성장시킬 것이다.

부하 직원을 위한 대화 요령 : 성과 중심 대화법

—

대한민국 기업에서 유형 진단을 하면 가장 많이 나오는 성향이 있다. 특히 상급자, 관리자들에게 가장 많이 나오는 성향은 바로 '성과 지향성, 효율 지향성'이다. 조직에서 요구하기 때문일 수도 있고, 우리 문화적으로도 효율적으로 결과를 내기 위해서 열심히 노력하는 것이 미덕으로 여겨져 왔다. '끝이 좋으면 다 좋다, 모로 가도 서울만 가면 된다'처럼 '결과'에 집중하는 것이 우리에게는 익숙하다.

물론 목표를 달성하고 성과를 함께 나누는 것은 함께하는 모두에게 중요하다. 아무리 좋은 분위기로 즐겁게 함께 했어도, 정작 결과가 안 좋으면 만족스러울 수 없다. 특히 일할 때는 더더욱 그렇다. 조직이 유지되기 위해서라도 성과 달성을 우선 순위 맨 위에 놓는 것은 어찌 보면 당연하다. 그러니 책임이 막중한 리더들, 관리자들에게 요구되는 것은 성과와 효율일 수밖에 없다.

그러니 리더들은 부하 직원이 실질적이고 효율적으로 행동하기를 원한다. 하나 하나 지적하고 알려주지 않아도 알아서 척척 잘 하는 것을 원한다는 것이다.

'알아서 잘 하는 것'은 아무런 승인도 받지 않고 마음대로 진행해 버리는 것을 의미하지 않는다. A부터 Z까지 하나하나 알려주지 않아도 목표를 향해 제대로, 능동적으로 진행하는 것을 의미한다. 리더가 보고를 통해 알고 싶은 것은 부하 직원이 어떻게 움직일지, 일이 어떻게 흘러갈지에 대한 것이다.

① 목표를 정확하게 이해하고

② 기한과 역할 내에서 자신이 어떻게 움직일지를 능동적으로 잘 계획해서

③ 리더인 자신한테 빠르고 정확히 알려주길 원한다는 것이다.

리더는 보고를 통해 시뮬레이션, 즉 모의 실험을 통한 예측이 가능해진다. 상급자가 되면 될수록 신경 써야 할 구성원, 변수, 상황이 점점 많아진다. 구성원 모두가 제 역할과 기능을 하게 만들어 목표, 성과를 달성해야 하는 것이 리더의 임무다. 그러니 일단 구성원이 어떻게 움직일지 예측이 되어야 조절과 지원, 대처를 할 수 있게 되는 것이다. 각각의 구성원의 행동이 예측되어야 실제 성과로 이어지는 청사진을 떠올릴 수 있게 된다. 진행과 결과에 대한 구체적이고 실질적인 예측이야말로 리더의 바람이다. 큰 그림을 볼 수 있어야 최적화·효율화를 할 수 있기 때문이다.

① 적극적 추론 : 내가 리더라면?

능동적인 계획 수립이란 '내가 만약에 리더라면, 총책임자라면 부하 직원에게 어떤 기대가 있을까?'라는 상상을 통해서 나 자신에

대한 계획들을 세워보는 것이다. 자기 인지를 발휘해서 리더가 기대할 자신의 역할과 기능을 추정해 보자.

② 구체적 · 세부적 계획 수립

계획을 구체적 · 세부적으로 세울 수 있어야 한다. 전체 목표를 이해했다면 능동적으로 '전체 목표 달성을 위해 나는 어떻게 행동할 것이다'라는 계획들을 상사에게 잘 알려줄 필요가 있다. 핵심 키워드는 '어떻게 할 것인가'를 실질적이고 구체적으로 이야기할 수 있어야 한다. 최대한 '현실적'이고, 수치화할 수 있는 부분은 숫자로 표현하면서, 진행 계획을 단계별로 구성하고, 기한를 명확하게 표현하자. 손에 잡힐 듯한, 실제로 돌아갈 듯한 계획이 좋은 계획이다.

③ 빠른 반응과 보고

수많은 리더가 가장 중요하게 생각하는 것이 바로 '속도'다. 진행 과정에서 빠른 반응과 보고는 생명이다. 진행하는 일의 완성도도 중요하지만 진행 상황, 핵심을 빨리 확인하는 것이 상급자 입장에서는 완성도보다 훨씬 중요하다. 전체적인 조정을 해야 하는 입장이기 때문에 파악이 가장 중요한 것이다. 완벽보다 완성이 중요한 경우가 많다. '일 하러 와서 왜 예술을 하려고 하는지 모르겠다'

라고 푸념한 한 팀장의 말이 그들이 중요하게 생각하는 가치를 잘 이야기 한다. 어차피 혼자서 완벽할 수 없다.

④ 적극적 소통시도

적극적으로 소통하는 것은 부하 직원 입장에서 어려운 일이다. 이해한다. 성과 중심적인 상황은 사람을 직설적이고 급하게 만든다. 극도의 효율을 위해 시간을 줄여야 하니 타인의 감정을 살피고 배려할 여유를 갖지 못하는 경우가 많다. 그런 상사는 다소 공격적이거나 지나치게 지시적이고, 때로는 과도하게 비판하는 경우가 있다. 그로 인해 상대하기 어려워지고, 저절로 위축되게 만든다. 어떤 직원은 보고하기 무서워서 일부러 상사를 하루 종일 피해 다니기도 한다고 할 정도다.

다만 기억하자. 상대방의 평가와 태도에 너무 좌우되어선 안 된다. 최대한 적극적으로 소통하자. 가끔 상사가 우리 편이 아니라는 생각이 들기도 하지만, 우리 편이 맞다.

⑤ 명확하고 간결하게

상사의 효율성을 떨어뜨리는 대화는 안 된다. 명확하고 간결하게 전달해야 한다. 불필요한 정보나 감정은 배제할 필요가 있으며, 기존에 공유하고 있는 내용은 생략하여 효율성을 확보할 필요가 있다.

—

공동의 성과를 달성하기 위해서 반드시 기억해야 한다. 리더, 관리자의 역할은 실질적 예측과 그를 통한 조정이라는 것을 말이다. 능동적이고 구체적인 계획과 빠른 진행 상황 공유를 싫어할 상급자는 거의 없을 것이다.

동료로서의 나를 위한 마음가짐 : 면접 팁

—

면접 볼 때를 떠올려 보면 정말 잔뜩 힘이 들어가 있었던 것 같다. 대학교 입학 면접 때도, 아나운서 시험을 볼 때도 마찬가지였고, 직장을 구할 때도 마찬가지였다. 심지어 사소한 행사나 강의를 위한 미팅을 할 때도 마찬가지였다. 힘이 잔뜩 들어간 채 나의 강점과 특별함을 표현하고 인정받으려 애썼다.

어떻게 하면 나를 좀 잘 봐 줄까 전전긍긍한 마음에 똑똑해 보이려고 온갖 노력을 했다. 능력 있고 전문적으로 보이려고 없는 지식까지 총동원했다. '있어 보이려고' 말이다.

뭔가 더 개성 있고 차별성 있게 보이고 싶어서 특이한 방법을 총동원하기도 했다. 희한한 방식의 자기 소개도 하고, 장기로 뮤지컬 넘버에 판소리 대목까지 부르고… 참 열심히 했다.

세월이 흘러 면접을 설계하고 심사하는 면접관 위치가 되고, 여러 기업의 면접관들을 가르치고 있다. 면접관 교육을 진행하며 늘 물어보는 중요한 질문이 있다.

"어떤 사람과 일하고 싶습니까? 어떤 동료를 원하시나요?"

가장 많이 나온 답은 아래와 같았다.

- 겸손하고 잘 경청해 주는 사람
- 분위기를 잘 맞춰주는 긍정적인 사람
- 너무 튀거나 부담스럽지 않은 사람
- 자신의 영역을 넘어서 협조적이고 노력하는 사람
- 공통의 목표를 위해 함께 애쓰는 능동적인 사람
- 솔직하고 신뢰감을 주는 사람

많은 기업의 담당자들이 원하는 공통적인 동료상이었다.

업무 역량, 전문성, 자격은 일정 기준만 통과하면 충분하다고 했다. 업무 역량을 업무 현장이 아닌 면접에서 확연히 구분할 수 있는 경우는 거의 없기 때문이다. 면접관은 대부분 회사와 업무에 대한 이해가 높은 사람들이라서 그럴듯한 대답을 한다고 해서 능력 있다고 평가하지 않는다.

"지나친 자기 표현이나 어필appeal은 부담스럽더라고요."

이미 자기 소개서와 지원서 등에 강조한 부분은 무리하게 추가 표현할 필요가 없다. 더 보여주려 한다고 해서 좋은 인상을 줄지는 미지수다. 반복해서 힘주어 표현할 필요가 없는 것이다. 게다가 과도한 자기 홍보를 하는 사람을 보면 '지나친 인정욕이 업무에서 안 좋게 드러나지 않을까'를 우려하는 시선을 불러일으킨다고 했다. '동료를 뽑는다'라는 시점으로 볼 때, 똑똑한 사람보다 협조를 잘 하는 사람이 더 우선으로 여겨지는데, 지속적으로 능력이 있다는 것을 강조하여 표현하면 인정욕이 지나쳐 보이게 만든다. 때로는 '자기 주장형'의 표현을 해야 할 때가 있지만, 더 잘 들어주고 반응하는 '경청, 호응형' 태도를 더 많이 보여준다면 협업의 역량을 갖추었다는 느낌을 많이 주게 된다.

"너무 개성있는 사람은 꺼려집니다. 종잡을 수 없잖아요."

개성에 대해서도 마찬가지다. 개성 있는 사람은 '재미 있고 독특하다'라는 강한 인상을 줄 수 있지만, 함께 일해보면 종잡을 수 없는, 처음 보는 유형의 동료는 '맞추기 어렵다'는 생각이 든다. 일만으로도 한치 앞을 몰라 막막한데, 미지의 영역을 많이 가진 동료까지 생기는 것은 대부분 선호하지 않았던 것이다. 대부분 예측 가능한 성향의 동료가 협업하기 수월하다고 평가했다.

"에너지 좋은 사람, 긍정적인 사람이 좋죠."

작위적인 표현을 하면서 자기의 업적을 자랑한다든지, 아니면

'옆사람보다 더 잘 대답해야지, 특이하게 대답해야지' 하는 이기려는 마음가짐보다는, 그 자리에 있는 사람들을 배려하고 맞춰주려는 마음으로 임하는 게 좋다. 특히 긍정적인 에너지는 표정과 음성에서 자연스럽게 느껴진다는 평가가 많았다. 마음가짐이 중요한 이유다.

"신뢰감이 느껴지는 타입이 있어요. 믿을 수 있는 사람이라고 생각하면 뽑고 싶어져요."

진솔함, 신뢰감을 주는 것은 좋은 인상을 주는 것에 매우 효과적이다. 아주 좋은 방법을 소개하고자 한다.

긴장을 스스로 인정하고 먼저 표현하는 것이다.

사람들 앞에서 대화하는 것은 떨린다. 수백 명의 관객이 있는 강연장에서만 떨리는 것이 아니라 면접에서도 마찬가지다. 내 평가가 이뤄지는 자리, 나를 평가하는 사람 앞에서 말하는 일은 당연히 떨리는 일이다.

감추려고 애쓰지 마라. 안 떨리는 척한다고 떨림이 잦아들지 않는다. 오히려 기회다. 떨림, 긴장을 인정하고 표현하자.

"제가 지금 많이 긴장 됩니다. 그래서 목소리가 떨릴 수도 있고 말이 빨라질 수도 있습니다. 양해 부탁드립니다."

이렇게 털어 놓는다면 역설적으로 굉장히 여유롭게 보인다. 스스로의 상태를 잘 알고 있다는 것부터 신뢰가 간다. '자신을 잘 알고 인정하고 받아 들인다'라는 모습은 업무에서도 과잉된 에너지와 좁은 시야로 피해를 끼치거나 독불장군처럼 피드백을 거부하고 내달릴 가능성이 적다는 인상을 준다. 누구나 약점을 보이기 꺼리는 면접 자리에서 자칫 약하게 보일 수 있는 부분을 먼저 인정한다는 건 성숙하게 보이기까지 한다. 숨기고 아닌 척하는 사람은 약자다. 금방 들통난다. 자신의 약한 부분을 인정하고 표현하는 사람이 진정한 강자다. 믿음이 간다.

게다가 면접관들 입장에서는 오히려 긴장을 이야기하면 참 기특해 보인다. 잘하려고 긴장하는 것이기 때문이다. 면접관인 자신을 중요하게 생각하기 때문에, 그 자리에 진심이기 때문에 생긴 긴장이다. 존중의 표현으로 느껴진다.

심지어 감정을 말로 표현하면 그 시기부터 안정적으로 조절할 수 있게 된다. 미국 로스앤젤레스 캘리포니아대 심리학과 매투 리버먼Lieberman 교수 팀에 따르면, 감정을 표현하는 과정에서 편도체와 오른쪽 전전두피질이 서로 상쇄하는 방향으로 작동한다. 슬픔이나 분노를 말로 표현하는 것만으로도 편도체의 활동이 현저히 줄어들고 절제된 사고를 관장하는 오른쪽 전전두피질이 매우 활성화돼 격한 감정을 누그러뜨린다. 긴장될 때 "긴장했어요"라고 털어놓는 것만으로도 긴장감 완화에 저절로 도움이 된다는 것이다.

자신의 인지 능력을 깨우는 작업이기도 하다. 자신의 상태를 자각하고, 의지적이고 의도적인 행동을 하는 것, 이것이 자기 인지 능력을 깨우게 된다.

이후에는 본인의 에너지가 과한지, 말이 빠른지, 상대의 반응도 살필 수 있을 시야가 트일 것이다. 본인의 이야기의 구조, 질문의 핵심 등을 파악할 수도 있을 것이다.

① **과장된 표현을 하거나 똑똑해 보이려 애쓰지 말자.**

능력은 기본 자격이고, 함께 할 동료는 똑똑한 것도 좋지만, 대체로 협조적이고 긍정적인 사람을 선호한다.

② **특별함보단 안정성을 표현하라.**

예측 가능한 성향의 동료가 일할 때 더 편안하다. 최대한 편안히 경청하면서 반응하는 모습을 자주 보이는 편이 이롭다.

③ **긍정적, 능동적 자세**

자기 표현을 분명히 하면서 긍정적이고 능동적인 자세를 보이려고 애쓰자. 모두에게 좋은 인상을 준다.

④ **긴장을 인정하고 표현하라.**

스스로를 알고 인정하는 모습은 성숙하고 신뢰가 간다. 그를 통해 자신의 인지 능력도 깨어날 것이다.

일단 뽑히기만 하면 된다는 마음보다는 스스로가 가진 장점을 믿는 것이 중요하다. 그 믿음을 바탕으로 '잘난 사람'이 아닌, '좋은 동료'가 되기 위해 노력하고 표현한다면 분명 결실을 맺을 수 있을 것이다.

협조적이고 긍정적인 태도, 안정적이고 능동적인 자세를 갖추는 것은 비단 면접뿐 아니라 어디서든 좋은 동료로서 갖춰야 할 요소들이다. 긴장감이나 약점을 인정하고 표현하는 모습을 보여주는 동료에게는 신뢰가 간다.

나와 일터의 아름다운 동행을 위한 단추를 잘 끼워보자.

일잘러의 대화 요령 : 명확하게 말하기

—

자신이 무엇을 말해야 할지 정확히 알고 군더더기가 없는 말을 하는 사람과는 업무 소통이 편하다. 반면 애매모호한 의사 전달을 받게 되면 혼란스럽다. 불명확한 말을 들으면 자동적으로 수많은 추측과 해석의 향연이 벌어진다. 정서적으로도, 물리적으로도 굉장한 손해가 발생하는 것이다.

강의를 요청한 기업에 미팅을 가는 경우가 자주 있다. 일을 위한 자리에서 중요한 것은 좋은 첫인상을 위한 인사와 표정, 비즈니스 매너 등 다양한 요소들이 있지만 무엇보다 중요한 것은 내가 가진 콘텐츠에 대한 명확한 정리다. 강의에 대해 궁금한 고객을 위해 핵심 요소들을 정확하게 표현해 준다. 해당 기업의 정보와 요청 사항 등을 토대로 세 가지 이내의 키워드로 내용을 사전에 정리한다. 업무 대화에 필요한 것은 무엇보다 '명확함'이기 때문이다.

명확하게 말하기 위해 꼭 필요한 것을 정리해 보았다.

① **내 말하기의 목적을 알아야 한다.** 스스로 대화 전에 정리할 필요가 있는 것이다. 내 말할 대상이 누구인지, 그는 무엇을 얻기 위해 나와 대화하는 것인지, 나는 무엇을 얻고자 하는지를 미리 정리할 필요가 있다.

② **핵심을 찾아야 한다.** 내가 제공할 수 있는 가치 중에서 가장 상대의 욕구에 일치하는 내용을 파악하고, 해당 내용을 중심으로 내용을 구성해서 전달해야 한다.

③ **핵심은 세 가지 이하로 한정하는 편이 이롭다.** 더 많은 내용은 전달력이 떨어지고, 복잡하게 느끼게 만든다. 중요한 부분이 많다면 세 가지 분야로 편성하여 전달하라.

④ **중심축을 정하자.** 핵심 중에서도 딱 한 가지만 전달할 수 있다면 무엇을 전하겠는가? 이 질문에 가장 적합하다고 느껴지는 내용이 중심축이 되어야 한다.

⑤ **핵심을 구체적으로 표현해야 한다.** 추상적·관념적 표현보다 구체적·논리적 표현을 해야 한다. 핵심과 관련된 사례나 근거, 자

료를 통해 신뢰를 주어야 한다. 이른바 증명이 필요한 것이다.

⑥ **명확함을 위해서 아이디어 발산은 잠시 멈춰야 한다.** 새로운 발산이나 상황에 따른 응용은 내용 전달 이후 상대가 제대로 이해한 것이 확인되었을 때 시작해도 늦지 않다. 명확함이란 과거부터 현재까지 축적된 정보에서 나오는 것이지, 예측 불가능한 미래의 가능성에서 나오지 않는다.

⑦ **형용사와 부사를 줄이는 것이 좋다.** 상대가 핵심을 놓치게 되면 유창해 보이는 언변도 아무 쓸모가 없어진다. 먼저 단어만 나열하여 연결하는 것도 도움이 된다.

⑧ **키워드를 도출하자.** 마치 SNS 해시태깅을 하듯 핵심 단어들을 간추려 보면서 중심 내용을 최대한 간결하게 구체화하면 명확하게 말하는 데 큰 도움이 될 것이다.

프로와 아마추어의 차이는 깔끔함이다. 무언가를 더하지도, 덜어내지 않아도 되는 깔끔함.

깔끔하려면 명확해야 한다. 명확함은 상대와 나의 욕구와 상태, 가치에 대한 확실한 이해와 준비에서 온다. 반드시 깊게 고민하고, 정리하여 말하자.

리더를 위한 마음가짐 : 오해와 언어 정의

오해는 이해로 가는 과정이다. 하지만 오해인 채 내버려두면 이해는커녕 와해되기 일쑤다.

오해는 언제, 어디서든 끊임없이 일어난다. 가족이든, 친구든, 직장이든, 커뮤니티든, 동호회든 어디든 상관없다. 사람이 모이면 늘 오해가 생긴다.

최근 강의를 간 기업의 한 팀에서도 오해의 현장을 목격했다. 일에 대한 깊은 대화를 해 보자는 의미로, 함께 일하면서 서로가 원하는 팀 문화에 대해 이야기하는 자리였다. 팀장 A와 선임 B는 꽤나 경력이 있는 베테랑들로, 각자 다른 팀에서 일하다가 새로운 팀에서 만나게 된 상황이었다.

선배인 팀장 A가 먼저 포스트잇에 적은 단어를 공개했다.

'적극적 비판 문화'

그걸 본 B의 표정이 차가워졌고, 그걸 감지한 A가 한마디 했다.

A: 회의나 일하면서 우리 팀은 적극적으로 서로서로 비판 좀 했으면 좋겠어. 내가 저번에도 누차 말했는데도 안 해서 늘 그게 아쉽더라고. 특히 B, 후배들한테 비판 좀 해줘.

B: …제가 왜 그렇게 해야 합니까? 저는 싫습니다.

A: 아니, 그게 선배 역할 아닌가? 왜 늘 이렇게 방어적이야.

B : 제가 뭘요. 선배가 꼭 그래야 합니까? 왜 굳이 부정적인 말을 해야 하는데요?

갑자기 언성이 높아지는 분위기에 팀원 몇몇은 불편한 기색이었다. 팀장 A와 B의 묘한 긴장감 속에서 나는 아주 중요한 사실을 감지하고 질문했다.

나 : 잠시만요. B님. '비판'이라는 단어를 꽤나 부정적으로 생각하시는 것 같아요. 혹시 어떻게 정의하고 계신지 여쭤봐도 될까요? 안 좋은 경험이 있으셨던 것도 같은데요.

B는 미간을 조금 찌푸리며 대답했다.

B : 맞습니다. 보통 '비판'이라는 명분을 앞세우고 욕을 하더군요. '널 위해서 하는 말'이란 핑계로 모욕도 하고, 비난에 가까운 말들이 주를 이뤘습니다. 제가 있던 팀에서 비판적 시각이라는 이름 아래 늘 있던 일이죠. 그러니 저보고 후배들을 적극적으로 비판하라는 말은, 적극적으로 몰아세우고 욕하라는 말처럼 들려서 거부감이 들었습니다. 저는 적어도 후배들에게 그러고 싶지 않거든요.

이 대화를 들은 A가 놀라서 펄쩍 뛰었다.

A : 아, 나는 그런 의도는 전혀 없었어! 나는 그냥 서로 발전하고 성장할 수 있도록 좋은 피드백을 주고 받았으면 해서 그런 거야. 내가 경험한 비판은 굉장히 정중하면서도 직접적

이었거든. 그게 내가 생각한 '비판'이었어. B가 경험도 많고, 나보다 더 정확한 사람이라서 그런 역할을 해 주길 바라고 있었던 거야.

나: 그렇군요. 그럼 이 팀에서 '비판'이라는 용어가 서로 조금 다르게 느껴지신다면, 더 적합한 용어로 바꿔보면 어떨까요? 팀장님께서 사용하신 '비판'을 대체할 만한 단어가 있을지요?

A: 음… 솔직한 피드백? 건설적인 제안? 뭐 저는 그런 느낌입니다.

나: B님 어떠세요?

B: 음… 훨씬 좋네요. 그런 느낌이라면 당연히 선배로서, 동료로서 할 수 있죠. 저는 잘되라는 목적인데 굳이 부정적인 말을 해야 할 필요 없다고 생각해서 그랬던 겁니다.

오해는 정말 쉽게 일어난다. 오해는 '당연히 서로 같다'라는 섣부른 판단에서 시작된다.

살아온 환경이 다르고, 만난 사람들이 다른데도 불구하고 우리는 서로의 생각이 같을 거라는 착각을 하며 산다. 우리가 고만고만하게 생겨서, 같은 언어를 구사하고 유사한 일을 하는 자리에서 만나서인지도 모른다.

단어의 정의도 마찬가지다. 아무리 사전적 정의가 있다 해도 다른 경험은 단어에 대한 관점을 다르게 만든다. 그런데 서로 당연히 같을 거라 미리 판단하고 대화하지 않으니 오해가 생길 수밖에 없다.

대화의 기본은 '상대와 나는 다르다. 반드시 대화해 봐야 안다'는 마음에서 시작한다. 절대로 상대가 어떻게 느낄지, 어떻게 생각할지 미리 판단하지 말자.

'말하지 않아도 알아요'는 틀렸다. 상대 마음은 대화를 해보기 전까진 알 수 없다.

① 추론은 금물이다. 그 사람의 의견은 직접 듣기 전까진 알 수 없다.
② 구성원들과 사용하는 용어를 명확하게 정의하자. 언어에는 다양한 시각이 존재한다.
③ 리더가 들으려고 노력하는 만큼 영향력을 얻는다.

타인에 대한 마음가짐과 관련한 '구두 이야기' 사례를 소개한다.

예전에 사둔 검정 구두가 있다. 사이즈는 맞는데 아직 길이 들지 않아서인지 신을 때마다 뒤꿈치에 피도 나고 발바닥도 뻐근했다. 그러다 보니 자연스레 신발장에 넣어만 뒀었다. 아내가 사준 수제 맞춤 갈색 구두만 계속 신게 된 이유였다.

얼마 전 강의하러 가면서 괜시리 그 구두가 눈에 걸렸다.

'에라 모르겠다. 언젠간 길들여야 되니까!' '그래도 오늘은 괜찮을 수도 있잖아?'

호기롭게 신고 나갔던 걸음과는 달리 돌아올 땐 절뚝거리며 후회했다.

'늘 즐겨 신던 갈색 구두 신을 걸….'

사실 강의하면서도 발이 아파서 혼났지만, 그렇다고 벗을 수도 없어서 온종일 신발을 신고 낑낑댔다. 다신 신고 싶지 않다는 생각까지 했다. 그렇게 검정 구두는 자체 봉인되었고, 즐겨 신던 편한 갈색 구두만 주구장창 다시 신기 시작했다.

그리고 결국은 즐겨 신던 갈색 구두 밑창에 구멍이 났다.

급한 나머지 어쩔 수 없이 검정 구두를 신으며 뒤꿈치 걱정에 미간을 찌푸렸는데, 어찌 된 일인지 전혀 아프지 않았다. 여전히 좀 빽빽한 느낌이 있었지만 많이 편해졌다는 걸 느꼈다. 발이 심하게 아팠던 그날의 불편함을 통해서, 나도 구두도 서로에게 조금은 익숙해진 것이다.

즐겨 신던 수제 맞춤 구두처럼 나에게 맞춰주는 사람, 처음부터 잘 맞는 사람도 있겠지만, 세상에는 빽빽한 검정 구두처럼 규격에는 맞아도 정작 나와는 잘 맞지 않는 사람이 더 많다.

잘 맞지 않는다고 신발장에 넣어 놓기만 하면 볼 때마다 마음만 불편하다. 심지어 사람은 신발처럼 골라 신을 수도 없는 경우가 더 많다. 게다가 잘 맞던 사람과의 관계도 밑창이 날아간 갈색 구두마냥 망가질 수도 있다.

익숙하지 못한 무언가가 자연스러워지려면 뒤꿈치가 까지고 발바닥이 아픈 시간을 몇 번쯤은 꾹 참고 견디고, 손수 길을 들이려고 특별히 애쓰는 시간이 있어야 할지도 모른다.

Q

1. **서로가 더 편안해지기 위하여, 일터나 삶 가운데 자꾸 거슬리고 불편한 상대가 있는가?**
2. **해당 관계를 개선하기 위해 지금까지 어떠한 노력을 했는가?**
3. **이제는 어떤 노력을 할 것인가?**

협업을 위한 마음가짐 : 우리의 답은 무엇인가?

대화를 어렵게 만드는 요소가 여럿 있지만, '누가 옳은가'를 놓고 벌이는 기싸움은 그중에서도 손꼽히는 난관이다. 옳은 사람이 되기 위한 욕구는 매우 강력해서 최선을 다해 좋은 의견을 말하는 것을 넘어서 여론을 조성하기 위한 물밑 작업도 하고, 심한 경우 언쟁을 벌이기도 한다. 이유는 아주 원초적이다.

태초부터 모든 생명은 속한 그룹에서 중요한 존재로 여겨질수록 안전했다. 여왕개미나 여왕벌은 일족의 존속을 책임지는 중요한 존재다. 때문에 모든 구성원이 목숨을 바쳐 지키고 보살핀다. 인간도 마찬가지다. 어느 조직이든, 상대든 마주하는 모든 환경 안에서 중요한 존재로 여겨진다는 느낌은 곧 안정감으로 직결된다.

그룹 내에서 중요한 존재인지를 알기 위해서 가장 빠른 방법은 내가 하는 발언에 대해 구성원이 어떠한 영향을 받는지, 어떤 반응을 보이는지를 보면 된다. 발언의 영향력이 클수록, 기대한 반응이 나올수록 본인이 중요한 사람이라는 뜻을 가진다. 그래서 영향력을 올리기 위해, 중요한 존재라는 확신을 갖기 위해 우리는 '좋은 의견'을 '잘 전달하려고' 노력한다. 좋은 의견, 즉 많은 사람의 호응을 얻을 수 있는, 상황에 가장 적합한 답을 도출하려고 애쓴다. 그것이 영향력을 갖추는 비결이니까.

하지만 여기서 문제가 생긴다. '상황에 가장 적합한 답을 내는 사람이 되는 것'이 지나치게 중요해지는 것이다. 결국 '누가 옳은 사람인가?'를 뽑는 대회로 변질되는 경우가 많아지는 것이다. '누가 옳은가'를 따지는 대회장에서는 '옳은 사람'만 중요해진다. 그 사람 홀로 안정감을 얻게 된다. 출전해서 밀려난 상대는 '틀린 사람'

이 된다. 덜 중요해지는 것이다. 그렇게 치열한 경쟁이 시작된다.

일반적으로 누가 '옳은 사람'이 되는가?

상황에 '옳다'라는 것을 미리 알거나 객관적으로 판단할 수 없다. 실제로 어떻게 진행될지는 모르기 때문이다. 그렇기 때문에 대부분의 경우 조직 내 지위와 영향력이 강한 결정권자가 '옳은 사람'을 결정하게 된다. 권한이 큰 사람이 옳다고 생각하는 사람의 의견이 반영된다.

결정권자의 공평한 판단을 위해 다각도의 의견을 내야 하는데, 정작 현실은 그들의 생각을 맞히기 급급하게 된다. 답정너를 맞히는 퀴즈 대회가 매일 열리는 것이다. '누가 옳은가'를 중요하게 여기는 문화에서는 안정감을 부여해 줄 수 있는 사람 입맛을 고려하지 않을 수가 없다.

지위와 영향력이 비슷한 경우에는 기싸움이 생긴다. 자신의 의견이 받아들여지지 않으면 불쾌해하며, 상대 의견에 무지성 반대만 하거나 부정적 예측만 늘어놓게 된다. 협업 관계가 아니라 적대 관계가 되는 것이다.

함께 일하는 동료가 가장 큰 적이 된다니, 너무 고통스러운 현실이다. 분명 우리는 이러한 인식에서 벗어나야 한다. 그럼 '누가 옳은가'보다 나은 질문이 있을까? '무엇이 옳은가'를 찾는 대화는 어떨까. 대상이 아닌 아이디어, who가 아닌 what을 찾는 대화라면? 이상적으로 여겨진다. 한 팀으로서 추구해야 하는 것은 개개인의 업적이 아니라 팀을 위한 답이니까. 옳은 답을 추구하기 위해 에너지를 사용해야 한다.

하지만 여기에도 불안 요소는 있다. 의견이 갈리는 경우 모든 의견이 채택될 수 없거니와 반드시 꼭 옳은 답은 없다. 당시에는 옳게 보인 답일지라도 상황이 바뀌면 오답으로 바뀌기도 한다. 채택되었던 사람은 오답이 되어 민망해지고, 채택되지 않았던 사람은 억울해질 수 있다.

who든, what이든 결국 서로의 안정감을 채워주지 못하는 대화가 되고 만다. 그래서 대화에 필요한 진짜 질문은 '누가 옳은가'도, '무엇이 옳은가'도 아니다.

'무엇이 우리의 답인가'를 찾는 대화가 되어야 한다.

다소 비효율적일 수 있고, 최선의 답이 아닌 경우도 많이 생길지도 모른다. 하지만 과정과 결과를 통해 배우고 성장하려면 함께 답을 정해야 한다. 한 시간 중 55분을 문제 정의에, 나머지 5분을 해결에 쓰겠다는 아인슈타인처럼. 먼저 '우리'가 되어야 한다. 대화의 목적과 결과를 함께 공유할 것임을 분명히 해야 한다.

'우리'가 되기 위해 이해할 수 있게 공들여 의견을 전달하고, 상대 의견을 귀담아 듣고, 열린 마음으로 수용하는 시간을 충분히 가져야 한다. 결론은 그 이후에 함께 내리는 것이다. 꼭 당신이 정답을 말하는 사람이 될 필요는 없다.

'누구'와 '무엇'을 넘어 '우리'의 답을 찾는 여정. 그것이 진짜 대화다.

관계 개선을 위한 사과 원칙

—

살면서 중요한 인간 관계가 어그러지는 경우가 있다. 나의 잘못일 수도 있고, 상대의 잘못인 경우도 있다. 또는 서로의 잘못 없이 상황에 이끌려 망가지는 관계도 수두룩하다. 당연히 모든 관계를 붙잡는 것만이 정답은 아니며, 올바르지 않은 관계인 경우 끊어내야 할 때도 있다. 하지만 분명한 것은 소중한 관계에서 우리가 안정감과 행복감을 느낀다는 점이다. 관계의 넓은 범위나 절대적인 수보다는 관계의 깊이와 질이 굉장히 중요하다. 자신을 기억하고, 확인해 주는 존재들이 나라는 존재를 의미있게 만든다. 시간과 에너지를 투자하고, 감정과 의미를 담은 관계, 특별하다고 여겨지는 존재들이 나를 구성하는 것이다. '어린왕자 행성의 장미'처럼 수많은 사람들과 구분되는 특별해진 나만의 사람들. '내가 길든 대상'과의 관계는 반드시 중요하게 여겨야 한다. 개인적 자아에서 관계적 자아로의 확장을 강조한 이유다.

생명보험에 가입한다는 것은 무슨 의미일까? 내가 죽은 후 받을 돈을 위해 지금의 돈을 사용하는 행동은 하나의 생명체로 볼 때 합리적이지 못하다. 나라는 존재 하나만 생각하면 생명체로서의 나는 그 생명이 다한 이후의 보상은 아무런 의미가 없다. 그럼에도 수많은 사람들이 생명보험을 가입한다. 이는 나를 기억하고 확인해 주는 존재들, 내가 깃든 존재들이 자신에게 그만큼 중요하다는 것을 보여준다. 그것이 결국 자신을 위한 일임을 알기 때문이다.

죽음이 슬픈 이유 또한 마찬가지다. '나의 죽음'이 사무치게 슬픈 사람은 없다. 남겨질 사람들과의 이별이 슬프거나 사후에 대한 불확실함으로 인해 두려울 수는 있지만, 죽음 그 자체가 슬픔으로 다가오진 않는다. 그럼 타인의 죽음이 모두 슬픔으로 느껴지는가? 그것도 아니다. 내가 전혀 알지 못하는 타인의 사망 소식은 감정이입이 되어 다소 안타까울 수는 있지만 친한 사람의 죽음이 특별히 슬픈 이유는 나를 기억하고 확인할 수 있는, 함께 보낸 시간에 대한 상실 때문이다. 이렇듯 우리는 '나'의 죽음, '그들'의 죽음보다 나를 아는 '너'의 죽음, 그로 인한 '나'의 소멸과 상실이 슬픈 것이다.

그토록 중요한 관계가 갈등으로 휘청일 때, 우리의 삶 또한 함께 휘청인다. 모든 관계가 뜻대로 회복되지는 않겠지만, 부정적 예측이나 냉소적인 시선대로 흘러갈 수도 있겠지만, 그럼에도 불구하고 최선을 다해 회복을 시도한다면 삶을 더 풍요롭게 만들 수 있을 것이다. 최소한 무기력한 좌절감을 겪거나 시간이 지난 뒤 큰 후회를 하지 않을 수 있다.

관계를 회복하는 사과의 원칙에 대해 다뤄보려 한다. 사과는 가장 적극적인 관계 개선이며 죄책감의 부담을 덜어낼 수 있게 만든다. 삶의 만족도에 가장 큰 영향을 주는 방법이기도 하다.

〈그때 이렇게 말했더라면〉의 저자 몰리 하우스에 따르면 사과는 나약함의 증거가 아니라 강인함과 투명성의 상징이며 책임감의 신호라고 한다. 실제로 올바른 사과를 통해 개인은 더 크게 성장할 수 있으며 사회적으로도 올바른 이미지를 구축할 수도 있다.

① **사과에 절대 늦은 때는 없으며, 가까운 사이일수록 반드시 사과를 표현해야 한다.** 살면서 누군가에게 상처 입힐 수 있지만, 기억해야 하는 것이 있다. 반드시 사과해야 한다는 것이다. 특히 가까운 사이일수록 상처는 더 아프게 기억되며, 시간이 지난다고 저절로 회복되는 경우보다 곪듯이 악화되는 경우가 더 많다. 상처를 준 자신 또한 죄책감에 의해 계속 영향받게 되니 반드시 사과해야 한다.

② **사과 과정은 긴 인내를 필요로 한다.** 상대가 내 마음대로 받아들여 주지 않아서 조급한 마음이 들 수 있지만 그 또한 사과의 과정임을 기억해야 한다. 사과하는 스스로에게 아주 힘든 시간이 될 수 있다.

③ **사과의 의도를 밝히고, 상대가 받은 영향에 대해 듣는 시간이 가장 먼저 이뤄져야 한다.** 이 과정은 사과하는 당사자에게 고통스럽고 감정적으로 힘든 시간이 될 수 있다. 원망과 질책을 받는 과정이기 때문이다. 하지만 기억해야 할 두 가지, 상처에 대해 충분히 말하지 못하면 용서하기 어렵게 되어 관계 회복에 차질이 생긴다. 또 하나는 끝이 없어 보이는 시간에는 반드시 끝이 있기 마련이며, 그 보상은 관계 회복이다. 극적인 변화를 기대하기보다는 꾸준히 쌓아간다는 마음으로 인내해야 한다.

④ 상처 입힐 의도가 없었다고 해도 **부정적 영향에 대한 책임을 인정하고 받아들여야 한다.** 잘못을 부인하는 것은 책임을 회피하는 것이다. 다른 사람에게 미친 영향을 인정하고 책임지는 태도가 가장 중요하다.

⑤ **의도와 결과는 다를 수 있다는 것을 명심하자.** 의도가 어떻더라도 상처를 입혔다면 잘못을 인정해야 한다.

⑥ **단지 "미안해"라는 말이 사과 표현의 전부가 아니라는 것을 기억해야 한다.** 특히 뒤에 '하지만'을 붙여 자신의 입장을 강조하거나 정당화해선 안 되며, '만약 ~했다면 미안해'라는 식으로 조건을 달아서도 안 된다. 명확하게 사과와 반성을 표현해야 한다.

⑦ **배상에 대해 질문하고 노력하자.** 상대의 고통과 피해에 대해 듣고, 명확하게 사과와 반성을 표현했다면 상대에게 피해 회복을

위한 방법에 대해 물어보고, 배상을 하기 위해 노력해야 한다. 이 과정에서 상대와 협력하게 되면 관계가 회복되며 친밀함을 얻게 되고, 치유가 이뤄지기도 한다.

⑧ **반복되지 않도록 기준과 규칙 설정.** 다시는 같은 일이 발생하지 않도록 일정한 기준과 규칙을 정하면서 해결로 나아간다면 훨씬 더 건설적인 관계가 되어 상호 간의 신뢰를 구축할 수도 있다.

⑨ **상대의 회복이 가장 중요하다.** 무엇보다 중요한 것은 인내심이다. 사과를 시도하는 사람은 자신의 감정에 대한 욕구보다 상대의 회복에 중심을 두어야 한다. 그래야 본인에게도 이로운 결과가 오게 된다.

얼어붙은 관계를 회복하기 위해 사과하는 것은 보통 어려운 일이 아니다. 특히 몇 차례 시도를 했음에도 반응하지 않거나 오히려 악화된 관계를 겪었던 사람이라면 더더욱 부정적 예측이 생겨나기 마련이다. 그럼에도 불구하고 관계를 회복하기 위해 도전하는 용기를 가질 수 있다면, 그 시도와 경험만으로도 스스로 만족할 수 있는 존중감을 얻게 될 것이다. 마이너스를 플러스로 바꿀 때, 삶은 한층 더 행복해진다는 것을 명심하자.

대화를 포기하게 만드는 냉소주의와 무기력증

이 책을 통틀어 대화의 중요성을 강변해 왔지만, 이토록 중요한 대화를 포기하게 만드는 것이 바로 경험에 의한 냉소주의, 무기력증이다.

잘못된 대화로 망가진 관계, 좌절스러운 결과는 강한 경험이 되어 믿음을 형성한다.

"해 봤자 안 될 거야. 뭐하러 해. 저 사람과 대화가 될 리 없어. 시도해 봤자 손해야. 긁어 부스럼 만드는 거야."

물론 그 경험은 안타깝지만 사실이다. 그 믿음을 아예 부정할 수는 없다. 우리는 모두 과거에 영향을 받는 존재들이고, 당신의 대화를 망쳤던 상대방과 당신은 실패한 것이 맞다. 당신이 대화경험을 통해 알게 된 부정적 상대 모습은 사실이다. 그런 면이 있는 사람이 맞다. 당신 또한 부족한 대화를 한 면이 있는 사람이 맞다.

이러한 부정적 순환체계는 벗어나기 참 어렵다. 이미 부정적 경험을 한 사람들이 새로운 믿음을 가지기 어려울 뿐더러, 애써 행동을 변화시켜 보아도 누적된 감정적 상처, 관성적으로 반복하는 미성숙한 감정조절 유형 등으로 인해 크게 만족스러운 결과를 만들기 어렵다. 작은 결과물은 과거 형성한 큰 경험을 바꿔내기 어렵다. 심지어 서로 애쓴다는 전제가 있어야 미비한 결과라도 만들 수 있으니, 얼마나 좋은 경험이 이뤄지기 어려운 것인지 모른다.

그렇지만 우리에게는 위대한 능력이 있다.

과거를 종결시키고 다시 쓰는 능력. 과거를 흘려 보내고 다시 시작하는 능력이다. 과거를 과거로 둔 채, 미래를 열어가는 능력이 우리에게는 있다는 것을 믿고, 끊임없이 도전하는 것이다. 원하는 미래를 여는 회귀물의 주인공처럼, 끊임없이 새로 시작해 보는 것이다.

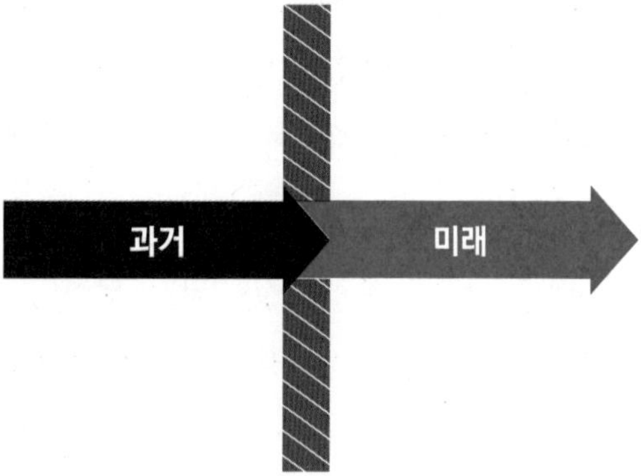

우리는 대화해야 한다. 과거라는 압도적인 경험의 벽에 가로막혀 좌절스럽고, 한숨이 나오며, 포기하고 싶은 마음이 들더라도 우리는 미래를 새롭게 열어갈 수 있다. 그렇지 않는다면, 당신이 용기내지 않는다면, 대화하지 않는다면 지금의 힘든 상황보다 더 큰 고통이 찾아오게 된다. 바로 '후회'라는 이름으로.

인생에서 가장 큰 후회 : 대화에는 적절한 시기가 있다

—

좋은 대화는 '할 걸…'이라는 후회가 남고, 좋지 않은 대화는 '하지 말았어야 했는데…'라는 후회가 남는다. 나도 대화할 기회를 놓쳐 후회했던 일이 늘 가슴에 남는다. 누나를 떠나보내며 후회했던 순간은 지금까지도 나를 짓누른다. 소중한 사람과의 대화를 미루는 것은 가장 어리석은 일이다. 하고 싶은 말이 있다면 미루지 말아야 한다.

대화에는 적절한 시기와 타이밍이 있다. 시간은 기다려주지 않는다. 늦었다고 생각될 때는 이미 너무 늦은 경우가 많다. 소중한 사람과의 대화일수록 절대 미루지 말고 정확한 때에 진심을 전해야 한다.

사별이 아니더라도 대화에는 유통기한이 있다. 사랑과 감사, 격려와 응원, 위로와 사과 등 중요한 대화는 적합한 타이밍과 기한이 있다. 한 번 타이밍을 놓치면 효과가 사라질 뿐더러 시도조차 어렵게 된다. 반드시 기억해야 한다. 어색함, 귀찮음, 불편함, 슬픔, 분노 등 과거와 상황으로 인해 형성된 감정 때문에 미루기에는 당신이 나눠야 할 대화가 훨씬 더 값지다.

대화를 놓지 않아야 한다

—

대화를 놓아선 안 된다. 용기가 될 만한 사례를 공유한다.

—

회사 대표 폴과의 갈등과 화해

교육 회사 폴앤마크는 나에게 집과도 같은 곳이다. 대표인 폴과 나는 특별한 관계다. 폴은 나를 인정해 주고 응원해 준 고마운 인생 선배지만, 과도한 통제와 일관되지 않은 결정으로 인해 우리는 자주 충돌했다. 그는 회피 성향이 강했고, 나는 공격 성향이 강해 서로 대화할 수 없다고 생각했다. 그는 나를 조직에서 밀어내려 했고, 나는 불만을 강하게 표현하며 반항적인 직원이 되었다.

나와 가까운 동료와 폴 사이에 큰 갈등이 생겼을 때, 나는 중재를 시도했지만 실패했다. 이후 또 다른 중요한 구성원이 회사를 떠나려 할 때, 나는 과거의 실패를 반복하지 않기 위해 폴과 대화를 시도하려 했다. 그러나 나의 내면에는 경험에 의한 냉소적이고 회의적인 믿음이 자리 잡고 있었다. '폴과는 대화할 수 없어. 어차피 폴은 빙빙 다른 이야기로 둘러대겠지. 그 모습에 나는 또 발끈할 거고'라는 믿음이었다.

하지만 과거의 실패를 통해 두 사람 모두 성숙해졌을 것이라는 기대와, 결코 대화를 포기해서는 안 된다는 믿음으로 대화를 다시 시도했다. 몇 차례 위기가 있었지만 진심 어린 대화를 통해 돕고자 하는 나의 마음을 올바르게 전달할 수 있었다. 나의 변화된 자세에 폴 또한 고마움을 표하며, 예상과는 달리 내 의견을 적극 수렴해 주었다.

결과적으로 해당 구성원의 퇴사는 막지 못했지만, 성숙한 조직 문화를 만들기 위한 조직 문화 팀이 생겨났고, 나는 그 팀의 리더를 자발적으로 맡으며 폴을 지지하는 최고의 팔로어가 되었다. 우리는 서로를 존중하며, 더 나은 회사를 만들기 위해 함께 노력하는 진정한 동역자가 되었다.

—

① 가까운 관계, 오래 지속된 관계일수록 제대로 정리되지 않은 채 쌓여버린 감정의 조각들이 자신의 자극 공간을 차지하고 있을 가능성이 많다. 외면하지 말고, 억누르지 말고 정리하자.

② 터져버렸다고 해서, 돌이킬 수 없는 상황이 되었다는 느낌이 들 정도로 악화되었다고 해서 포기해선 안 된다. 대화를 통해서 우리는 분명히 회복할 수 있다. 서로의 입장을 이해하고 감정을 조절하면서 진짜 중요한 연결들을 떠올리고 그 연결 속의 자신으로서 제대로 생각해 본다면 분명히 접점을 발견할 수 있다.

③ 오래되고 심각한 갈등으로 멀어진 관계를 회복하는 것은 참 어렵지만 그만큼 값지다. 스스로의 욕구를 바라보고, 인정하고,

제대로 표현하면 할수록, 용기내어 다가설수록 삶은 더 의미와 가치, 관계로 충만해진다.

마치며 : 우리는 대화해야 한다

만능 열쇠도, 왕도도 없는 대화. 인간이 자신을 이해하고, 삶을 이해하고, 그 이해를 확인하고 공유하기 위해서 끊임없이 해야 하는 대화. 자신이 누구인지를 증명하고, 관계 맺고, 마음을 표현하는 가장 좋은 수단으로서의 대화. 피하고 싶기도 하고, 해봤자 답도 없을 것도 같고, 두렵거나 싫을 때도 있지만, 그럼에도 불구하고 우리는 반드시 대화해야 한다.

힘든 삶을 살면서 냉소와 비관이라는 서리를 맞이한 우리의 마음 땅은 더욱 단단해진다. 그 아래 희망과 성장, 화합이라는 씨앗을 틔우기 위해 우리가 할 수 있는 것, 해야 하는 것은 진심을 다한 대화뿐이다. 백이면 백, 천이면 천, 절대로 같을 수 없는 인간이라는 존재가 연결될 수 있는 것은 서로에게 내미는 손길, 대화 덕분이다. 원래 힘들다. 원래 피곤한 일이다. 하지만 물러서선 안 된다.

분명한 것은 말하지 않으면 절대 알 수 없다는 것이다. 누군가가 대화가 꺼려지고 힘들 때, 작은 도구와 용기를 얻어서, 입과 귀, 마음을 열고 대화를 시도해 볼 수 있도록, 그 시도를 통해 분별 없는 감정이나 회피, 도망으로 인한 후회가 아닌 진정한 대화의 기쁨과 성취를 만날 수 있기를 바라며 이 책을 써나갔다. 모든 일이 과정이라는 믿음으로 실패를 두려워하지 말고 한 걸음의 용기를 내길 바란다. 그렇게 시작한 걸음이 두 걸음, 열 걸음이 되어 너무도 쉽고 당연하게 걷고 있는 자신을 만들어 줄 것이다.

누구보다 대화에 서툴렀고, 여전히 노력하는 중인 나는 서툴지만 조금씩 시도했던 대화를 통해 삶을 바꾸어냈다. 그렇기 때문에 진심을 다해 이 책을 쓸 수 있었다. 머릿속의 지식과 요령을 다 담아내지는 못한 것 같아 아쉽지만, 적어도 마음 깊은 곳에서부터 올라오는 응원의 마음을 모두 모았다. 부디 부족한 저자의 글과 지식을 독자의 훌륭한 눈과 생각으로 읽어주기를 바라본다.

어른을 위한 말 처방

더 나은 관계를 만드는 대화 지침서

초판 1쇄 인쇄 2024년 7월 31일
초판 1쇄 발행 2024년 8월 6일

지은이 전종목

편집 · 디자인 새섬
마케팅 임동건 **경영지원** 이지원
출판총괄 송준기 **펴낸곳** 파지트 **펴낸이** 최익성

출판등록 제2021-000049호
주소 경기도 화성시 동탄원천로 354-28 **전화** 070-7672-1001
이메일 pazit.book@gmail.com **인스타** @pazit.book

ISBN 979-11-7152-050-3 03190

THE STORY FILLS YOU

책으로 펴내고 싶은 이야기가 있다면, 원고를 메일로 보내주세요.
파지트는 당신의 이야기를 기다리고 있습니다.